다시, 민주주의를 말한다

시민을 위한 민주주의 특강

다시, 민주주의를 말한다

도정일·박원순 외 지음

휴머니스트

서시

김정환

이제는 너를 향한
절규 아니라
이제는 네 앞에서 몸을
부르르 떠는
전율도 아니라
획일적
이빨 아니라
이제는 이제는 네 안에서 울부짖는 환호하는
발산도 아니라
해방도 아니라
너는 네가 아니라
웃는
죽음의 입 아니라
내 고막에 묻은 작년 여름 매미 울음 소리의
전면적
거울 아니라
나의 몸을
드러낼 뿐 아니라, 연주가
작곡뿐 아니라
음악의 몸일 때
피아노를 치지 않고 피아노가 치는 것보다 더 들어와 있는 내 귀로 들어오지 않고 내 귀가 들어오는 것보다 더 들어와 있는
너는 나의 연주다

민주주의여

차례

서시 5

여는 글 도정일

더 나은 세계를 위해 우리는 무엇을 할 것인가?   10

제1강 한홍구

한국 민주주의 100년을 돌아보다   29

민주주의 100년, 우리에게 민주주의란 무엇인가 | 조선식 민 '본' 주의, 한국 민주주의의 맹아 | 임시정부, 민주공화제로 월반 | 해방 직후 자생적 민주주의 실험의 좌절 | 미국식 민주 '제도'의 이식 | 사사오입, 이승만식 민주주의 | '한국적' 민주주의 속 군과 학생의 격돌 | 1980년 5월 18일, 우리 역사에서 가장 길고도 슬픈 새벽 | 민주화되어서 살림살이 좀 나아졌습니까 | '촛불', 우리가 일으킨 민주주의의 바람 | 가만히 있으면 진다

한국 민주주의를 묻고 답하다   58

제2강 박명림

민주공화국에서 국가를 다시 생각하다   65

왜 다시 국가를 문제 삼아야 하는가 | 국가의 올바른 역할은 무엇인가 | 국가의 역할을 바로 세우기 위해서는 무엇을 해야 하는가 | '나'는 어떻게 할 것인가 | 공공성이 실종되고 국가가 사사화되다 | 권력이 독점되고 '신분'이 다시 부활하다 | 먹고사는 문제가 공공의 영역에서 해결되지 못할 때 | 우리는 지금 두 개의 국민, 두 개의 시민으로 분화 중 | 시민참여로 진정한 공공의 정치를 맛보다 | 만인 불안과 만인 경쟁의 시대, 인간적 삶을 생각하다

한국 민주주의를 묻고 답하다   97

제3강

국가에 대한 명예훼손? 이 시대 소수자가 만들어지는 방식   103

행동하는 지성에게 길을 묻다? | 소통, 대의제 이전의 문제 | 권력이 차이를 만든다 | 국가는 어디인가? 국가는 누구인가? | '국가의 명예'가 가능하기 위한 전제 | 국가는 어떤 방식으로 실체가 되는가 | 의인화된 국가─국가주의와 개인주의는 같은 논리다 | 정치는 국가가 아니라 '국가의 이름'으로 이루어진다

한국 민주주의를 묻고 답하다   126

제4강

자연의 시대 21세기, 우리는 토건 10년 중   131

21세기, 강남의 아파트가 한국을 지배하다 | 부동산 정책으로 정권을 되찾은 한나라당 | 청소년 보수화 프로그램을 가동하다 | 앞서가는 세계와 뒤로 가는 한국 | 토건, 잔치는 끝났다 | 빈자들의 생태학이 필요하다

한국 민주주의를 묻고 답하다   154

제5강

학벌사회의 용기 있는 낙오자들, 미래를 열다   159

민주화 이후, 계급투쟁이 학벌투쟁으로 | 자유의 능력, 만남의 능력이 필요하다 | 정당성 없는 학벌권력 | 학벌 문중, 비정상적인 교육을 부추기다 | 질문할 줄 모르는 시험 선수만 양산하는 한국 사회 | 대학평준화만이 학벌문제를 해결한다 | 내리막길만 남은 학벌경쟁에서 뛰쳐나와야 할 때 | 진정 우리 아이들에게 필요한 능력

한국 민주주의를 묻고 답하다   182

제6강 오늘 헌법을 읽으면 내일 생활이 달라진다   **189**
자유와 자유의 관계를 조정하는 헌법 | 왜 인권과 민주주의는 헌법을 필요로 하는가 | 어떤 민주주의를 선택할 것인가 | 헌법적 감수성을 잃을 때 민주주의는 무너진다 | 헌법재판, 헌법과 민주주의의 교차로 | 시민행동, 헌법과 민주주의의 버팀목 | 헌법은 바꾸는 것보다 실천하는 게 더 중요하다 | 헌법과 한국 민주주의의 미래
한국 민주주의를 묻고 답하다   **214**

제7강 시민참여 저널리즘, 주류 미디어에 도전하다   **221**
말다운 말이 필요했던 시대 | 언론, 그들은 민주적인가 | 인터넷의 등장, 기존의 표준을 흔든다 | 미디어의 진화는 계속된다 | 인터넷 공간이 민주주의에 기여하려면 | '보수언론 5 대 진보언론 5' 구도는 가능할까
한국 민주주의를 묻고 답하다   **246**

제8강 미디어 패러다임에 서서 민주주의를 기획하다   **251**
우리 시대를 읽는 시각적 상징, '그의 머릿속엔 삽 한 자루' | 산업화를 거쳐 지식과 정보의 생산으로 | 다시, 과거로 돌아갈 것인가 | 최고가 아니라 독특함을 보여주는 상상력의 시대 | 가상과 현실이 뒤섞인 미래의 민주주의 | 인터넷 공간의 원초적 평등성에 접속하라 | 일상의 보수적 습속을 버려라
한국 민주주의를 묻고 답하다   **274**

제9강 과학기술의 민주적 재구성을 위하여 — 홍성욱 281

과학기술에 대한 성찰과 쌍방향 대화 | 근대적 과학-사회 관계의 탄생 | 과학의 지원을 위해 사회 설득하기 | 과학과 사회, 만나고 헤어지며 근대를 통과하다 | 위험사회에 살다 | 위험은 확률로 감지되지 않는다 | 위험 커뮤니케이션의 기본은 신뢰 | 시민참여로 위험사회를 건너다 | 시민과학으로 더 큰 민주주의를 꿈꾸다

한국 민주주의를 묻고 답하다   306

제10강 돌봄과 소통의 공간, 마을을 만들다 — 김찬호 313

마음의 풍경, 일상의 얼개 – '광역화'와 '개별화' 사이에 낀 개인 | 결손사회에서 관심의 공동체로 | 왜 마을인가 – 삶의 결이 느껴지는 공간 | 세대의 연계 속에서 삶을 키우는 터전 | '마을 만들기'란 무엇인가 | 마을 만들기와 풀뿌리 민주주의 | '마을'을 통한 민주주의 훈련 | 말길을 터주는 '의미 창조 공간'인 마을 | 존재 가치를 발견하고 실현하는 공동체

한국 민주주의를 묻고 답하다   342

제11강 창조적 시민들, 대안을 실천하다 — 박원순 349

국가여, 내 목은 짧으니 조심해서 자르게 | 고통 받고 있는 우리가 바로 우주의 중심이다 | 21세기형 '풀뿌리 민주주의' | 참여하는 '동네 주민'의 힘 | 우리 민주주의, 소통 부재라는 감옥에 갇히다 | '10년을 하루같이' 하면 뭐든 된다 | 대안은 실천하는 것이다 | 새로운 세상을 향한 새로운 상상력 | 쉿, 대한민국 시민들은 공부 중

한국 민주주의를 묻고 답하다   372

편집 후기   378

여는 글

더 나은 세계를 위해
우리는 무엇을 할 것인가?

지난 몇 년 동안 우리 사회의 민주주의 현황을 점검해보는 사람들은 두어 개의 곤혹스런 질문을 피할 수 없다. 반세기에 걸친 민주화운동의 성과에도 불구하고 2008년 이후 한국 민주주의는 어째서 그토록 빠르게, 쉽게, 어이없이 후퇴와 퇴행과 반전을 강요받게 되었는가? 4·19혁명 이후 50년이 넘는 세월 동안 많은 희생과 비용을 치르며 진행되어온 민주화운동이 모든 영역에서 우리 사회를 근본적으로 더 나은 사회, 더 품위 있는 사회, 더 정의로운 사회로 바꾸는 데 무엇을 얼마나 기여했는가? 민주주의는 단거리 경주도 아니고 북한산 등반처럼 한달음에 올라가서 "봐라, 우리가 이루었다"라고 말할 수 있는 일시적 행사도 아니다. 민주주의를 발전시키고 안착시키는 일은 경제발전보다 더 어렵고, 더 많은 시간이 걸리고, 더 긴 인내와 노력이 필요한 총체적이고 사회적인 과제다. 이런 사실을 감안한다면 위의 두 질문은 성급하게도 마치 무슨 기업체의 1/4분기 영업실적처럼 한국 민주주의의 가시적인 단기 성적표를 요구하는 것은 아닌가? 그렇지 않다. 위의 질문들은 무엇보다도 50년 민주화운동의 근원적인 실패 지점과 미완의 부분에 대한 성찰의 필요성에 관한 것이며, 민주주의 정착이라는 우리 사회의 대과제를 짊어지게 될 지금의 젊은 세대에게 앞으로 무엇이 필요하고 어떤 기획과 설계와 전략이 요구되는가를 생각해보는 문제, 곧 전망과 모색에 더 많이 관련된 것이다. 2009년 말, 민주주의에 관한 열두 번의 대중강연과 토론이 진행되고 그 결과를 모은 이 책이 발간되는 것도, 내가 보기에는 그런 성찰과 모색의 좌표 속에 있다.

로마제국 쇠망의 원인이 무엇이었는가라는 질문은 에드워드 기번의 《로마제국 쇠망사》 이후 지금도 사학자들이 캐고 있는 문제이다. 그러나 그것은 로마사의 한 미스터리이기만 한 것이 아니다. 강대하고 융성했던 문명이, 또는 한 시대에 잘 먹고 잘 사는 것 같아 보였던 국가·사회가 왜 자기도 모르게 서서히 혹은 졸지에 망하기도 하는가라는 문제는 사실 모든 유정한 개인과 사회의 관심사이고 '생각할 거리'이다. 제레드 다이아몬드가 쓴 《문명의 붕괴》는 그 문제를 파고든 우리 시대의 노작 가운데 하나이다. "사회는 어느 때 망하는가?"라는 질문에 대해 다이아몬드는 네 가지 '실패' 요인을 거론하고 있다. (다이아몬드의 진단을 약간 고쳐서 말하면) 위기가 닥치고 있다는 사실을 알지 못할 때, 알고도 대처하지 않거나 못할 때, 틀린 방식으로 대처했을 때, 너무 늦게 대처했을 때 사회는 실패한다. 실패를 '죄'라는 용어로 바꿔 표현하면 한 사회가 무너지는 데는 무지의 죄, 무능의 죄, 오류의 죄, 나태의 죄가 작용한다. 이런 진단은 '몸'의 경우에도 손쉬운 유비를 세울 수 있을 정도로 상식적인 것이다. 몸은 언제 망하는가? 중병이 들었다는 사실을 모를 때, 알고도 손쓰지 않거나 못할 때, 잘못된 치료에 매달릴 때, 치료 시기를 놓쳤을 때 몸은 망한다. 그런데 개인이건 사회이건 망하는 것들은 왜 이처럼 쉽고도 상식적인 경고의 유효성을 무시하는 것일까? 어떤 것이 망할 때 보여주는 그 장엄한 붕괴의 아름다움이 보고 싶어서?

아닐 것이다. 모든 몰락에는 오만이 선행한다고 속담은 말한다. 강대한 문명은 자기 힘에 대한 과신과 그 과신이 빚어낸 오만 때문에, 그

오만에 취하고 젖어, 무엇이 잘못되고 있는지를 보지 않는다. 보지 '못하는' 것이 아니라 보지 '않는' 것이다. 문제를 보지 않기로 하는 것은 문제를 보지 못하는 것 이상의 중병이다. 보지 못하는 것이 소극적 무지라면, 문제를 보지 않고 위기에 눈 감는 것은 무의식적 선택과 집단적 의지에 의한 무지, 곧 적극적 무지이다. 자기도취와 나르시시즘과 광적 국가주의에 붙들린 사회, 모종의 깊고 모호한 공포와 강박에 시달리는 사회, 증오와 열등감을 가진 사회 등은 각각 다른 동기에서 이런 종류의 적극적 무지의 경향을 강하게 갖고 있다. 이런 사회들에서는 위기 신호가 포착되지 않는다. 그 신호를 무시하려는 집단적 의지가 너무도 강하기 때문이다. 다이아몬드가 거론한 실패의 네 가지 요인에 덧붙여 우리는 무지를 향한 이 집단적 의지를 실패의 다섯 번째 요인으로 꼽을 수 있다. 문제를 보지 않으려는 그 적극적 기피의 경향이 한 사회에서 가장 잘 드러나는 것은 사회가 '사유의 정지' 현상을 보일 때이다. 사회가, 더 구체적으로는 사회의 다수 구성원들이 생각하기를 싫어하고 거부하며 생각한다는 행위 자체를 증오하는 것이 사유의 정지이다. 사유의 정지는 사회를 실패의 위기에 빠뜨리는 위험한 병리적 현상이다.

"우리는 어떤 사회를 만들고자 하는가?" 이것은 한 사회가 나아가고자 하는 방향과 목표, 실현하고자 하는 가치와 의미와 목적에 관한 물음이다. 사회 구성원들의 머릿속에 이 질문이 없을 때 사회는 표류하고 혼란에 빠진다. 그 질문을 갖지 않거나 잊어버린 사회는 제아무리 잘 사는 듯 보여도 사실은 길 잃은 사회, 제아무리 휘황해 보여도 속으로는 어두운 사회, 제아무리 똑똑해 보여도 실상은 어리석은 맹목의 사회이다. 그런데 우리는 너무도 오랫동안 그 질문을 잊어버리고, 내팽개치고, 포기해버린 것은 아닌가? 어딘가 어두운 골목에서 엿 바꿔먹듯 그 질문을 다른 무엇과 바꿔먹고 팔아먹은 것은 아닌가? 그래서 우리에게 언제 그런 질문이 있었냐는 듯 그 질문 자체를 까마득히 잊어버린 것은 아닌가? 4·19혁명 50주년, 부마항쟁 31주년, 5·18광주민주화운동 30주년, 6월민주항쟁 23주년이 되는 지금 우리는 그 항쟁의 기억들 속으로 우리 자신을 소환하고 우리 자신을 향해 물어보아야 한다. 우리는 잊어버렸는가? 그 많은 항쟁의 고비에서 우리가 어떤 사회를 꿈꾸었고 어떤 사회를 만들어보고자 했는지를 아주 잊어버렸단 말인가? 우리가 만들고자 했던 사회가 이미 여기 이곳에 당도했기 때문에? 그래서 "어떤 사회를 만들 것인가?"라는 질문 자체가 이제 더 이상 필요 없는 질문, 시효를 잃어버린 질문이 되었는가? 질문 없이 사유는 없다. 우리가 우리 삶의 가치와 의미와 목적에 관한 물음으로서의 그 질문을 잊어버렸다면, 그것을 먼 망각의 땅으로 내동댕이쳤다면, 우리는 생각하기를 멈추고 영혼을 없애버린 좀비의 시간 속으로 진입한 것이다. 그런데 그 질문은 정말 시효를 상실했는가?

천만의 말씀이다. 2008년 이후 불과 2년 사이에 우리는 한국 민주주의가 좌초하고 후퇴하고 내팽개쳐지는 사태를 수없이 경험하고 있다. 국가 권력의 비민주적이고 반민주적인 오용과 남용, 정부 기관들의 반민주적 정책과 행태, 공권력에 의한 인권과 국민 기본권의 유린, 시민 위협, 사생활 침해, 언론 옥죄기, 지방자치단체들의 횡포와 공무원들의 비민주적 정신상태, 수임 받지 않은 사적 시장권력과 언론권력에 의한 민주주의 파괴 행위, 집권당 국회의원들의 민주적 역량 결핍 등 지난 2년 사이에 발생한 수많은 사건과 사례들은 한국 민주주의가 겪고 있는 퇴행과 반전의 충격적 실상을 웅변한다. 물론 현임 정권 이전까지 민주주의가 잘 되고 있다가 갑자기 후퇴했다고 말할 수는 없다. 그러나 현 정권 이전의 문민정권 수권세력은 적어도 민주주의를 향한 방향감각을 갖고 있었고, 민주사회를 이루어야 한다는 국민적 약속에 대한 책임의식과 진정성이 있었다고 말할 수 있다. 그렇다면 현재의 수권세력은 완전히 반민주세력인가? 이 질문 앞에서 우리는 상당히 신중해야 한다. 현 정권에게 권력을 위임한 것은 우리 자신이며, 그 점에서 위임자인 국민에게도 선택과 결정의 책임이 있다. 그러나 분명히 짚어야 할 사항은 국민 어느 누구도 현 수권세력을 향해 민주주의를 하지 말라고 말한 일이 없다는 것, 민주주의 실현은 여전히 국민적 약속이고 국민의 위임사항이라는 것, 따라서 현임 정권과 국가기관들이 민주주의를 후퇴시키는 것은 권력 남용이고 배임이 된다는 사실을 엄정히 지적하고 비판해서 수권세력이 민주주의를 할 수밖에 없도록 유도해야 한다는 것이다. 그런 지적과 비판이야말로 모든 시민의 책임이고 의무이다. 그 책임과 의무를 방기한다면 우리는 '시민'일 수가 없다. "우리는 어떤 사회를 만들고자 하는가?"라는 질문은 지금도 우리의 질문이어야 하며, 그 질문의 거울 앞에서 우리의 '현재'를 점검해 보아야만 한다.

민주주의가 위험에 빠지는 것은 크게 보아 세 가지 경우이다. 첫째,

국가권력의 오용과 남용이 시민의 민주적 권리를 침해하고 민주적 사회 운영의 원칙을 파괴할 때, 둘째, 시민성 또는 시민정신citizenship의 약화나 포기가 광범하게 진행되어 민주주의를 지키려는 파수꾼이 실종되었을 때, 그리고 셋째는 공적·사적 기관들을 포함한 사회 모든 영역에서 민주주의의 원칙들이 무시되고 짓밟히고 무너져 내릴 때이다. 이 세 가지 위험요소 가운데 지금 우리가 민주주의를 다시 말하기 위해 엄정한 눈으로 그 중요성을 직시하고 실패를 성찰해야 할 것은 두 번째 요소, 곧 시민정신의 약화와 포기라는 문제이다. 파수꾼이 잠들면 민주주의는 되지 않는다. 민주체제의 핵심 중의 핵심이 시민성이고, 이 시민성의 중심개념은 '참여의 책임과 권리'이다. 시민의 참여권리를 지켜주는 것은 국민에게 권력을 위임받은 국가의 의무이다. 국가는 국민의 자유와 권리를 지키고 보장해주기 위해 존재하는 것이지, 국민을 위협하고 내리누르고 권리를 짓밟기 위해 존재하는 것이 아니다. 국민의 동의에 의해 권력을 위임받은 정부와 국가기관들이 꿈에도 잊지 말아야 할 것은 바로 그 점이다. 이 엄정한 사실을 망각할 때 국가는 괴물이 되어 국민을 집어삼키고 민주주의는 그 근원에서부터 파괴된다. 국가가 괴물이 되는 사태를 막아내야 하는 것은 누구인가? 바로 시민이다. 레비아탄(괴물)의 시간이 시민의 시간을 접수하려 들 때 그 발톱을 향해 "안 돼!"라고 말하고 저항권을 발동하는 것, 그것이 시민의 책임이고 의무이다. 민주사회는 어느 때 무너지는가? 사회는 언제 망하는가에 대한 다이아몬드의 진단에서처럼 민주사회는 민주주의의 위기를 시민이 인식하지 못할 때, 위기를 인식하고도 대처하지 않을 때, 틀린 방식으로 위기에 대처할 때, 그리고 대처할 시간을 놓쳤을 때 여지없이 무너진다.

2010년 현재 우리에게 절실하게 필요한 문제의식은 민주주의의 안착이라는 과제가 어떤 정치세력이나 특정 집단에게 한정된 과제가 아니라 시민임을 자처하는 사회 구성원 모두의 과제라는 점이다. 그것은 정치집단의 차원을 넘어 시민 전체의 과제이며, 정치 영역만이 아닌 사회 모든 영역에서 추진되고 진행되어야 할 프로젝트이다. 그것은 우리 모두가 떠안고 짊어져야 할 일이라는 의미에서 정확히 '사회적 과제'이다. 지금 이 시점에서 민주주의를 말하는 사람들은 이 사실을 깊이 인식할 필요가 있다. 민주주의를 정착시키는 일은 공적 영역에서는 물론이고 사적 영역에서도 (사적 영역의 중요한 전통적 가치들을 존중하면서) 진행되어야 하며 정치 영역을 넘어 경제, 문화, 교육, 노동, 여성, 지역사회, 환경, 소통, 언론, 시민운동 등을 포함한 사회 모든 영역과 분야에서 진행되어야 한다. 민주주의는 법과 제도만으로 이루어지지 않는다. 법과 제도의 민주화 못지않게, 아니 그것들보다 더 근본적으로 필요한 것은 민주주의의 이념과 원칙과 가치를 존중하는 태도, 행동방식, 정신상태, 비판적 사고습관과 합리적 판단력의 함양, 실천력 같은 문화적 요소들이 사회 모든 영역에 뿌리내리게 하는 일이다. 이런 요소들이 시민문화를 만들고, 그 시민문화가 성숙해야 민주주의를 유지할 기본토양이 다져진다. 이 토양이 굳건해지지 않으면 민주주의는 언제든지 후퇴하고 엎어질 수 있는 해프닝의 운명 속으로 떨어질 것이며, 민주주의를 향한 열정도 잠시 타올랐다가 꺼져버리는 일시적 불꽃놀이로 전락할 수 있다. 50년의 항쟁사를 가진 한국 민주주의가 단시일에 후퇴해버린 요인들 중에서 우리가 반드시 짚어야 할 것은 우리에게 민주주의를 향한 뜨거운 열정은 있었으나 민주주의를 상시적으로 지탱할 시민적 역량을 차분히 성숙시키는 데에는 상당한 결핍과 실패가 있었다는 점이다. 지속가능성이라는 개념은 민주주의에도 적용된다. 민주주의는 지속될 수 있어야 성공한다. 민주주의를 안착시키려는 노력이 정치투쟁이나 항쟁의 방식에만 묶여 있어서는 안 된다. 내가 강조하려는 것은 투쟁과 항쟁이 필요 없다는 것이 아니라, 민주주의의 정착과 발전을 위한 우리의 노력이 지금보다 훨씬 더 넓어지고 다양해져야 하며 부단히 계속될 수 있어야 한다는 것이다. 즉 민주사회를 향한 노력의 전 영역화, 다양화, 지속화가 필요하다. 열두 번에 걸친 이번 민주주의 강연의 상당 부분도 바로 이 문제에 초점을 두고 있었음을 강연을 들은 분들과 이 책의 독자들은 알 것이다.

민주사회를 성취하려는 노력을 모든 영역으로 확대하고 지속시키려는 문제에서 가장 핵심적인 부분은 말할 것도 없이 '시민의 양성'이다. 시민은 짧은 시간 안에 길러지지 않는다. 정신상태, 가치관, 태도, 행동방식 같은 부분에서 시민적 역량civic virtues이 길러지는 데는 오랜 시간이 걸린다. 돌이켜보면 6월민주항쟁 이후의 20여 년 가운데 문민정부 3대 15년, 더 정확히는 두 차례 문민 민주정부가 들어섰던 10년의 기간은 우리 사회가 시민 양성이라는 문제를 사회민주화의 첫 번째 과제로 삼아 노력을 집중해야 하는 시기였다. 그러나 우리는 그 문제를 소홀히 했고, 민주주의를 표방했던 수권세력들도 그 문제의 중요성을 인식했던 것 같지 않다. 그 결과 우리는 소위 민주주의를 하겠다는 나라에서 기이하게도 민주주의를 위한 시민교육은 존재하지 않는, 그러나 치명적인 상황이 장기적으로 고착되는 현상을 보게 된다. 우리는 한두 번의 민주정권 실현만으로는 민주주의를 안착시킬 수 없다는 사실을 충분히 인식하지 못했거나, 알고도 손쓰지 않은 것이다. 몰랐다면 '무지의 죄'이고, 알면서도 손쓰지 않았다면 '무능의 죄'이거나 '나태의 죄'이다. 지금 한국 교육에서 심각한 문제 가운데 하나는 '민주적 역량을 발휘할 줄 아는 시민의 양성'이 교육의 핵심 목표에 포함되어야 한다는 것을 단 한 번도 (그렇다, 단 한 번도!) 제대로 인식한 적이 없고, 그것을 교육목표의 하나로 천명하는 일도 없다는 것이다. '시민교육'이나 '시민학Civics'을 대학 교양교육의 기초과목 혹은 필수과목에 넣어 가르치는 대학은 우리나라에 단 한 곳도 없다. 놀라운 일이다. 물론 시민은 공교육을 통해서만 길러지는 것은 아니다. 그러나 중·고등교육 과정에서 시민을 길러내는 일은 민주사회에서 생략할 수 없는 교육 과제이다. 시민교육이라고 하면 흔히 '민주투사' 양성을 연상하는 사람들이 있을지 모른다. 천만의 말씀이다. 민주사회는 사람이 사람답게 살 수 있는 '품위사회decent society'의 다른 이름이며, 그 사회를 유지하는 데 필요한 능력과 덕목과 합리성의 수준을 체득한 사람을 길러내는 것이 시민교육civic education이다. 시민교육은 민주사회의 인간교육이고 인재교육이다. 대학에서 이루어지는 인문학 교육도 시민을 길러낸다는 교육목표와 연결될 때에만 그 가장 근본적인 사회적 의미를 획득한다.

시민교육이 없고, 교육이 시민양성을 소홀히 하는 나라에서는 제아무리 법과 제도를 정비해도 합리적 판단력과 행동방식을 가진 사람들을 길러내어 사회적으로 배치하는 일에는 반드시 실패한다. 특히 사회적 합리성의 수준을 높여나가야 하는 공공영역에서 이런 실패가 자주 발생할 경우 그것이 불러올 국민 고통은 막심하다. 그 고통의 비용은 누가 책임지는가? 지난 봄 문화예술지원을 담당하는 한 정부 산하기관은 어떤 작가단체에 공문을 보내 앞으로 그 단체가 시위에 참가하지 않겠다는 각서를 제출해야 지원금을 주겠노라고 통보한 일이 있다. 보기에 따라서는 코미디나 해프닝 수준도 안 되는 작은 사건일지 모른다. 그러나 다른 사업도 아닌 '문화예술' 지원을 담당하는 기관이 '작가집단'을 향해 이런 공문을 내보낼 수 있다는 사실, 그리고 그런 일이 버젓이 일어날 수 있는 것이 지금의 우리 사회라는 사실은 결코 작은 문제가 아니다. 그런 공문을 만들고 내보낸 이들은 도대체 누구이고 어떤 사람들일까? 그들은 민주주의가 무엇이고 어떻게 운영되는 것인지, 그 체제에서는 공무원이 할 일과 해서는 안 되는 일이 무엇인지 한 번이라도 생각해본 일이 있었을까? 한 번이라도 시민교육 같은 것을 받아본 적이 있었을까? 서울시의 한 구청 공무원은 지난해에 무슨 행사를 준비하면서 도로변 건물에 '빨간색'이 들어간 현수막은 절대로 걸지 말라는 지시를 행사 관계자들에게 '시달'한 일이 있다. 빨간색은 빨갱이의 색이고 좌파 색깔이라서 안 된다고 했다는 것이다. 아이들이 들었대도 피식 웃고 쏘아붙였으리라. "태극기에도 빨강이 있고, 김연아 선수도 빨간색 옷을 입고 국제대회에 나갔는데요?" 문제의 그 공무원은 도대체 누구이고 어떤 사람이기에 눈 깜짝 않고 그런 지시를 내릴 수 있었을까? 그는 어떻게 민주국가의 공무원이 될 수 있었을까? 이 역시 해프닝 수준도 안 되는 사건일 수 있다. 그러나 현임 정부 들어 이런 어이없고 창피한 일들이 도처에서 다반사로 발생한다는 것은 작은 문제가 아니다. '금서목록'을 발표할 수 있었던 국방부 인사들은 도대체 어떤 사람들일까? 그들은 어떻게 민주주의 국가의 중앙정부 공무원이 될 수 있었을까? 정부 정책에 비판적이라는 이유로 강남 어떤 사찰의 주지스님을 갈아치우라고 말했다는 집권당의 한 간부 의원은, 만약 그게 사실이라면, 어떻게 그런 판단력과 행동방식으로 민주주의 국가의 국회의원이 될 수 있었을까?

민주사회를 만들고 민주주의를 유지할 수 있게 하는 것은 시민이다. 구청 공무원도 시민이고 국방부 직원도 시민이며 국회의원도 시민이다. 교사도 기업인도 기자도 주부도 교수도 그리고 그 누구도 민주사회의 성원인 이상은 시민이다. 그런데 그 시민들이 민주주의를 모르고 민주주의가 어떻게 운영되는지 모른다면 민주주의는 어떻게 가능한가? 민주주의 안착을 위한 노력이 사회 모든 영역에서 다양하게 지속적으로 진행되어야 한다는 문제의식은 그 질문에서 출발한다. 시민을 양성하는 일, 시민적 역량을 키우는 일은 각급 학교에서, 교사와 공무원 연수장에서, 시민단체와 사회교육장에서, 기업과 직장에서, 정부 기관들에서, 그리고 그 밖의 모든 가능한 장소에서 다양한 방식으로 항구하게 진행되어야 한다. 시민교육의 내용도 크게 바뀌고 확충되어야 한다. 민주주의에 관한 추상적·형식적·원론적 교육은 백날 해봐야 소용없다. 원론은 중요하지만 교육이 원론만으로 채워지면 민주주의에 대한 지식은 삶의 구체적 맥락과 연결되지 않는 죽은 지식으로 끝나고, 안다는 것과 실천한다는 것은 영원히 따로 놀고, 사회적 삶의 현실에서 우리가 만나게 될 각종의 갈등과 문제를 민주주의적 방식으로 풀어나갈 힘은 길러지지 않는다. 시민교육은 현실적 적절성을 가져야 하고 구체적인 문제와 이슈 중심이어야 하며 생활세계에 밀착된 것이어야 한다. 권력과 권위, 자유와 책임, 사회정의, 분배, 프라이버시, 인권, 생명존중과 인간 품위, 환경, 평등, 공존, 공동체, 세계시민, 윤리 같은 시민교육의 주요 내용들은 현실 속에서는 그 어느 것도 추상이 아니다. 정교분리나 교학분리, 탐구와 사상과 표현의 자유 같은 문제도 추상이 아니다. "교수님, 미국의 국교는 무엇인가요?"라고 묻는 것이 한국 대학생의 질문 수준이다. 그는 고등학교에서 분명히 '정교분리'를 배웠을 것이지만 구체적 맥락에서 그것이 무엇인지, 근대헌법을 가진 나라에는 왜 국교가 있을 수 없는지 한 번도 지식과 현실을 연결해본 적이 없었음이 분명하다. 이를테면 고등학생이 '아프간 파병 반대'라는 머리띠를 두르고 교실에 들어오는 것을 학교는 막을 수 있는가 없는가, 전교조 교사 명단을 사회에 공개할 수 있는가 없는가, 정부가 정부 정책 비판자들을 '국가'의 이름으로 탄압할 수 있는가 없는가, 국가이익은 어느 때 국가이익인가, 국가기관이 학생 성적을 공개할 수 있는가 없는가…… 이런 문제들은 시민의 삶과 직결되어 있고 삶을 조직하고 꾸려나가는 일과 불가분으로 연결되어 있다. 시민교육은 이런 문제들을 발견하고, 합리적인 판단을 할 방법을 생각해내고, 문제를 해결할 수 있도록 돕는 교육이어야 한다. 무엇보다도 시민교육은 시민의 삶에 가해지는 고통의 양을 줄이기 위한 교육이고 삶의 의미와 가치와 품위를 드높이기 위한 교육이다. '더 나은 세계를 향한 사유와 행동'의 모색, 그것이 시민교육의 내용이고 목표이다.

"여러분, 지금 이 세상이 만족스러우십니까?" 민주주의에 관한 이번 강연에서 한 강연자가 수강자들을 향해 물어본 말이다. 다수 수강자가 "아니오!"라고 대답했다. 사람들이 민주주의를 원하는 것은 독재나 전체주의의 세상보다는 민주주의의 세상이 더 나은 세계이기 때문이다. 그런데 그 '더 나은 세계'란 어떤 세계인가? 간단히 말해서 '사람이 살기에 더 나은 세계'이며, 사람들이 "나는 죽고 싶다"고 말하기보다는 "살고 싶다"고 말할 수 있는 세계, 사람들이 삶의 비참보다는 기쁨과 영광을 더 많이 느낄 수 있게 하는 세계이다. "정의는 어디에 있는가?"라며 울부짖는 사람들이 될수록 적어지는 세계, 비참과 고통에서 벗어날 희망이 보이는 세계가 더 나은 세계이다. 그런데 민주주의만으로 그런 세계를 만들 수 있을까? 아닐 것이다. 그러나 민주주의 없이는 그런 세계를 상상하는 것조차 불가능하다는 것을 우리는 알고 있다. 민주주의만으로 더 나은 세계를 만들 수는 없을지 몰라도 그 세계를 만드는 데 없어서는 안 되는 조건들을 충족시키고자 하는 것이 민주주의이다. 무엇보다도 민주주의는 인간의 품위를 깔아뭉개는 여러 '야만의 체제'에 대한 거부이다. 독재, 전체주의, 히틀러식 국가사회주의, 제국주의, 식민주의, 노예제도, 무자비한 개발지상주의, 시장전체주의, 맹목적 국가주의, 인종·성·계급·신분·국적 등에 의한 차별체제 등은 역사상 인간이 경험한, 그리고 지금도 상당 부분 그대로 남아서 사람들의 삶을 비참하게 하는 야만의 체제들이다. 민주주의는 인간이 이런 야만의 체제를 넘어서는 데 필요한 최소 조건을 충족시키려는 체제이다. 그 최소의 필요조건이 '자유'이다. 다른 것을 생각하고 상상할 수 있는 사상과 양심의 자유, 기존 질서로부터의 이탈과 일탈을 허용하는 반대와 비판과 창조의 자유, 말할 수 있는 권리를 보장하기 위한 집회와 결사의 자유, 패러다임의 전환을 가능하게 하는 탐구의 자유, 억눌린 자들을 살리기 위한 저항의 자유……. 이런 자유가 없다면 더 나은 세계라는 것은 꿈꿀 수도 없다. 먹을 것이 넉넉할 때에도 노예의 삶은 비참하다. 그가 비참한 것은 그가 자기 운명의 주인이 아니고 자기 삶을 결정할 권리가 없기 때문이다. 결정적으로 그에게는 '자유'가 없다. 그래서 모든 노예에게 자유는 그가 더 나은 세계를 꿈꿀 수 있는 조건의 전부이다.

지금 한국인의 자유는 어찌 되었는가? 우리는 자유로운가? 젊은 세대 성원들은 이 문제를 깊이 생각해보아야 한다. 투표할 자유만이 자유가 아니고, 떡볶이를 먹을까 파스타를 먹을까를 선택하는 자유만이 자유가 아니다. 지금 한국인은 (세계인들도 그 점에서는 마찬가지로) 쓰레기와 기후 재난과 환경 파탄의 문명으로부터 얼마나 자유로울 수 있는가? 거대 시장권력과 언론권력이 시민 자유의 영역을 조이고 침해하는 세계에서 우리는 얼마나 자유로울 수 있는가? 초등학교에서 대학에 이르기까지 학생들은 경쟁 일변도의 교육, 어느 한 방향을 향해 눈 가리고 정신없이 뛰게 하는 그 맹목의 교육체제와 학교환경으로부터 자유로울 수 있는가? 한국인은 한국을 포함한 지금의 세계를 바꿀 수 있을 것인가? 이야기가 왜 갑자기 한국 민주주의에서 세계로, 한국의 현실에서 세계 문명의 문제로까지 튀어오르는가 하고 독자는 당황해할지 모른다. 당신도 알다시피 이유는 간단하다. 지금 한국인의 삶의 모든 자락은 한국 바깥의 세계와 잇닿아 있다. 환경문제에서부터 고용과 빈곤과 불평등의 문제에 이르기까지 오늘날 세계의 문제는 우리의 문제이며 세계 문명의 문제를 바라보고 생각하는 관점의 형성 없이 우리 사회의 문제들을 사유할 길은 없다. 시민은 국내 시민이기만

한 것이 아니라 이미, 불가피하게, 세계의 시민이고 지구의 시민이다. 자기가 속한 사회, 공동체, 국가에 대한 좁은 충성만으로 뭉쳐진 시민은 이 시대에 요구되는 시민이기 어렵다. 이번 열두 번 강연의 상당수가 나라 안팎의 문제들을 서로 연결시키고 있는 이유도 그래서이다. 자기 삶 하나도 추스르기가 몹시 어려워진 시대에 모든 시민이 다 나서서 세계의 문제를 생각할 수는 없다. 그러나 우리의 삶과 연결해서 적어도 어떤 안목과 관점이 어디에 왜 필요한지를 알고 생각하는 일은 그리 어려운 게 아니다. 나는 특히 이런 사유세계의 확장이 우리의 젊은 세대에 꼭 필요하다고 생각한다. '88만 원'의 미래 속으로 끌려들 전망 앞에서 우울한 우리의 젊은 세대는 "우린 바빠요. 그런 거 생각할 시간이 없어요."라고 말할지 모른다. 그러나 바로 그 이유, 우울한 전망과 암담한 미래 때문에라도 젊은 세대는 "우리는 어떤 세계를 지향해야 할 것인가?"라는 질문을 포기할 수 없다. 그 질문의 포기가 바로 절망의 순간일 것이기 때문이다. 글을 끝내면서 나는 우리 모두의 안쓰럽기 짝이 없는 미래 세대를 향해 몇 개의 질문을 선사하고자 한다.

나는 왜 여기에 있는가?
내가 할 수 있는 일은 무엇인가?
내가 해야 할 일은 무엇인가?

그리고 이렇게 덧붙이고자 한다. 당신들의 생각을 넓히고 깊게 하라. 사유의 정지를 거부하라. 모든 미래 세대에게는 외면할 수 없는 네 가지 책임이 있다. 인간에 대한 책임, 사회에 대한 책임, 역사에 대한 책임, 문명에 대한 책임이 그것이다. 그리고 이 책임들 하나하나는 우리가 '윤리적 상상력'이라 부를 수 있는 두 가지 기본 질문에 연결되어 있다. 삶의 모든 순간에, 모든 고비에, 그 두 가지 질문을 기억하는가 않는가가 당신의 품질을 결정할 것이다. "더 나은 세계란 누구를 위한 더 나은 세계인가?" "나는 누구의 이익을 위해 지금 이 결정을 내리는가?"

도정일(경희대 명예교수, 문학평론가)

도정일

　20년 전에 '도강도강도강(都講盜講渡江)'으로 유명했던 경희대 명예교수 도정일. '도 교수의 강의를 몰래 듣고 강을 건넌다'는 의미의 은어라고나 할까? 광주의 봄이 꺾이고 암울했던 1980년대 초반, 미국 유학에서 갓 돌아온 젊은 영문과 교수의 수업에 대한 이야기다. '문학사상사'라는 제목을 걸고서 마르크스와 레닌과 알튀세르를 거침없이 내뱉었다. 20년의 세월에도 그의 패기는 수그러들지 않았다. 몇 년 전부터 '책읽는사회만들기국민운동'과 MBC '느낌표'가 함께 했던 기적의 도서관 운동을 벌였다. 방송은 끝났지만 그 운동은 여전히 진행형이다. 또 '인문학'이 필요한 곳이면 어디든 마다하지 않고 강연하러 떠난다. 그러다 보니 아무래도 개인적인 시간을 가지고 차분히 집필하기가 어렵다. 오죽하면 기자나 출판 편집자들 사이에서 "더럽게 받기 힘들지만 받으면 더럽게 좋은 원고"라고 정평이 나 있겠는가. 2010년 봄, 오늘의 민주주의에 대해 '더럽게 좋은' 어떤 말을 우리에게 던져줄까?

제1강

한국 민주주의
100년을 돌아보다

한홍구

'대한민국사'에 대해서 별걸 다 기억하는 남자. 그래서일까? '걸어 다니는 한국 현대사'라는 별칭이 유난스럽게 느껴지지 않는다. 감춰지거나 왜곡된 역사 현실을 끊임없이 고발하러 다니는 그의 발걸음은 재직 중인 성공회대학교 강의실에만 머무르지 않는다. 과거사의 진실을 규명하기 위해, 양심에 따른 병역거부권을 실현하기 위해, 국가보안법이 없는 세상을 이룩하기 위해 때와 장소를 가리지 않고 그의 수염은 너털거린다. 강의 때마다 혹은 사람을 만날 때마다 평화박물관 건립을 위해 팸플릿을 건네는 것도 잊지 않는다. 사람들이 그때마다 팸플릿을 덥석 쥐고 머뭇거리지 않고 서명을 하는 것은 이런 그의 바지런한 열정과 진정성이 고스란히 느껴지기 때문일 것이다. 촛불시위의 수많은 대중 속에 한 명의 시민으로 선 역사학자, 파업현장에 연대하는 한 명의 동료로 선 역사학자를 가진 우리는 얼마나 행복한가. '지금 이 순간의 역사', 그와 함께라면 한번 꿈꿔볼 수 있지 않을까?

지은 책으로는 《대한민국사》(1~4) 《지금 이 순간의 역사》 《특강 – 한홍구의 한국 현대사 이야기》 등이 있다.

민주주의 100년, 우리에게 민주주의란 무엇인가

민주주의 100년을 이야기하는 이 자리에서 민주화가 된 부분을 이야기해야 할지 안 된 부분을 이야기해야 할지 복잡합니다. 큰 가마솥에 밥을 하다 보면 익은 데도 있고, 설익은 데도 있고, 고두밥도 있고, 진밥도 있잖아요. 그래도 민주화가 된 면에 대해서 먼저 이야기를 해볼까요?

한국만큼 민주화된 나라도 많지 않습니다. 한국은 대통령 탄핵안을 가결했다가 그 탄핵안이 헌법재판소에 의해 기각된 이후에도 정치보복을 당하지 않는 나라예요. 또 김대중·노무현 같은 사람을 대통령으로 뽑을 수 있는 나라는 사실 많지 않습니다. 그래도 김대중은 비주류 안에선 주류였죠. 대통령 후보만 26년을 했으니까요. 그에 반해 한국 기득권층 입장에서 볼 때 노무현은 정말 '어디서 굴러먹던 개뼈다귀'인지 모를 존재인데, 그런 그가 정치에 입문한 지 15여 년 만에 대통령이 됐습니다. 이렇게 개천에서 난 용이 대통령까지 될 수 있는 나라는 많지 않습니다. 긍정적인 측면에서 보면 한국은 굉장히 많이 민주화됐습니다.

그러나 부정적인 면도 봐야죠. 〈개그콘서트〉에서 한동안 유행했던 '같기도'란 코너를 기억하십니까? 그 코너의 유행어를 빌려 표현하자면, 지금 우리 상황은 민주화가 된 것도 아니고 안 된 것도 아니죠. 민주화가 된 측면에 대해서는 방금 말씀드렸고, 민주화가 안 된 측면을 한마디로 이야기하면, 노무현 같은 사람이 대통령을 지냈어도 주류 사회에 편입될 수 없는 나라라는 점입니다. "야, 기분 좋다!" 하고 집으로 돌아간 분이 벼랑 위에서 몸을 던져야 할 만큼 우리 사회는 민주화되어 있지 않은 겁니다.

이명박 정권이 등장한 뒤에 민주주의가 엄청 후퇴했죠. 왜 이렇게 민주주의가 역주행하게 되었을까요? 보기를 드리죠. 1번, 이명박이 독해서. 2번, 한국 민주주의의 기반이 허약해서. 3번, 민주화운동 세력이 잘못해서. 4번, 민주주의에 대한 국민의 관심이 돈에 대한 관심보다 적어서. 무엇일까요? 저도 잘 모르겠습니다. 네 가지 다 맞는 것 같아요. 현 대통령도 예상보다 훨씬 독했고, 한국 민주주의의 기반도 허약했습니다. 허약해도 이렇게 허약할 줄 몰랐습니다. 마찰계수가 '0'이어서 툭 치니까 쭉 밀려갔죠. 민주화운동 세력이 잘못한 것도 맞습니다. 민주주의에 대한 국민의 관심이 돈에 대한 관심보다 적었다는 점도 민주화운동 세력이 잘못했기 때문에 벌어진 일이라고 생각해요.

민주화가 돼서 살림살이가 좀 나아졌습니까? 나아졌다면 민주화 세력이 정권을 내줬겠습니까? 대중이 안 나아졌다고 생각하니까 정권을 내준 것이겠죠. 부동산, 비정규직, 사교육 문제 중 어느 하나라도 해결했다면 이렇게 되지 않았겠죠. 5년 동안 한 가지 문제를 해결하고, 앞으로 5년을 더 주시면 다음 문제를 해결하겠다고 했으면 대중이 이렇게 외면했을까요? '민주주의가 밥 먹여주는가?'라는 질문에 답을 못한 거죠. 밥을 먹여준다는 걸 확실하게 보여줬다면 정권을 내주지 않았을 거라고 생각합니다.

여러분에게 민주주의는 뭐죠? 민주화운동 세력에게 민주주의는 뭐였나요? 지난 1980년대에 민주화운동을 많이 했죠. 길거리에서 밤낮

없이 민주주의를 외쳤습니다. 전 당시에 대학원생이었는데, 그때 20대들은 기운이 펄펄 나서 전두환 정권과 '맞짱'을 떴습니다. 그 20대들에게 꿈이 뭐냐고 물었을 때 민주주의 실현이라고 대답하면 선배들이 대견하다고 했을까요? 오히려 야단을 맞았습니다. "야, 이놈아! 민주화가 되면 조국이 통일되냐, 민중이 해방되냐, 미국이 나갈 거 같으냐?" 다시 말해서 꿈이 작다는 것이죠. 민중해방도 있고, 민족통일도 있고, 민족의 자주도 있는데 민주화밖에 보지 못하냐는 것입니다. 참, 호랑이 담배 먹던 시절 이야기 같아졌어요.

그때 민주주의는 학생운동이나 진보적인 사회운동 내에서 '목표'로 대접을 받지 못했습니다. 쉽게 이야기해서 부산까지 가려면 거쳐야 하는 대전 정도의 취급을 받은 거죠. 당시에 민주주의는 좋고 필요한 것이지만, 꿈이 거기에 그쳐서는 안 되는 것이었습니다. 민주화가 되어야 국가보안법도 없어지고 통일 문제도 이야기할 수 있으니까 추구하는 것, 즉 민주주의를 내재적인 가치나 목표로 이해했다기보다는 더 높은, 더 숭고한, 더 궁극적인 목표를 달성하기 위한 수단이나 중간 지점, 통과역 정도로만 이해했던 게 아닌가 싶습니다. 그만큼 민주주의가 우리 내부로 육화되어 삶의 방식으로 자리 잡지 못한 것은 아닌가 싶어요.

조선식 민'본'주의, 한국 민주주의의 맹아

근대 이전의 조선 사회에는 민주주의가 없었습니다. 대신 민본주의가 있었죠. '민'이 '주인'이 되지는 못했지만, '본'으로는 삼았습니다. 천민을 배제하기는 했지만요. 지금은 어때요? 돈을 '본'으로 삼는 자본주의죠.

하지만 당시에도 민주주의적인 요소들이 있었습니다. 예컨대 언론의 자유가 있어서 왕을 강하게 비판했습니다. 남명 조식 선생의 〈을묘사직서〉가 좋은 예입니다. 이것은 조식 선생에게 단성 현감 벼슬이 내려졌을 때 거부하고 올린 사직서인데, 그 내용을 보면 이러고도 살아남았을까 싶어요. 문정왕후가 막강한 영향력을 행사하던 당시에 문정왕후한테는 한낱 과부에 지나지 않는다 하고, 왕한테는 한낱 고아에 지나지 않는다고 했습니다. 물론 오늘날 페미니즘 시각에서 보면 문제가 있겠지만, 지배층의 일원이 정권을 쥐고 있는 사람에게 그런 식으로 대든다는 것은 참 놀라운 일입니다. 그토록 겁이 없는 개인도 놀랍고, 그를 죽이지 않은 조선 사회는 더 놀랍습니다. 지금 우리 사회에서 권력을 갖고 있는 지배층 내에서 실세들을 대놓고 비판하는 건 불가능하죠.

조선이 괜히 500년 동안 지속된 건 아닙니다. 저는 조선이 500년이나 지속되었다는 게 문제 있다고 생각하는 사람입니다. 임진왜란이 끝났을 때 판이 바뀌었어야 한다고 생각해요. 그런데 조선에 쳐들어온 나라도 망했고, 도와주러 온 나라도 망했는데, 쑥대밭이 된 나라만 질긴 목숨을 이었습니다. 살아남는 게 꼭 좋은 것만은 아니라고 생각하지만, 살아남은 데에는 나름의 이유가 있었습니다. 조선이 무능하기 짝이 없는 나라였던 것 같지만, 그래도 비판정신은 살아 있었죠. 오늘날 언론과는 비교도 되지 않는 이야기입니다. 조·중·동처럼 권력자를 무조건 감싸고도는 게 아니었습니다. 그런 점에서 조선시대의 양반이나 선비를 우습게 볼 건 아니라고 생각합니다.

그리고 중세의 어떤 나라보다도 조선은 교육을 중시했습니다. 그 부작용으로 지금도 입시지옥에 시달리고 있지만요. 조선시대에는 신분 상승의 기회가 열려 있었습니다. 적어도 제도상으로는 그랬죠. 굉장히 열려 있는 교육제도와 과거제도를 갖고 있었어요. 조선이 망한 것은 그 시대를 지탱해주던 열린 시스템이 작동을 멈추었기 때문입니다.

천하의 인재를 구하고 나름대로 새로 섞어주는 것이 과거제도였습니다. 그런데 시간이 지날수록 과거제도가 변질되면서 재주 있는 사람들을 광범하게 발굴하여 적재적소에 배치하는 것이 아니라, 양반만 과거에 합격할 수 있게 된 것이죠. 조선 중기에 이르면 그 양반들이 서로 치고받고 싸웠어요. 처음에는 동인과 서인으로 나눠서 싸우다가, 사색당파로 싸우다가, 노론이 독식을 하다가, 노론 안에서 안동 김가, 풍양 조가, 여흥 민가 등 한두 집안이 권력을 독식하죠. 조정인지 종친회인지 모를 정도예요. 과거제도가 천하의 인재를 구하지 못하고 문벌제도의 권력을 합리화해주는 꼴이 되었잖아요. 조선 후기로 가면 오늘날과 똑같습니다. 있는 집 자식들만 과거에 급제하고 벼슬을 합니다. 요새 사법연수원에 가보면 집안도 좋고 공부도 잘하는 사람만 있어요. 우리 사회가 지금 그런 방향으로 가고 있지 않나요? 조선이 그러다 망했습니다.

19세기 말쯤 되면 서세동점西勢東漸이라는 현상이 일어나죠. 서양에서 발생한 민주주의, 자본주의, 과학기술 등이 밀려들어오기 시작합니다. 우리는 충격을 받고 나름의 개혁을 실시합니다. 갑오개혁을 통해 신분제도 없어지죠. 하지만 법으로 신분제를 없앤다고 곧바로 없어집니까? 그 잔재가 몇십 년간 계속되었죠.

지금은 어떤가요? 전 세계에서 몇천 년의 역사를 가진 나라 중 한국처럼 전통적인 신분제가 완벽하게 사라진 나라가 얼마나 됩니까? 공산혁명을 하지 않은 나라들 중에서 신분제가 한국처럼 사라진 나라가 있는지 보세요. 일본만 하더라도 인권교육의 일환으로 동화교육을 합니다. 우리식으로 표현하면 백정을 차별하지 말라는 겁니다. 일본의 흥신소는 지금도 중매결혼의 상대자들을 뒷조사하는 걸로 먹고삽니다. 상대자가 부라쿠민部落民 출신인지 아닌지 알아보는 거죠. 그런데 우린 어떤가요? 제가 어렸을 때만 해도 시골에서 친척 할머니들이 고깃간을 하는 집안을 보고 천하다고 하셨는데 요새는 그렇게 말하는 사람이 없잖아요. 고깃간을 한다고 하면 고기를 자주 먹을 수 있어서 좋겠다며 부러워하죠. 굉장히 중요한 변화예요.

저는 한국 사회에서 신분제가 없어지는 데 결정적 영향을 준 사건이 한국전쟁이라고 생각합니다. 신분제는 전쟁 중에 일어난 학살을 통해서 없어졌습니다. 예를 들면 우익 백정이 좌익 양반을 낫으로 학살했던 거죠. 우리의 신분제는 낫으로 없어졌다고 해도 과언이 아닙니다. 낫에 베여서 흐물흐물하다가 급격한 근대화와 도시화가 청소해버린 겁니다. 전통적인 신분제가 사라졌다는 것은 굉장히 중요한 변화인데, 그 의미는 반감될 수밖에 없어요. 왜냐하면 전통적인 신분제가 없어지고 평등사회가 건설된 것이 아니라, 돈이 기준이 되는 새로운 신분제가 나타났기 때문입니다.

임시정부, 민주공화제로 월반

지금으로부터 90여 년 전 상하이에 임시정부가 세워졌습니다. 우리는 그때 바로 왕정에서 민주공화정으로 갔습니다. 그 이전의 한국에서는 민주공화제에 대한 논의는 고사하고 입헌군주제에 대한 논의도 활발하지 못했습니다. 우리가 이렇듯 갑자기 민주공화제로 월반하게 된 중요한 이유, 임시정부를 세울 때 별다른 논란 없이 민주공화국이라는 정치체제를 채택할 수 있었던 이유가 뭘까요? 바로 고종의 승하입니다. 고종이 살아 있었다면 1919년에 민주공화제로 가지 못했을 겁니다. 순종은 살아 있었지만, 아편을 이용한 암살기도 때문에 정상적인 정치를 할 수 있는 처지가 아니었죠. 황태자였던 영친왕은 여덟 살 때 강제로 일본에 끌려가 일본인으로 양육되고 있었어요. 만약 고종이 자결을 했다든가, 고종의 둘째 아들인 의친왕이 국외로 망명을 시도하다가 중국 안둥에서 잡혔는데, 그가 만일 탈출에 성공해서 의병과 결합했다면 하다못해 입헌군주제 이야기라도 있었을 겁니다. 고종이 살아 있을 때까지는 '복벽론復辟論'이라고 해서 독립하면 '대한제국으로 망했으니 대한제국으로 일어나자'가 대세였을 겁니다. 그러나 고종의 승하로 인해 우리 내부의 심각한 투쟁과 논쟁 없이 민주공화국을 받아들인 면이 있습니다.

그런데 임시정부를 만든 분들은 '공자 왈 맹자 왈' 하던 분들입니다. 예를 들면 이시영 선생은 과거에 급제해서 홍문관 부제학을 지냈고, 조완구 선생은 흥선대원군과 가까운 사이였죠. 두 분 다 명문가 출신입니다. 임시정부 요인 중에는 집안 좋은 분들이 많아요. 거기에 이질적인 요소라면 안창호 선생이 계셨죠. 임시정부의 각료들을 외교총장, 법무총장, 재무총장 등 총장이라고 불렀습니다. 노동부장관만 노동총판이라고 했습니다. 대한제국 시대에는 조선시대의 참판, 즉 차관을 협판이라고 했는데, 노동총판의 '판' 자가 바로 '협판'을 뜻하는 거예요. 총판은 총장보다는 격이 낮았죠. 안창호 선생은 인격으로 보나 실력으로 보나 세력으로 보나 당대 최고의 인물입니다. 그러나 서북 출신 평민이었기 때문에 노동총판이 된 겁니다. 임시정부가 그런 한계를 갖고 있었던 겁니다. 우리가 처음 민주공화제를 시작할 때 이런 한계를 다 떨치고 시작한 것은 아닙니다. 그러나 시작했다는 것이 대단히 중요하죠.

한편 일제는 1930년대에 조선에 국민학교를 많이 세웠습니다. 일본 사람들이 왜 조선에 학교를 세웠을까요? 조선 사람들을 열심히 교육시켜서 민주주의를 하려고 그랬을까요? 당시는 일본에서도 민주주의를 안 할 때입니다. 그들이 조선에 학교를 세운 것은 조선인을 황군 병사로 만들기 위해서였죠. 민주주의가 아니라 군사주의, 군국주의를 위해서였던 겁니다. 그러한 상황에서 조선은 한편으로 사회주의를 받아들이죠.

당시의 사회주의를 지금의 시각으로 보면 안 됩니다. 지금 우리는 1989년에 동독이 무너지고, 1991년에 소련이 무너지고, 과거의 스탈린이 어떻게 했었는지 알죠. 대약진운동의 실패나 문화혁명의 혼란이 어땠는지 다 알고 있는 상태이니까 사회주의를 부정적으로 볼 수 있어요. 그런데 그때는 그렇지 않았습니다. 1917년 러시아혁명은 천지가 개벽한 겁니다. 그리고 또 하나, 식민지 조선의 독립을 지지한 나라는 러시아밖에 없었습니다. 러시아가 지지하는 사회주의에 대한 기대치는 무척 높았습니다. 그래서 당시 조선의 사회주의는 나름대로 혁명하는 과정에서 봉건유습을 타파하기 위해서 노력을 기울였죠.

그 과정에서 웃지 못할 일들도 벌어집니다. 가령 여성들이 긴 머리를 자르는 것은 봉건인습을 타파하는 상징적인 행동이었습니다. 또 긴 치마도 잘랐죠. 코코 샤넬만 치마를 자른 게 아니에요. (청중 웃음) 우리도 그랬어요. 그런데 치마야 이어붙이면 되지만, 머리는 한번 자르면 다시 이을 수가 없었죠. 조선은 1930년대 만주에 혁명 근거지를 세우기 시작해요. 당시 공산주의 조직에서는 봉건적인 농촌 여성들을 각성시키기 위해 여성 혁명가들을 농촌 사회에 많이 들여보냈어요. 하지만 들어가는 족족 일본 제국주의자들에게 잡혔습니다. 머리가 짧은 여성은 모두 사회주의자니까 금방 눈에 띄었거든요.

해방 직후 자생적 민주주의 실험의 좌절

한국은 해방이 되면서 미국한테 점령을 당했어요. 그때 자치 조직들이 만들어지기 시작하면서 자생적인 민주주의를 실험합니다. 처음에는 '건국준비위원회'라고 이름을 달았다가 '인민위원회'로 바꿨는데, 전국에 인민위원회가 만들어집니다. 인민위원회를 꼭 좌익이 주도했던 건 아니에요. 우익이 주도한 인민위원회도 있었습니다. 요즘은 인민이라는 말을 잘 안 쓰지만, 영어로 하면 'people'입니다. 'people'과 '국민'은 다르죠. 독립적인 개인의 집합체인 '인민'이 국가를 만들어서 그 국가에 소속됨으로써 '국민'이 되는 겁니다. 민주주의는 '국민에 의한, 국민을 위한, 국민의 정치'가 아닙니다. 'of the people, by the people, for the people'의 'people'은 바로 인민입니다. 그런데 불행히도 미군정이 그 인민위원회를 인정하지 않았습니다.

북쪽의 상황은 달랐습니다. 소련은 조선 사람이 하는 대로 내버려뒀죠. 그래서 한국현대사에 대한 논의가 격렬했던 1980년대에 소련은 해방군이고 미군은 점령군이라는 생각이 팽배했는데, 저는 그렇게 생각하지 않습니다. 소련이나 미국이나 점령군과 해방군의 성격을 다 갖고 있었다고 봅니다. 그런데 왜 소련은 해방군의 성격이 더 부각되고 미국은 점령군의 성격이 더 부각됐을까요? 당시 상황에서 소련이 내버려두었어도 조선 사람들은 친소국가를 세웠을 겁니다. 당시 조선은 반제국주의 정서를 가지고 있었기 때문에 친자본주의 국가를 세울 가능성은 적었죠. 제국주의는 두 가지 측면을 가지고 있습니다. 외국에 의한 지배라는 점도 있지만, 경제적으로는 고도로 발달한 자본주의입니다. 언제나 그런 건 아니지만, 제국주의에 반대하는 독립운동이나 민족해방운동은 기본적으로 반자본주의적인 성격을 띨 수밖에 없었습니다.

그러니 미국 입장에서는 한국에서 일고 있는 민족해방운동을 그냥 버려둘 수 없었습니다. 미국은 자신들의 이익을 관철시키기 위해서 친일파와 손을 잡았죠. 친일파는 미군정이 보호해주지 않으면 살아남을 수 없었을 겁니다. 20세기 이후 식민지에서 해방된 나라들 중에서 제국주의에 협력했던 세력이 집권한 나라가 얼마나 될까요? 1945년 무렵 150~200개국이 새로 출현했는데, 그중에서 제국주의에 협력했던 세력이 집권한 나라는 남베트남과 우리뿐이었어요.

친일파가 우파라서 미군정이 그들을 옹호한 것이 아닙니다. 우파였던 백범 김구 선생은 배척받지 않았습니까? 백범은 미국과 선이 닿아 있기도 했습니다. 제2차 세계대전이 끝나고 CIA로 바뀐 OSS가 있었죠. 백범은 OSS와 손을 잡고 국내 진공작전을 준비했었잖아요. 그런데도 미국은 백범이 민족주의자라는 이유로 배척했습니다. 민족주의자는 민족의 이익을 가장 먼저 생각하죠. 미국의 이익과 민족의 이익이 일치했다면 백범이 민족주의자라는 점이 문제가 될 게 없었을 겁니다. 미국이 필요로 했던 건 민족의 이익이 아니라 미국의 이익을 공고히 해줄 사람이었습니다. 백범은 우파였지만 그럴 사람이 아니었으니 배제하고, 친일파는 민족의 이익과 미국의 이익이 대립할 때 미국을 위해 봉사할 테니까 데려다 쓴 거죠.

　백범 선생은 극우파였는데도 중요산업의 국유화를 이야기했어요. 우리 제헌헌법에서는 중요산업은 국유화한다고 명시하고 있는데, 심지어 지주, 자본가들의 정당인 한민당조차도 중요산업 국유화에 반대를 못 했습니다. 일제강점기에 자본의 94퍼센트가 일본인 소유였어요. 웬만한 산업이 다 일본인 것이었던 거죠. 그 자본을 국유화하든 사회화하든 해서 조선 사람 전체의 것으로 만드는 게 맞습니까, 친일파나 미국과 친한 자들한테 떼어주는 게 맞습니까? 그러니까 중요산업 국유화가 대세일 수밖에 없는 거죠.

　미국 입장에서는 중요산업을 국유화하면 자신들의 이익을 위해서 봉사해줄 자본가계급을 만들 수 없게 되는 셈이죠. 자본가계급을 만들려니 대다수의 조선 사람들이 바라던 사회체제와 부딪칠 수밖에 없고, 그래서 폭력이 난무하게 됩니다. 미국과 이승만 세력은 이북에서 내려온 사람들, 급격한 사회변화 속에서 뿌리 뽑힌 농민들을 모아서 '서북청년회'니 하는 단체를 만들어 폭력을 행사하면서 남한에 단독정부를 세워갑니다.

미국식 민주 '제도'의 이식

단독정부를 세우면서도 미국이 민주주의 도입에 기여한 점이 있었던 것은 사실입니다. 그들은 발달된 선진 민주주의 제도, 미국식 민주주의 제도를 우리한테 이식해줬죠. 그 덕에 우리는 굉장히 빨리 선진적인 민주제도를 갖게 되었습니다.

우리 여성들은 1948년 5·10총선거 때부터 투표권을 행사했습니다. 민주주의는 프랑스혁명을 계기로 전 세계로 번져나가기 시작했는데, 그 프랑스에서 여성 투표권이 도입된 것이 1944년입니다. 우리보다 4년밖에 빠르지 않아요. 프랑스가 우리보다 200년이나 앞서 혁명을 했는데도 여성 참정권은 그때 도입됐습니다. 유럽에서 여성 참정권을 실현하기 위해서 많은 여성들이 감옥이나 정신병원으로 보내졌죠. 때로는 단두대로 보내지기도 했어요. '미친 거 아냐? 여자가 투표를 해?' 그게 100년 전의 상식이었습니다. '노동자가 투표를 해?', '학교도 못 나온 게 투표를 해?' 이게 100년 전의 역사였습니다. '상놈이 투표를 해?', '상놈하고 양반하고 말을 섞어?' 이게 불과 100년 전이었어요. 이런 요소들이 많이 남아 있는 상태에서 우리는 가장 발달한 민주주의 제도를 들여와 쓰기 시작했습니다. 당연히 미숙할 수밖에요.

우리는 처음부터 보통선거를 했습니다. 전 국민에게 투표권을 줬어요. 그런데 해방 직후 문맹률은 80퍼센트에 가까웠습니다. 문맹인 유권자가 후보의 이름을 모르는데 어떻게 투표를 했을까요? 숫자로 써줘서? 학교 문턱도 못 간 사람들이 아라비아숫자는 어떻게 알았겠습니까? 그때 선거용지에는 작대기가 그어져 있었습니다. 후보가 열다섯 명이었다면 작대기 개수를 세느라 바빴겠죠. 후보자들이 선거운동을 할 때 작대기 몇 개 있는 곳에 찍어야 한다고 부탁하면서 고무신도 주고, 밀가루도 주고, 막걸리도 주고, 돈 봉투도 주었어요. 그런 것들을 받았으면 찍어줘야 했겠죠. 지난 수십 년 동안 금권선거, 타락선거, 밀가루선거, 고무신선거, 막걸리선거가 횡행할 수밖에 없는 요인들이 출발부터 있었습니다.

그러다가 국민의 교육 수준이 높아지면서 금권선거나 막걸리선거가 점차 줄어들었던 거죠. '1950년대 선거' 하면 유명한 이야기가 많잖아요. 그때는 정전이 자주 됐습니다. 개표하고 있는 중에 불이 꺼지고, 이어서 요란한 소리가 납니다. 불이 다시 켜진 뒤에 보면 야당 참관인들은 얻어터진 채로 뻗어 있습니다. 개표가 다시 진행되고 결과를 보면, 그 동네에서 2,000명이 투표를 했는데 이승만 지지표가 3,000표나 나오기도 했습니다. 미리 준비해온 표를 너무 많이 집어넣은 거죠. (청중 웃음) 그러던 시절이 있었습니다.

우리 제헌헌법은 참 좋은 헌법이었습니다. 제헌헌법은 우파가 만들었지만 그 안에는 독립운동을 하던 분들이 꿈꿨던 내용이 들어 있습니다. 평등사상이 강조되었던 그 헌법은 태어나서 돌도 지나기 전에 휴지조각이 됐죠. 사실 우리나라에는 알려지지 않은 쿠데타가 있었습니다. 친일파 민족반역자들이 1949년 5월에서 6월 사이에 제헌헌법을 공격하고 대한민국을 접수해버린 것은 사실상의 쿠데타였어요.

우파라고 다 친일파나 분단 세력은 아니죠. 미군 점령에 의한 분단을 현실로 받아들이고, 미군과 소련군이 주둔하는 상황에서는 통일이 불가능하니 남과 북에 정부를 세워서 외국군이 철수한 뒤에 통일하면 될 거 아니냐, 남북의 정치체제가 급격하게 다르지 않도록 조정하면서 중요산업을 국유화하고 남쪽도 농지를 개혁해서 북측하고 적당한 시점에 평화적으로 통일하는 것이 얼마든지 가능하다고 믿었던 분들, 그러면서도 친일파 청산은 꼭 필요하다고 생각한 민족적 양심을 가진 우파들이 대한민국 정부 수립에 참여했죠. 그런데 이 세력은 모두 남로당 프락치, 빨갱이로 몰려서 숙청당했습니다. '남로당 국회프락치사건'이란 게 바로 반민특위(반민족행위특별조사위원회의 약칭)를 열심히 하자던 국회의원들이 친일파에 의해 빨갱이로 몰린 사건이에요. 이후

반민특위가 해산되었고, 그 다음에 김구 선생이 암살당했죠. 그 세 가지 사건은 별개의 사건이 아니라 사실은 하나의 사건이에요. 그러면서 민주주의의 가장 큰 적인 '국가보안법'이 대한민국을 지배하게 되었습니다.

사사오입, 이승만식 민주주의

미국식 민주주의가 이렇게 들어왔을 당시 대통령이었던 이승만은 얼마나 민주적이었을까요? 우리나라 최초의 미국 박사, 미국 문화와 미국 정치제도에 대해서 어떤 전문가보다도 정통했던 이승만은 민주주의를 얼마나 잘 지켰을까요? 불행히도 이승만의 사고방식은 전제 왕권 시대의 군주의 의식수준에 머물러 있었습니다. 대통령보다는 왕에 더 적합한 사고방식이었다고 볼 수 있어요. 전주 이씨라는 점을 강하게 의식하고, 행태로 보면 조선왕조의 군주처럼 군림했다고나 할까, 선거로 뽑힌 왕이었다고나 할까요. 그는 정당을 무시했습니다. 한 당파의 우두머리이기보다는 전 국민을 망라하는 초월적인 존재가 되고자 했어요. 이승만이 자유당 소속 대통령 후보로 나왔을 때 같은 정당 소속인 부통령 후보 이범석을 낙선시킨 일이 있습니다. 정당정치고 뭐고 무시했던 겁니다. 이승만이 그때 여든 살이었죠. 당시에 한국 국민의 평균수명이 40대 후반에서 50대 초반이었을 겁니다. 그런데 부통령을 자기보다 두세 살 많은 사람을 뽑았습니다. 함태영 목사라고 전혀 알려지지 않은 인물이었죠.

  이승만의 반민주적인 행태에 대한 예를 들자면 끝이 없어요. 2009년 7월 22일 국회에서 미디어법이 부결되었다가 다시 투표해서 통과

되었을 때 딱 연상됐던 게 이승만 시절의 '사사오입개헌'이에요. 1954년에 초대 대통령의 3선 제한을 철폐한다는 개헌이었는데, 헌법 개정에 필요한 의결정족수인 재적 의원 203명의 3분의 2가 135.3333표였습니다. 즉 찬성 136표가 되어야 개헌안이 가결될 수 있는데 투표 결과 135표가 나왔어요. 0.3333표가 부족했기 때문에 부결이라고 선언했는데, 이승만이 "자네들은 수학을 못하는구먼. 사사오입이 있지 않나. 135.3333이면 135로 해야지, 왜 136으로 해서 부결됐다고 선언하나?"라고 꾸짖자 다음 날 국회에서 가결된 것으로 선포하기도 했어요. 1952년에는 대통령 직선제로 개헌하기 위해 전방에서는 한창 치열하게 전투가 진행 중인데 계엄령을 내리고, 국회의원들이 탄 버스를 통째로 끌고 가서는 헌병들이 총을 겨누는 상태에서 투표해서 개헌안을 통과시킨 일이 있었습니다. 당시 한국은 보수 양당제도였습니다. 보수와 진보가 맞붙은 게 아니에요. 미국식 공화당과 민주당 정도의 차이도 없는, 사실은 여당을 해야 되는데 이승만이 권력을 나눠주지 않아서 야당이 된 사람들이었죠. 그러다 보니 민주주의의 내용이 매우 협소해졌습니다.

웃지 못할 일들은 더 있었습니다. 예전에 이명박 대통령이 방명록에 '했읍니다'라고 써서 시끄러웠는데, 그건 20대들이 이해해줘야 한다고 생각해요. 제가 초등학교에 다닐 때에는 '했읍니다'가 올바른 표기였어요. '했습니다'라고 쓰면 틀렸어요. 그러니 한글이 처음으로 정착되기 시작한 때 한글을 배운 이승만은 오죽했겠습니까? 주시경 선생과 거의 동년배로 오랫동안 외국 생활을 한 이승만은 주시경의 제자들이 일제강점기에 제정한 새로운 맞춤법에 어두웠어요. 이승만이 한글이 어렵다고 불평하자 아첨하는 무리가 '한글간소화방안'이라는 걸 만들었습니다. 독립신문 시대의 표기법으로 돌아가자는 거죠. 1950년대는 그런 시절이었습니다.

'한국적' 민주주의 속 군과 학생의 격돌

그런 상황에서 4·19혁명이 일어났죠. 중·고등학생들이 먼저 들고 일어나고, 대학생들은 뒤늦게 가세했습니다. 그 이후 대학생들이 주요 세력이 되어 정치의 전면에 나섰습니다. 그로부터 30여 년 동안 한국 정치는 군과 학생의 격돌이었습니다. 한국전쟁 이후 시민사회의 다른 세력들은 다 망가져서 하나도 남지 않았거든요. 1990년대 이후에 학생운동의 쇠퇴를 이야기하지만, 사실은 당연한 겁니다. 시민사회의 다른 세력들이 성숙하지 못해 지나치게 많은 짐을 부여받았던 학생들이 시민사회의 발전에 따라 그 짐을 벗기 시작한 거죠. 그런데 한국 사회가 너무 급격하게 변하다 보니까 여러 다른 요인과 학생들의 탈정치화가 맞물려서 그러한 현상이 두드러져 보인 것뿐입니다. 민주화운동을 학생이 주도했던 것은 사실은 비정상적인 거였습니다. 당시에는 참여연대도, 경실련도, 민주노총도, 전교조도, 민주노동당도, 〈한겨레〉도 없었습니다. 지나치게 팽창한 국가기구의 대표격이 군이었고, 과소 성장한 시민사회 내에서 그나마 세력을 유지했던 게 학생이었던 것이죠. 그러다 보니 현대사가 학생과 군의 대결로 점철되었던 겁니다.

1970년대에 '한국적 민주주의'라는 말이 있었습니다. 박정희가 3선 개헌을 하면서 국민에게 한 번만 더 대통령을 하게 해달라고 호소했어요. 그러면서 다시는 국민에게 자신을 찍어달라고 부탁하는 일이 없을 거라고 했습니다. 박정희는 그 약속을 이상한 방식으로 지켰습니다.

국민으로부터 대통령을 뽑을 권리를 빼앗은 거죠. 그것이 바로 '유신'이라는 친위 쿠데타였습니다. 박정희는 헌법을 두 번 짓밟았죠. 5·16 군사쿠데타와 10월유신이었습니다. 그리고 대통령에게 온갖 특별한 권한을 줬습니다. 헌법에 긴급조치권이라는 게 있었는데, 그것이 법률적인 효력을 가졌으니 그에 따라 대통령이 입법권을 행사한 겁니다. 대통령의 말 한 마디면 형사처벌을 할 수 있었습니다. 유신헌법을 비판하거나 바꾸자는 이야기만 꺼내도 긴급조치 1호를 발동해 징역 15년을 내릴 수 있었습니다. 무법천지가 따로 없었죠. 그래도 안 되니까 긴급조치 4호를 선포했습니다. 긴급조치 4호에 따르면, '이유 없이 수업을 빼먹으면' 글자 그대로 하면 '최고 사형까지 가능'합니다. 학교는 '폐교도 가능'합니다. 실제로 집행은 안 했지만 이렇게 말이 안 되는 법을 만들었죠. 박정희가 꿈꿨던 것은 천황제라고 해도 지나치지 않을 겁니다.

박정희는 한국적 민주주의를 강조했어요. 당시 체육관에 '통일주체국민회의 대의원'이 모여 대통령을 뽑았습니다. 선거 결과는 박정희 지지율이 99.9퍼센트였어요. 그 나머지도 반대표가 아니라 무효표였습니다. 그때 선거제도는 후보자 이름을 한글이나 한문으로 쓰게 했는데, '박정히'라고 쓴 게 무효표가 되었습니다. 사실상 100퍼센트죠. 그걸 한국적 민주주의라고 불렀습니다. 그 원형을 신라시대의 화백회의에서 찾았는데 만장일치 제도가 민주주의인가요? 만장일치 제도를 지금도 실시하는 데가 있다면 '마피아'나 '유엔 안보리' 같은 곳뿐이죠. 힘에 의해서 결정된 질서를 유지하기 위해 힘이 센 자들에게 거부권을 준 것입니다. 민주주의하고는 아무 상관이 없지요.

1980년 5월 18일, 우리 역사에서 가장 길고도 슬픈 새벽

우리는 5·18광주민주화운동을 겪었습니다. 시민들이 민주주의를 위해서 처음으로 총을 든 한국 역사에서 굉장히 큰 사건이었습니다. 광주민주화운동이 터졌을 때 저는 대학교 3학년이었어요. 그 전 해에는 '남민전사건'(남조선민족해방전선 준비위원회 사건)이 있었습니다. 시인 김남주도 남민전사건으로 구속되었는데, 다른 사람들과는 달리 강도죄가 적용되었죠. 활동자금을 마련한다고 재벌 집에 과도를 들고 들어갔었거든요. 그 일을 두고 우리끼리 '한국전쟁 이후 최초의 무장투쟁'이라고 낄낄거렸던 적이 있습니다. (청중 웃음)

한국의 민주화운동사에는 많은 열사들이 있습니다. 추모단체연대회의 실무자들을 빼놓고는 제가 대한민국에서 열사 이름을 가장 많이 알고 있을 겁니다. 그런데 참으로 가슴 아픈 것이, 저도 기억하지 못하는 열사가 엄청나게 많다는 사실입니다. 전 세계 어떤 민주화운동에도 이렇게 스스로 자기 몸을 던진 열사가 많은 나라는 없습니다. 그런데 우리에게는 안중근, 윤봉길 의사 이후에 의사가 한 명도 나오지 않았죠. 열사와 의사의 차이는 종이 한 장 차이라고 생각합니다. 자기 목숨을 내던져야 할 아주 극한 상황에서 그 폭력이 안으로 향하느냐 밖으로 향하느냐 하는 것이니까요. 그런 면에서 한국의 민주주의는 상당히 길들여진 민주주의였습니다. 저항운동조차도 그렇습니다. 오해하진 마십시오. 폭력을 부추기는 건 아닙니다. 그러나 적어도 한 명의 의사도 나오지 않은 운동은 좀 생각해봐야 하지 않을까 하고 문제제기는 하겠습니다.

그런 우리가 광주에서 총을 들었습니다. 총을 든다고 도청을 지킬 수 있는 건 아니었습니다. 그런데도 도청에 수백 명이 남았습니다. 그러지 않았다면 광주가 우리 가슴 속에 이렇게 남을 수 있었을까요? 사람이 많이 죽은 걸로 치자면, 한국 현대사에 끔찍한 일도 많고 굴곡도 많다 보니 5·18광주민주화운동이야 명함도 못 내밀죠. 제주 4·3사건의 경우 한 마을에서 광주만큼의 희생자가 발생한 곳이 여러 군데입니다. 5·18광주민주화운동은 4·3사건과는 그 의미뿐 아니라 그 후에 미친 영향이 달랐습니다. 광주를 기억하는 사람들, 살아남은 자의 슬픔을 간직한 사람들이 광주의 정신을 이어받아 민주화투쟁에 나선 것이지요. 내가 그때 광주에 있었다면 나도 총을 들었을까 하는 의문을 놓아버리지 못한 사람들이 역사를 바꾸어놓을 수 있었던 것이죠.

뻔히 질 줄 알면서도 텅 빈 도청을 계엄군에게 내준다면 여태까지 싸운 사람들과 희생된 분들은 뭐가 되겠냐며 도청을 지켰습니다. 지는 싸움이었죠. 처절하게 패배했고 거기서 다 죽었습니다. 그래서 5·18광주민주화운동이 남는 게 아닙니까? 영화 〈화려한 휴가〉를 보면 한 여성이 마이크에 대고 외치잖아요. "광주 시민 여러분, 우리를 기억해주십시오. 우리는 폭도가 아닙니다." 이에 맞서 계엄군은 도청이 폭도에게 점령되어서 군이 작전을 개시하려 하니 시민들은 집에서 나오지 말라고 했죠. 그리고 총소리가 났습니다. 광주 시민들은 뜬눈으로 지새우다가 총소리를 들었을 겁니다. 그 총소리는 오래 나지 않았습니다. 한 20분 만에 멈췄습니다. 총소리가 멈췄다는 건 계엄군이 도청을 장악했다는 것을 의미하죠.

아침에 TV를 켜자 뉴스에서는 폭도를 소탕함으로써 광주는 안정과 질서를 되찾았다고 했습니다. 새 아침이 밝았다고, 새 역사가 열렸다고, 새 시대를 이끌어갈 위대한 지도자가 탄생했다고……. 그 아침까지가 아마도 우리 역사에서 가장 긴 새벽이었을 겁니다. 그 새벽을 뜬 눈으로 지새운 사람들 속에서 '살아남은 자의 슬픔'이라는 말이 나오지 않았겠습니까? 그 힘이 6월민주항쟁을, 이후 30년 동안 한국 민주주의를 끌고 왔다고 생각합니다.

민주화되어서 살림살이 좀 나아졌습니까

광주민주화운동에서 보듯이 우리는 피로써 민주주의를 지켜왔습니다. 우리가 민주주의의 소중함을 이야기하면 일부에서는 "민주주의가 밥 먹여주냐?"라고 해요. 저는 민주주의가 밥 먹여준다고 생각합니다. 우리 역사에서 민주화가 되어서 살림살이가 나아진 적이 단 한 번도 없었나요? 있었습니다. 1987년 6월민주항쟁이 끝나자마자 7~9월 노동자대투쟁이 있었습니다. 그 석 달 동안 파업이 3,000여 건 일어났어요. 한국전쟁 이후 1987년까지 34년 동안 일어난 파업 건수와 비슷합니다. 노동자들이 그만큼 힘을 보여주자 임금이 껑충 뛰었습니다. 지난 20년간 대단히 빠른 속도로 경제성장을 이루었지만 분배가 이루어지진 않았잖아요. 파이가 커져야 나눌 수 있다며 노동자들에겐 일방적인 희생만 강요되었죠. 노동자들이 임금을 올려달라고 하면 공권력이 개입해서 짓밟았는데, 1987년 노동자대투쟁 당시에는 경찰이나 안기부도 쉽게 개입을 못 했죠. 6월민주항쟁 직후니까 군사독재가 유지될지 안 될지 알 수 없었어요. 그리고 대통령선거를 앞두고 있어서 노동자 표를 의식해서라도 정보부든 전경이든 형사든 드러내놓고 노동자들을 짓밟을 수 있는 상황이 아니었습니다. 이때 노동자들의 임금이 많이 올랐습니다. 민주화가 돼서 살림살이가 좋아진 거죠.

노동자들의 살림살이만 아니라 나라의 살림도 많이 좋아졌습니다. 1980년대 후반만 해도 한국 경제가 세계 10위권이 아니었죠. 지금은 10위권입니다. 우리 경제가 발전할 수 있었던 원동력이 뭐였나요? 노동자들의 임금이 오르면서 내수 시장이 활발해졌어요. 노동자들이 임금이 오르니까 집에 가전제품을 들여놓기 시작했지요. 노동자들도 웬만한 집에 컬러TV를 갖추기 시작했죠. 1980년 컬러 방송이 시작됐어도 노동자들은 집에 TV가 없거나 있어도 중산층 가정에서 컬러TV를 구입하며 내다 판 흑백TV를 중고가게에서 사다 보는 정도였는데, 이때 비로소 집집이 컬러TV를 들여놓게 된 겁니다. 또 돈 많은 사람들은 자동차를 구입하기 시작했죠.

그러면서 일어난 변화가 바로 여유입니다. 이전에는 열두세 시간씩 일을 했습니다. 임금이 워낙 낮다 보니 그렇게 하지 않으면 먹고살 수가 없었으니까요. 그런데 그때부터 잔업이나 철야를 안 하기 시작했습니다. 전에는 한 달에 한 번 쉴까 말까 했는데 일요일을 챙기게 된 거죠. 그 전에는 노동자들의 경우 영화관에도 연중행사로 갔습니다. 설날이나 추석에 고향에 못 간 사람들이 겨우 그날 영화관에 갈 수 있었으니, 명절날 영화관은 인산인해를 이뤘어요. 요새는 한국 영화가 1,000만 관객을 넘기도 하잖아요. 그런데 1980년대까지 우리나라 최고 흥행작이었던 〈겨울 여자〉는 60만 명이 봤습니다. 대한민국 인구가 20년 사이에 몇 배쯤 늘기라도 한 건 아니에요. 영화 관객이 느는 것은 민주화 이후 임금이 올라 그래도 조금 쉴 수 있게 되었기 때문입니다. 어디 늘어난 것이 영화 관객뿐인가요? 평균수명도 많이 늘었습니다. 민주화돼서, 임금이 올라 노동자들의 식생활이 크게 개선되었고, 작업장 환경이나 근로조건도 좋아졌고, 노조가 만들어지면서 작업장에서 받는 스트레스도 줄어들었기 때문이에요. 1980년대 후반 남자의 평균 수명이 61세에서 63세였는데, 지금은 78세, 79세이에요. 의학이 발달한 것도 일정하게 기여했겠지만, 평균수명이 급속히 올라간 것은 민주화 덕분에 삶의 질이 달라진 것이 더 큰 원인입니다.

그런데 딱 거기까지였습니다. 1987년 대통령 선거에서 민주화운동 세력은 지역감정을 극복하지 못하고 분열했기 때문에 패배했어요. 그리고 1990년 3당합당으로 보수대연합이 이뤄지면서 민주화의 동력이 뚝 떨어졌습니다. 민주화운동 세력에 밀렸던 독재세력이나 자본가들도 이제 전열을 재정비하여 새로운 상황에 적극적으로 대응하기 시작했어요. 대기업에 노조가 들어서자 한편에서는 대의원을 매수하는 등 노조를 어용으로 만들었고, 또 한편에서는 하청이다, 도급이다, 용역이다, 파견이다, 외주다 하는 이름도 생소한 '비정규직'을 만들었던 겁니다. 이번에는 민주화운동 세력이 이런 변화에 제대로 대응하지 못했어요.

여러분, 민주주의를 다시 정의하면 안 될까요? 4년마다 한 번씩 투표하는 것만 민주주의인가요? '민'이 '주'인이 되는 사회가 민주주의 아닙니까? 지금 한국에서 여러분이 주인입니까? 얼마만큼 주인이세요? 국회를 생각하면 가슴이 답답합니다. 비정규직 노동자가 800만~900만 명이라고 하죠. 그 가족까지 합치면 대한민국 인구의 절반이에요. 국회에서 최소한 3분의 1은 비정규직을 대표하는 것까지는 아니더라도 비정규직 문제에 최소한 관심은 가져야 하는 거 아닙니까! 절박한 이해관계를 가져야 할 것 아닙니까! 여러분, 우리가 피땀 흘려 민주화를 이뤘는데, 민주화가 되고 난 다음에 살림살이 좋아졌어요? 누구 살림살이가 좋아졌습니까? 민주화되고 진짜 좋아진 게 재벌이고, 그 다음이 조·중·동 아닙니까? 억울하지 않으세요? 민주주의가 왜 이렇게 됐죠? 어쩌다가 민주주의가 여의도에서 투표하는 절차 정도로 찌그러져버렸죠? 민주주의를 우리 삶과 관계없는 것으로 만들고 있잖아요. 그래놓고서 민주주의의 위기라고 백날 떠들어봐야 뭐합니까? 민주주의가 내 삶과 연관이 있어야, 민주주의가 실현돼서 내 삶이 좋아지는 게 있어야 민주주의를 위해서 뭘 하든지 말든지 할 거 아니에요.

'촛불', 우리가 일으킨 민주주의 바람

촛불시위 때 왜 10대가 먼저 나왔습니까? 이명박 정권이 들어서고 몇 달 되지 않아서 학교 분위기가 팍팍해지니까 애들이 가장 먼저 감지한 거예요. 교칙 적용이 엄격해지고, 0교시가 부활하고, 두발 단속이 심해지고, 야간자율학습이 강화되자 애들이 피곤을 느낀 겁니다.

촛불시위에 참여하면서 저는 많이 반성했습니다. 흔히 10대를 '개념 없는 애들'이라고 말하는데 저도 예외는 아니었어요. 틀린 말은 아닌 것 같아요. 붙잡고 물어봤을 때 민주주의의 개념을 잘 이야기하는 애들은 없었으니까요. 우리 세대는 민주주의에 대한 개념이 분명했죠. 6월민주항쟁 때부터 길거리에서 목이 터져라 '타는 목마름으로' 민주주의 만세를 외쳤습니다. 저는 6월민주항쟁 때도 길바닥에서 살았지만, 촛불시위 때는 더 열심히 쫓아다녔습니다. 혹시라도 제가 없는 동안 재미있는 일이 벌어질까 봐 집에도 안 가고 새벽녘까지 시위 현장에 있기도 했습니다. (청중 웃음) 광화문 한복판에 앉아서 맥주 마시고, 소주 마시고 하다 보니 참 자유를 느꼈습니다. 저 스스로도 몹시 놀랍더라고요. 6월민주항쟁 때와는 분위기가 전혀 달랐으니까요. 6월민주항쟁 때는 치열하게 싸웠을 뿐이지 자유를 즐긴 적은 없었거든요. 우리 세대는 민주주의에 대해서 밑줄 쫙 그으며 공부만, 세미나만 했지, 언제 민주주의 속에서 살아봤습니까? 머릿속에 개념은 충만했지만 우리 몸은 민주주의 속에서 살아본 적이 없었던 거예요.

촛불 든 아이들은 달랐죠. 이 아이들에게 민주주의에 대한 개념은 없었을지 모르겠지만, 이 아이들은 민주화된 사회에서 나서 자랐기 때문에 온몸이 민주주의의 감각기관이었던 겁니다. 온몸에 민주주의가 배어 있었던 거죠. 김대중·노무현 정권이 얼마나 민주적이었는지는 이야기할 게 많은 부분이지만, 그래도 아이들이 우리 세대보다 훨씬 자유로운 분위기에서 자랄 수 있었잖아요. 그런 아이들이 자유를 침해 당했을 때 즉자적으로 반응한 겁니다. 지금 한국은 민주주의의 위기에 처해 있지만, 자기의 권리에 민감하게 반응할 줄 아는 아이들이 있는 한 그걸 극복할 만한 힘이 분명 우리 내부에 있다고 생각합니다.

그런데 촛불이 왜 꺼졌을까요? 촛불시위는 여러 가지 가능성을 보여줬지만 또 한계도 많이 보여주었죠. 촛불시위 때 김경욱 이랜드 일반노조 위원장이 〈프레시안〉과 인터뷰했던 이야기가 가슴에 남습니다. 그때 촛불은 우리에게 희망이었잖아요. 얼마나 아름답고, 재미있고, 뿌듯했어요? 그런데 김 위원장은 광화문을 뒤덮은 촛불을 보며 절망했다면서 일반노조 조합원의 집에, 1년이나 파업한 사람의 집에 가보라고 했습니다. 월급 한 푼 못 받았으니 공과금을 못 내고, 그래서 전기가 끊기니까 애들이 촛불을 켜고 있다고요. 전기가 끊긴 집에서 숙제도 하고 밥도 먹으려면 어떻게 해요? 엄마가 1년이나 농성을 하는 집의 아이들은 뭘 먹고 학교에 갈까요? 먹기는 했을까요?

민주주의가 이런 문제를 다루면 안 될까요? 이런 문제들을 다룰 수 있을 때 밥 먹여주는 민주주의가 되는 거지, 안 그러면 민주주의가 뭐예요? 민주주의가 되면 좋고, 안 되면 기분 나쁘다고만 생각하나요? 기분이 나쁠 뿐만 아니라 우리 생활에 지장을 받는다고 생각해야 되지 않을까요? 우리는 민주주의를 재구성하는 데서부터 시작해야 합니다. 우리가 바람을 일으켜야지, 어디서 갑자기 바람이 불어오겠습니까?

가만히 있으면 진다

선거판 자체를 바꿔야 합니다. 다가올 지방 선거나 대통령 선거 때 어떻게 하시렵니까? 왜 저들이 정해놓은 규칙만 가지고 합니까? 과거와 같은 민주화운동 방식의 시대는 끝났다고 생각합니다. 김대중·노무현 대통령이 돌아가시면서 약발이 다했다고 생각해요. 이미 절차 민주주의의 꽃인 탄핵도 해봤으니, 이제는 민주주의의 내용을 가지고, 민주주의가 내 삶과 일자리 문제를 결정한다고 대중이 생각하도록 해야 합니다. 직접 주인으로서 참여할 공간이 생기도록 해야 합니다. 서울시장 선거에 20대가 나가서 발랄하게 도전해보면 안 되나요? 20대 후보가 이렇게 호소하면 안 되나요? '어머님, 아버님, 우리 서울시에서만큼은 대학 등록금 문제를 해결하겠습니다'라고 해보세요. 서울시의 재정으로 명문 시립대 몇 개쯤은 세울 수도 있을 테죠. 이런 것이 세상을 변화시킬 수 있는 힘이 아닐까요?

또한 뭔가 조금이라도 가진 사람들이 밑으로 내려와서 연대를 해야 합니다. 촛불시위 때는 6월민주항쟁 때보다 15배쯤 더 많은 사람들이 참여했습니다. 6월민주항쟁 때 100만 명이 거리에 나왔는데, 촛불시위 때는 1,500만 명이었어요. 인구가 많은 중국혁명을 제외하고 촛불시위는 전 세계 민주화운동사에서 찾아볼 수 없을 만큼 많은 사람이 지속적으로 참가한 사건이에요. 러시아혁명? 68혁명? 프랑스혁명? 비교가 안 돼요. 하지만 우리는 판을 바꾸지 못했습니다. 왜죠? 촛불시위 때 길거리에서 아는 사람은 다 만난 것 같지만, 우리 사회에는 훨씬 더 많은 국민이 있고, 대다수는 정치에 무관심해요. 먹고사는 게 바빠서요. 6월민주항쟁 때는 절차적 정당성을 갖지 못한 군사정권과 싸웠다면, 촛불시위 때의 이명박 정권은 선거로 집권한 정권이잖아요. 6월민주항쟁 때는 100만 명이 거리로 몰려나왔다면, 전 국민이 다 나온 건데, 촛불시위 때는 100만 명이 나와도 4,900만 명이 집에 있었던 게 되는 거죠. 그 사람들에게 경험으로써, 성과로써 민주주의가 밥 먹여준다는 걸 보여줬어야죠. 다음 정권에서는 부동산이든, 일자리 문제든, 대학 등록금 문제든 하나만이라도 확실하게 성과를 보여줘야 된다고 생각합니다. 우리가 아래로 내려가서 가장 힘든 사람들부터 일으켜 세워야죠.

경차 '모닝'을 생산하는 동희오토 사업장에 간 적이 있습니다. 생산직 종업원 1,200명이 모두 비정규직이었습니다. 자본가들의 입장에서는 꿈의 공장이라고 하죠. 주로 20대 후반에서 30대 초반의 남성노동자들인데, 편의점 아르바이트생들보다 시급이 적더라고요. 2007년 기준으로 3,770원이 최저임금이었는데, 그분들은 20원 더 많은 3,790원 받았답니다. 그분들 싸우는 데 연대하러 온 사람들이 누군가 보니까, 기륭전자 아줌마들이에요. 그분들의 시급은 3,780원이었어요. 최저임금보다 20원 더 받는 사람을 위해 함께 싸우러 온 사람이 최저임금보다 10원 더 받는 이들뿐이라면, 저는 그런 싸움은 질 수밖에 없다고 생각합니다. 좀 더 가진 사람들, 좀더 힘 있는 사람들, 좀더 여유 있는 사람들이 같이 가야죠.

  1930년대에 우리나라 최초의 고공농성이 있었습니다. 강주룡이라는 평원고무공장의 여성노동자가 임금인하를 반대하며 평양의 을밀대 꼭대기에 올라갔어요. 2층 높이 정도의 누각인 을밀대 지붕 위에 아홉 시간 있었죠. 그러자 여성노동자가 오죽하면 거기 올라갔을까 하는 여론이 들끓면서 전 조선이 뒤집어졌어요. 그래서 이겼습니다. 몇십 년이 지나 한진중공업의 김주익은 35미터쯤 되는 85호 크레인에 올라가서 농성한 지 129일째 되는 날에 스스로 목을 맸습니다. 더 높은 데 올라가서 더 오래 버텨도 사회의 관심이 없어지면 지는 거죠.

  저는 민주화로 가는 길이 복잡하다고 생각하지 않습니다. 역사를 들여다보면 길이 복잡했던 적은 없어요. 우리 마음이 복잡했을 뿐입니다. 김대중 대통령이 말씀하셨잖아요. 가만히 있으면 진다고! 우리가 가만히 있으면 이보다 더한 정권도 나오고, 더한 민주주의의 후퇴도 경험하게 될 겁니다. 우리의 미래는 우리가 지금 어떻게 하느냐에 따라서 결정될 겁니다. 그리고 우리 아이들의 장래도 결정될 겁니다.

한국 민주주의를
묻고
답하다

청중 1 선생님께서 말씀하셨듯이 민주화 세력이 정권을 잡은 10년 동안 뭐 하나 시원하게 해내지 못한 것 같습니다. 우리 모두가 최선을 다했는데 어쩔 수 없었는지, 최선을 다하지 못했기 때문인지 잘 모르겠어요. 이명박 정권이 생각보다 훨씬 견고하다고도 느껴지고요. 지난 10년을 교훈 삼아 우리는 어떻게 해야 할까요?

한홍구 민주주의나 국민 다수의 의사가 늘 승리하는 것은 아닙니다. 예컨대 해방 직후로 돌아가 길 가는 사람을 붙잡고 물어봅시다. 친일파를 청산해야 하냐고요. 친일파한테 물어도 청산해야 한다고 대답했을 겁니다. 그런데 결과는 어땠습니까? 친일파가 살아남았죠. 살아남은 정도가 아니라 민족적 양심을 가지고 친일파를 청산해야 한다고 주장하던 사람들을 친일파가 청산해버렸어요. 역청산이 벌어진 거죠. 왜 그런 일이 벌어졌죠? 지금 절대 다수의 국민이 미국산 소고기를 수입하지 않는 게 옳다고 주장하지만, 현실이 그 주장대로 가지 못하는 이유가 뭐죠? 민주주의가 옳은 거라고 주장하는 사람은 많지만 민주주의가 현실에서 힘을 못 쓰는 이유가 뭐죠? 우리는 대의를 가지고 있고, 이것이 실현되어야 한다고 믿는 사람들이죠. 그런데 대의가 실현되어서 여러분 개인한테 돌아가는 게 뭐가 있습니까?

대의에 공감하고 주장할 때는 우리도 이익을 위해 싸우는 자들보다

단단히 마음을 먹어야 한다고 생각합니다. 친일파들은 죽느냐 사느냐 하는 문제였습니다. 그들의 구호가 '뭉치면 살고 흩어지면 죽는다'였 잖아요. 누가 보더라도 숙청되는 게 당연한 상황에서 친일파는 돌파했어요. 우리는 여태까지 쌓아온 게 있으니까 민주주의가 후퇴해봐야 얼마나 후퇴하겠나 싶었는데, 아득한 상황이 되어버렸죠. 1990년대가 아니라 1950년대쯤으로 돌아간 것 같은 느낌이 들지 않나요?

김대중, 노무현이 당선되니까 우리 힘이 정말 센 걸로 착각하지 않았나 싶습니다. 오히려 당선된 게 기적이었을 거예요. 1997년 IMF사태가 발생하지 않았다면, 대통령 후보로 나선 이인제가 500만 표를 갉아먹지 않았다면 김대중이 당선되지 못했을 거예요. 또 김종필 자민련 총재와 후보 단일화를 하지 않았다면 대통령에 당선됐겠습니까? 당시 김영삼 전 대통령의 아들인 김현철이 뇌물수수와 권력 남용으로 구속되지 않고, 이회창 아들의 병역비리가 불거지지 않았다면 어떻게 됐을까요? 이런 사건들은 각각 최소 100만 표가 왔다 갔다 하는 대형 사건입니다. 이런 요인들 대여섯 개가 합쳐져서 38만 표차로 가까스로 이긴 겁니다. 그러다가 2002년 대통령 선거에서 노무현 후보가 처음 단독으로 이겼죠. 수많은 선거에서 민주화 세력이 이긴 건 딱 세 번입니다. 김대중 당선, 노무현 당선, 그리고 탄핵 직후의 17대 국회의원 선거.

우리는 힘이 약해요. 수구세력은 한국전쟁 이후 수십 년간 축적된 힘이 있잖아요. 우리에게는 대의가 있지만, 대의를 바라는 것만으로는 안 됩니다. 싸우려면 결코 적을 얕봐서는 안 됩니다. 저들은 죽기 살기로 싸웁니다. '민주주의가 되면 좋잖아요' 정도로는 안 돼요. 1980년대처럼 목숨을 걸어야 합니다. 그래서 감옥에 가는 것도 마다하지 않고 싸웠잖습니까? 그렇게 싸운다면 틀림없이 길이 있다고 생각합니다.

청중 2 학교 분위기가 각박해서 학생들이 촛불을 들고 뛰쳐나올 수밖에 없었다고 하셨잖아요. 학생들의 자유와 인권이 보장되어야 한다는 데는 동의합니다. 저는 여행사를 운영하다 보니 학교에 출입할 일이 많습니다. 학교에 가보면 학생들이 굉장히 무질서하다는 느낌을 받았어요. 대학에서도 교수님이 지나가는데 담배를 피운다든지……. 학생들에게 어디까지 자유를 주고 어디까지 통제해야 할까요?

한홍구 성인인데 대학에서 담배 좀 피우면 안 되나요? 고등학교에서는 전교가 금연 구역이라 선생님들도 바깥에 쫓겨나가서 피운다죠. 몰래 피우는 학생들은 학교 안에서 피우지만요. 통제가 필요하다고 우리 스스로 생각하는 것이 문제가 아닐까요? 우리는 통제에 너무 익숙해져 있습니다. 특히 학교라는 공간 안에서는 더욱 그렇죠. 교육을 왜 할까요? 누가 돈을 댑니까? 자본가들이잖아요. 그들은 자유롭고 비판적인 민주시민을 길러내기 위해서 돈을 대는 게 아니라 말 잘 듣는 노동자, 한국이라는 특수상황에서는 예비 군인을 기르기 위해서 돈을 대는 겁니다. 우리는 이미 너무 많은 규제를 했어요. 지금부터라도 아이들을 전적으로 믿고 통제를 없애는 게 좋다고 생각합니다.

예컨대 두발 제한을 봅시다. 1987년 7~9월 노동자대투쟁 때, 현대중공업 노동자들 몇만 명이 가장 먼저 외친 구호는 임금인상도, 인간적 대우를 해달라는 것도, 근로기준법 준수도, 노조 결성도 아닌 두발자유화였습니다. 두 번째는 복장자율화였죠. 수많은 노동자가 거리로 뛰쳐나온 역사적 사건에서 두발자유화가 첫 번째 구호였던 것은 그만큼 일상이 통제되고 있었기 때문입니다.

물론 통제를 확 풀어버리면 혼란이 올 겁니다. 그 속에서 스스로 균형이 맞는 지점이 있을 거예요. 그 지점을 찾아가야 하는 거죠. 왜 아이들의 머리가 길면 안 되나요? 머리가 길면 공부를 못하나요? 퇴계나 율곡 선생은 머리가 길었어도 대학자가 됐잖아요. (청중 웃음) 머리 모양과 길이를 통제하는 것은 인격을 통제하는 겁니다. 저는 이런 생각을 가끔씩 합니다. 전교조가 합법화되고 난 다음에 두발자유화나 학생 인권 문제에 관심을 가졌다면 지금 이렇게까지 구석에 몰렸을까요? 학교에서 통제한다고 해서 담배 피울 아이들이 안 피우고, 사고를 칠 아이들이 안 치는 게 아니거든요. 아이들을 인격체로 대한다면 과감하게 통제 없는 사회로 가야죠. 물론 일정한 규칙은 필요합니다. 예를 들어 학교생활은 단체생활이니까 수업시간에 떠들어서 다른 사람에게 방해를 주면 안 되죠. 그 밖에는 통제를 다 푸는 게 마땅하다고 생각합니다.

청중 3 우리가 통제에 익숙하다는 말씀을 듣다 보니, '건국절 논란'도 그렇고, 국가를 위해서 우리가 맞춤형 인간이 되어간다는 생각이 들어요. 이 문제에 어떻게 대응해야 하는지 더 듣고 싶습니다.

한홍구 국가가 맞춤형 인간을 요구하기도 하지만, 어떻게 보면 우리 스스로가 국가에 맞춰가는 거죠. 하지만 국가를 우리의 요구에 맞춰야 합니다. 민주주의는 국가가 우리를 지배하는 게 아니라 국가를 우리의 요구를 실현하는 수단으로 만드는 것입니다. 그런데 국가주의는 머슴이, 수단이 주인 행세를 하는 거죠.

우리의 역사에는 개인의 탄생이 없었어요. 서구에서는 민주주의의 주요 개념들이 독립적인 개인의 탄생을 기본으로 삼잖아요. 그래서 인권은 천부적이고 절대로 침해할 수 없는 것이죠. 우리는 개인의 탄생을 겪기 전에 발달된 민주주의가 통째로 이식되었습니다. 인권의 절대성을 경험하지 못한 데다가 국민이 온순하다 보니까 국가가 방자해진 것입니다. 독재정권 시기에는 국가가 국민을 죽이고 가두고 때렸어요. 이런 국가폭력이 사라지는가 싶더니 요즘 다시 고개를 들고 있어요. 국민이 국가를 길들이느냐 국가가 국민을 길들이느냐, 이것이 민주주의의 요체입니다. 그런데 우리가 힘이 없다 보니, 아니, 우리가 힘을 제대로 못 쓰니까 국가가 방자해져서 다시 우리를 훈육하는 사회가 되고 있습니다.

저들이 정권을 놓친 이유는 뭘까요? 민주화가 되자 정보기관에서 함부로 사람을 잡아다 가두고 때리지 못하게 됐죠. 폭력이 완전히 없어지진 않았지만, 1990년대 들어서면서 예전처럼 함부로 하지 못했어요. 그리고 언론, 그 가운데 최소한 방송은 민주화되었습니다. 전교조의 결성으로 교육도 민주화되면서 국가가 마음대로 사람들을 통제하지 못했어요. 그러다가 정권을 빼앗겼다고 생각했을 겁니다. 그러니까 다시 정권을 잡자마자 전교조를 압박하고, 언론을 통제하려 하잖아요. 다시 국가가 요구하는 인간형으로 사회를 도배해나가고 있죠. 여기에 휩쓸리지 않고 우리 모두가 비판정신을 잃지 않는 것이 핵심입니다.

건국절 논란만 보더라도 건국과 광복을 대립구도로 만든다는 것은 웃기는 이야기입니다. 저들이 구태여 광복을 지우고 건국으로 가겠다는 의도가 불순한 거죠. 만약 여러분이 친일파라면 1945년 8월 15일을 기억하고 싶겠습니까, 1948년 8월 15일을 기억하고 싶겠습니까? 제헌헌법에는 "대한민국은 기미 삼일운동으로 대한민국을 건립하여"라고 나옵니다. 1948년도에는 재건한 것으로 나오죠. 중요한 건 건국이 맞느냐 광복이 맞느냐가 아니라, 저들이 왜 뜬금없이 저런 문제를 들고 나오느냐 하는 것입니다. 우리가 역사를 배우는 이유 중에 하나가 역사적 상상력인데, 저들의 의도를 들여다보는 게 중요합니다.

청중 4 반민주세력이 꼭 특정인을 가리키는 것은 아닌 것 같습니다. 개개인의 의식 속에도 반민주적인 요소가 많아 보입니다. 가령 경쟁에서 이긴 사람은 특권을 누려도 괜찮다는 의식이 지배적인데, 이런 생각이 더 본질적인 문제가 아닐까요?

한홍구 우리 내부에 비민주적이고 반민주적인 요소가 왜 없겠습니까? 하지만 남보다 잘 살고 싶은 욕망이 비민주적인가요? 저는 그렇게 생각하지 않습니다. 민주세력이 너무 도덕적으로 접근해서 망한 게 아닐까요? 욕망 자체는 인정을 해야죠. 그게 왜 나쁩니까? 그게 없었다면 인류 역사가 발전했겠습니까?

문제는 남을 정당하지 않은 방법으로 짓밟는 것이죠. 우리 사회는 부정한 일을 해도 잘한다고 칭찬하는 사회죠. 이것을 깨버려야죠. 개인의 정당한 노력이나 남보다 더 좋은 옷 입고 싶고, 좋은 거 먹고 싶고, 좋은 집에서 살고자 하는 욕망 자체는 인정하되, 건강한 방향으로 사회 전체를 유도하면 좋겠습니다. 그 속에서 나눔과 돌봄, 다른 사람의 아픔에 대한 공감과 이해를 이끌어내는 법을 찾아야죠.

예를 들어 용산참사의 경우, 우리가 집 없는 사람들의 분노만 부추겨서 이길 수 있을까요? 집 가진 사람들의 미안함과 집 가진 사람들조차 이대로는 안 된다고 여기는 마음이 움직여야죠. 그래야 우리가 이길 수 있습니다.

제2강

민주공화국에서
국가를
다시 생각하다

박명림

10년을 하루같이 10만 쪽이 넘는 1차 사료를 수집 분석하고, 관련자 인터뷰와 현장 답사까지 치밀하게 마치고 나서야 그는 세상에 '한국전쟁'에 관한 책을 내놓았다. 당대에 이렇게 지독한 학문적 성실함과 정직함을 가진 학자를 얼마나 꼽을 수 있을까. 그의 이런 학자적 양심은 지금 이 시대를 향해서도 그 바지런한 촉수를 곤두세우고 입바른 말을 아끼지 않는다. 강연장이라고 예외는 아니다. 그의 손에 들린 두툼한 자료와 꼼꼼하고 논리적인 설명은 10대부터 머리가 하얗게 센 어르신까지 긴장하게 한다. 연세대 지역학 협동과정 박명림 교수가 '국가'라고 하는 커다랗고 무거운 재료를 해박한 학문으로 쪼개고 진지한 열정으로 버무리니 어느새 먹음직스럽게 한 상이 차려진다. 천생 선생인 그에게 강의를 듣고 있자니 나이를 잊은 채 책상머리 앞에 앉은 학생이, 뜨거운 청년이 된다. 그가 한 칼럼에 썼던 것처럼. "삶이 어려운 오늘, 가슴을 활짝 열어 멀고 깊고 긴 호흡으로 넓은 세상을 보자. ……누가 21세기 안중근이 되고, 누가 21세기 독립정신을 집필하고, 누가 신채호의 웅변을 토해낼 것인가?"

지은 책으로는 《한국 1950 전쟁과 평화》《한국전쟁의 발발과 기원》(1~2) 《해방전후사의 인식 6》 등이 있다.

왜 다시 국가를 문제 삼아야 하는가

오늘 저는 여러분과 함께 우리 사회와 삶의 근본적인 문제, 본질적인 문제를 생각해보고자 합니다. 저는 늘 구체적인 삶 속에서 이론이 나오고, 그 이론을 다시 구체적인 삶에 적용할 수 있어야 한다고 생각합니다. 그래서 한 시민의 자격으로 '국가'라는 근본 문제를 여러분과 이야기하고 싶습니다.

개인적으로 2009년은 참 행복했습니다. 우리 역사의 두 거인인 이순신과 안중근을 오늘의 한국 문제와 견주어, 그들이 단지 우리 민족의 영웅이 아니라 동아시아의 평화설계사라는 점을 보편적 지평에 살려내려는 제 꿈이 조금 이루어졌기 때문이었습니다. 이를테면 '21세기 안중근 프로젝트'라는 이름으로 안중근은 단지 한국인이 아니라는 점과 그의 동양평화론을 오늘에 되살려보려 했는데, 2009년에 거의 모든 언론에서 비로소 그를 민족주의자를 넘어 동양 평화의 설계사로 소개하는 것을 보며 아주 기뻤습니다. 물론 몇몇 과장은 크게 거슬렸지만요.

이 두 사람은 좁은 의미의 민족주의자가 아니라 한국인인 동시에 동아시아인, 세계인이었습니다. 한국 문제를 당대 세계의 지평에서 이해하고 있었고, 그것을 한국 민중 속에서 고민하며, 그것과 자기 삶을 일치시키고 행동하는 것을 볼 수 있었습니다. 저는 어떤 지식도 우리 삶의 구체적인 문제와 상황에 응답하지 못하면 죽은 지식이라고 생각합니다.

오늘 여러분과 이야기할 주제는 국가인데, 정말 이런 주제를 다시 거론할 때는 없을 거라고 생각했었습니다. 1980년대에 정부를 민주화한 다음에는 다른 조건들, 예를 들면 시민사회나 정당, 언론, 기업, 학교 등을 문제 삼아야 한다고 생각했는데, 지금 우리는 과거 민주화운동 시대와는 다른 관점에서 다시 국가를 심각하게 문제 삼고 국가와 정면으로 대면해야 하는 상황이 되었죠. 이것이 바로 문제의 본질이고, 문제를 풀어갈 출발점이 아닐까 합니다. 한국에서 지금 문제는 다시 국가인 것입니다.

그래서 저는 오늘 네 가지 정도를 이야기하고자 해요. 첫째, 지금 우리가 왜 국가를 문제 삼아야 하는가, 둘째, 국가의 바른 역할은 무엇인가, 셋째, 국가의 역할을 바로 세우기 위해서는 무엇을 해야 하는가, 마지막으로 나는 무엇을 해야 하는가입니다. 우리는 언론이나 정당이 어떻게 해야 한다는 이야기를 많이 하는데, 저는 그런 표현을 그리 좋아하지 않습니다. 언론이 아니라 언론인, 검찰이 아니라 검사, 사법이 아니라 판사, 교육이 아니라 교사가, 시민사회 대신에 시민이 어떻게 해야 하는지를 이야기해야 한다고 봅니다. 이렇듯 국가를 바른 자리에 세우려고 할 때 지금 무엇이 문제이고, 어떤 일이 진행되고 있으며, 그런 상황에서 우리는, 나는 무엇을 해야 하는가를 여러분과 이야기하고자 합니다.

첫 번째로 이야기할 주제는 왜 우리가 국가를 문제 삼아야 하는가 하는 것입니다. 이 문제는 참으로 깊은 고민을 하게 만들어요. 우리가 지금 국가를 다시 문제 삼는다는 것은 민주화 이후 한국 현실에서 국가의 역할에 문제가 있거나, 적어도 우리가 그동안 국가에 대해 가졌던 일반적인 관념과 이해에 문제가 있었기 때문이죠. 우리는 그동안 국가를 좁은 범주의 정부 또는 통치기구로만 알고 있었던 것 같습니다. 그런데 국가는 다음의 세 가지 차원을 가지고 있습니다.

먼저 가장 좁은 의미에서 국가는 행정부 또는 정부를 말합니다. 인적 조직체로서 합법성을 가지고 국민에게 위임받은 권한을 행사하는 조직체를 정부라고 하죠. 이를 더 넓히면 공공영역에서 공동체의 공적인 사안을 처리하거나 다루는 통치기구나 체제를 국가라고 합니다. 이보다 좀 더 넓은 의미로는 공동체를 포괄하는 의미를 담고 있는데, 정부와 통치기구에 더해서 시민사회라는 민간 영역을 포함합니다.

우리는 종종 민주화 이후에 "민주정부를 수립했다" 또는 "민주공화국을 갖게 되었다"고 말해왔습니다. 때로는 더 넓게 서슴없이 '민주국가', '민주사회'라고 말합니다. 표면적으로 보아 이 말은 그리 틀린 말은 아닙니다. 그런데 조금 다른 시각에서 생각해볼까요? 김대중, 노무현 정부 때 우리 사회는 민주정부나 민주적 행정부를 가졌다고 말할 수 있습니다. 그런데 정말 민주공화국이나 민주적 공동체를 가졌다고 말할 수 있을까요? 한국은 시민의 투표와 주기적인 선거를 통해서 정부를 민주화했는데, 이러한 민주화가 검찰이나 국가정보기구를 비롯한 통치기구는 물론이고, 언론이나 교육, 종교, 기업의 영역까지 흘러넘쳤나요? 검찰이나 언론도 민주적 가치와 행동양식, 민주사회 성원으로서의 책임의식을 내면화하고 실천했다고 말할 수 있을까요? 결론을 미리 말씀드리면 우리 사회는 정부만 섬처럼 민주화된 측면이 강했습니다.

기업, 언론, 교육, 종교, 금융, 통신, 유통, 법률 같은 영역들은 역逆민주화 또는 역逆근대화하면서 점점 더 소수 상류층에게 권력과 재화와 가치가 집중되었습니다. 지나친 과두화라고 할 수 있죠. 사회 주요 부문의 과두화가 진행될수록 민주화된 정부와 이들의 갈등도 커졌습니다. 정치적 민주화와 사회경제적 과두화의 공존이자 충돌이죠. 사회경제적 과두화 현상을 이해하면 왜 민주화가 진행될수록 언론이나 기업(재벌), 종교, 학교의 소수 상층부와 민주정부의 갈등이 심각해졌는지 알 수 있습니다. 갈등이 심해질수록 민주정부는 점점 이들과 멀어지게 되는데, 그런 가운데 시민사회의 지지마저 급격히 줄어들자 민주정부가 중간에 붕 뜬 상태로 떠도는 일종의 부유정부浮游政府가 되어버렸습니다. 결국에는 민주정부가 이들 과두세력에게 포위된 섬이 되어버린 거예요.

민주개혁정부가 어느 정도 시민사회와 연결된 상태에서는 그래도 나았는데, 그조차 선거를 통해 보수정부로 넘어가자 모든 것이 단숨에 역전되어버린 것이죠. 사회의 거의 모든 부분이 이미 역근대화를 통해 소수 상류층에게 장악되어 있는 상태였거든요. 그런 상황에서 섬처럼 존재하던 상대적인 진보개혁정부가 물러나고 보수정부가 들어서자 사회의 민주성이나 개혁성이 사라지는 이상사태에 직면하게 된 것이죠. 지난 선거 결과를 민주개혁정부에 대한 당연한 응징으로 생각하던 사람들조차 이명박 정부의 과도한 역주행을 보면서 크게 놀라게 된 것은 이런 이유 때문입니다. 그래서 우리의 경우 민주공화국, 민주사회라는 개념을 신중하게 써야 한다고 봅니다. 우리 사회의 어느 부분이 얼마나 민주화되었는지, 우리 삶이 실제 공적 생활 영역에서 얼마나 민주화되었는가를 짚어보면, 상당히 마음이 무거운 것이 사실입니다. 따라서 이제 정말로 정부를 포함해 민주공화국, 민주사회에서 국가의 문제를 짚어야 할 때입니다.

국가를 다시 문제 삼아야 한다는 것은 정부를 포함해서 공동체의 개체적이거나 집합적인 삶을 가능하게 하는 근본적인 요인들을 다시 짚어봐야 한다는 뜻이죠. 진보개혁정부이든 보수우파정부이든 둘 다 민주정부라면, 또 우리가 안정적인 참 민주공화국이라면 정부가 조금 진보개혁적인 정부에서 조금 보수적인 정부로 바뀌었을 뿐인데 거의 모든 영역에서 이렇게 급격한 역진현상이 일어날 수 있는 것인가 묻게 되는 것이죠. 이는 민주주의에서 선거가 얼마나 중요한지도 보여주지만, 동시에 국가의 다른 영역이나 조건들이 민주화되지 않았을 때 선거를 통한 정부 교체, 즉 선거주의가 민주주의에서 얼마나 허약한 것인가도 보여줍니다. 동시에 시민의 투표가 갖는 무게는 비교할 수 없이 중요할 뿐만 아니라 국가의 다른 영역들이 민주화되지 않았을 때 민주정부를 지키는 것이 얼마나 결정적인 의미를 갖는가, 이 민주주의의 바탕이 얼마나 위험한 것인가 하는 점을 생각하게 만듭니다.

국가의 올바른 역할은 무엇인가

국가의 바른 역할은 무엇일까요? 그것은 국가의 정의에서 나오는데, 원래 국가라는 개념은 그리 오래된 것이 아닙니다. 국가라는 말은 중세에서 르네상스 시대로 넘어오면서 등장했어요. 국가state라는 말의 어원은 '직립하다'라는 뜻의 라틴어 'stare'에서 나왔습니다. 즉 주어진 영토나 범위 안에서 다른 주체나 집단의 압력이나 조종에서 벗어나 독자적인 영역과 결정권을 갖는 존재라는 의미입니다. 홀로 선다는 의미죠. 국가의 바른 역할을 이해하는 데 굉장히 중요한 함의를 담고 있는 말입니다. 직립적 존재로서의 자기결정성은 근대적 개인의 역할에도 마찬가지로 적용됩니다.

국가의 직립성이나 독자성, 자기결정성은 곧 최고성을 담고 있다는 뜻입니다. 여기서 최고성은 우월성이 아니라 배타성과 독립성을 뜻합니다. 다른 집단이나 존재, 개인(이를테면 교황, 국왕, 지주)에게 침해받지 않는 것이 최고성이에요. 그래서 국가라는 개념에는 최고의 권위와 지배 권한을 갖는 조직이나 기구라는 의미가 있습니다. 개인도 마찬가지로 독립적 존재로서 자기 활동에 관한 한 스스로 결정권을 갖죠. 이때 자기결정권과 배타성은 다른 사람에게 침해받지 않는다는 뜻이에요. 그래서 국가는 기본적으로 주어진 영토 안에서 불가분의 최고 권한을 가집니다. 국가는 주어진 영토 안에서 폭력의 합법적 독점을 성공적으로 주장하는 유일한 인간 공동체라는 정의를 다들 아실 겁니다.

직립성과 배타성은 인간(사회)의 복수성을 전제로 합니다. 국가가 직립한다는 것은 복수로 존재하는 인간들의 직립을 전제로, 그들의 개인 가치나 의지에서 출발하는 동시에 그것을 초월하기 위해 대화와 합의에 바탕을 둔 주권의 양도를 통해 공동가치나 공준公準을 창출해가는 공존과정을 의미합니다. 국가에 앞선 인간—그것을 시민이나 국민, 인민, 민중 등 무엇으로 표현하든지—의 권리가 우선인 것이죠. 주권재민은 그것을 한마디로 나타낸 용어입니다.

국가라는 개념은 처음부터 배타성과 공존성을 함께 가지고 있습니다. 때문에 배타성을 절대성이라고 하고, 복수성은 상대성이라고 하죠. 이것이 국가들의 공동체, 즉 국제사회로 넘어오면 주권성의 문제가 되는 동시에 주권의 상호 인정을 통해서 국가와 국가는 다시 (국가 안의 인간과 인간의 관계처럼) 주권을 서로 인정해주는 공존관계가 돼요. 이 점은 국가가 국제사회에서 존립하는 가장 중요한 근거가 되는 동시에, 국제사회에는 특정한 영토 안의 국가처럼 배타적 주권의 독점체가 없다는 점에서 크게 다르죠.

때문에 인민에게서 나오는 국가의 바른 역할은 이런 배타성과 독점성에 근거해서 특정한 영토 안에 있는 주권적 존재들의 신체와 인신의 안전을 보호하고, 인간으로서의 권리를 보장하며, 삶의 조건을 안정시키기 위한 토대와 기회를 제공하는 것이죠. 사람들이 개별적으로 확보하기 어려운 안전과 권리, 삶의 조건을 보호하는 존재이자 안전자, 제공자가 국가입니다. 그리고 또 하나 중요한 점은 주어진 영토의 최고 공적 존재, 공공기구로서의 국가는 바로 형평자, 균등자의 역할을 수행해야 한다는 것입니다. 국가는 그 어원에서부터 공적 존재입니다. 이기심을 갖는 인간은 예부터 사적 영역에서 최대의 경쟁과 사익을 추구하는 존재예요. 때문에 공동체가 유지되고 발전하기 위해서는 그러한 사적 경쟁이 공적 영역의 공통가치, 즉 국가에 의해 주도되는 공공성과 조화를 이루어야 합니다.

그것이 바로 국가의 필수 역할입니다. 국가는 최고 공적 지위를 갖는 존재이기 때문에 인간이라는 절대적 공통점보다는 인간들 사이의 상대적 차이를 불러올 수 있는 공공 영역 이외의 부문, 즉 사적 부문의 차이와 불평등을 최소화하는 역할을 수행해야 하는 거예요. 이 점은 국가로 대표되는 정치의 가장 근본적인 역할로, 결코 근대의 이론이 아닐뿐더러 시장경제가 생긴 이후의 주장들도 아닙니다. 이것은 인간 공동체가 존재한 이래 가장 오랜 지혜들 가운데 하나입니다. 정치는 출발부터 사적 이익의 공적 조정 역할을 담당해야 하는데, 오늘날 한국의 국가와 정치가 그 역할을 제대로 수행하고 있는가, 우리는 이것을 문제 삼아야 하는 것이죠.

국가의 역할을 바로 세우기 위해서는 무엇을 해야 하는가

국가가 바르게 서기 위해서는 무엇을 해야 할까요? 우리는 정부를 민주화함으로써 국가와 사회, 공화국을 민주화한 것으로 생각해왔는데, 지금은 국가와 공동체 전체가 역전되는 현상에 직면해 있습니다. 그 이유는 쉽게 알 수 있어요. 앞서 국가라는 개념에는 국가가 직립한다는 뜻도 있지만 개인이 직립한다는 뜻도 있다고 했습니다. 이때 개인의 직립은 국가를 구성하는 다른 사람들과의 직립을 의미하지만, 다른 한편으로는 국가와 개인 간의 관계도 서로 직접 대면한다는 것을 뜻합니다. 즉 국가 공동체에서, 특히 민주국가에서 가장 근본적인 출발점은 치자와 피치자의 동일성입니다. 주권자로서의 인민·시민·국민과 통치자가 같다는 것이죠. 이는 민주주의국가 구성원리의 출발점이기도 합니다. 즉 국가가 결코 우위에 있지 않다는 거죠. 이른바 동일성의 원리라는 겁니다.

민주주의국가의 경우 치자는 피치자 가운데 대표로 선발된 것에 불과해요. 그래서 대표민주주의representative democracy인 것입니다. 대의민주주의라고도 하는데, 대표들을 통해 주권을 행사하고 의사를 전달하며 국가권력을 구성하는 대표민주주의인 것이죠. 원래 민주주의는 '민중+지배'로서 민중의 자기 지배를 말합니다. 그래서 국가의 근본원리는 민중이 스스로 지배하는 것이 원칙이에요. 개인도 자기 지배의 원칙이 있는 것은 말할 필요도 없지요. 결국 민중의 자기 지배 원칙이 근본적으로는 국가 공동체의 출발점이에요.

그러면 국가 공동체를 어떻게 바로잡을 것이냐? 국가 공동체의 공적인 문제에 참여하는 것 외에는 다른 방법이 없어요. 참여야말로 국가를 바로 세우고 내 삶을 행복하고 안전하게 하는 지름길입니다. 공동체의 공적인 문제는 결국 개인의 문제이기 때문입니다. 육아와 의료, 교육처럼 핵심적인 개인적 삶의 문제들은 가만히 들여다보면 거의 다 공동체와 사회 차원에서 결정되는 공적 문제들이죠. 즉 공적인 가치 합의와 예산 배분에 따라 개인들의 삶은 달라집니다. 더욱 큰 문제는 그러한 문제들에 대한 공적 결정과 개입이 없다면 시장과 개인 차원에서 차별이 생긴다는 점입니다. 따라서 이러한 문제들은 공적으로 다루어져야 합니다. 즉 국가의 문제이자 공동체의 문제인 거죠. 우리 사회는 이 문제들이 갖는 공적 성격에 대해 너무 오랫동안 논의하지 않았어요. 우리의 삶이 곤고하고 핍진해진 이유는 여기에 있습니다.

공적인 참여는 궁극적으로 자신을 위한 참여입니다. 직립적인, 독립적인 개인이 치자와 피치자의 동일성의 원칙에 의해 자기 문제를 해결하기 위해서 자기 문제의 공적인 책임성을 갖는 기구에 참여하는 거죠. 그렇기 때문에 단순히 사적인 참여가 아니에요. 좀 더 설명하자면, 근대적인 방법으로는 종종 제도적 참여를 말합니다. 여기에는 두 가지가 있습니다. 인간의 이기심과 열정을 제어하고 거르기 위한 방법으로 대표를 통한 간접 참여와, 인간의 이성을 신뢰하여 직접 자기 의사를 표현하고 반영하게 하는 직접 참여이죠. 가장 대표적인 것이 선거나 투표, 공직 후보 출마이죠. 정당이나 정치단체에 가입하는 방법도 있습니다.

그런데 현재 정부를 넘어 국가와 공동체가 전면적으로 흔들리고 역진되는 걸 보면 지금까지의 참여로는 많이 부족합니다. 그래서 몇 가지가 더 추가되어야 해요. 먼저 시민·국민의 참여를 보장하는 국가기구를 획기적으로 늘려야 합니다. 현재의 의회나 대통령선거, 지방선거

정도로는 너무 부족합니다. 우리 사회는 현재 시민이 국가의 정책결정에 참여할 수 있는 통로가 너무 적습니다. 둘째는 입법적인 참여입니다. 과거사 청산이라든가 언론개혁 등과 관련해 많은 것들이 시민 참여에 의해 입법이 된 사례들입니다. 이러한 시민 입법이 더욱 활성화되어야 합니다. 마지막으로 직접적인 참여입니다. 이것은 또 몇 가지로 나눌 수 있습니다. 먼저 운동적 참여입니다. 시위라든가 항의, 시민단체 가입 등이 여기에 해당하죠. 두 번째, 고전적인 의미의 직접 참여로 국민투표와 국민발안, 국민청원, 국민소환을 들 수 있습니다. 이것들은 대표를 거치지 않고 시민이 스스로 자기를 대표해서 참여하는 것들이죠. 세 번째가 의사표현과 전달인데, 이것도 직접 참여에 포함됩니다. 신문에 기고한다든가 인터넷, 공론장의 영역에서 자기 의견을 펴는 것이죠.

국가를 바르게 한다는 것은 결국 시민참여에 의해 정치영역, 공공영역을 확대해가는 과정과 분리될 수 없습니다. 우리 삶을 좌우하는 공동체의 문제를 공적 영역에서 토론하고 결정하고 집행할 수 있도록 참여하고 대표하고 발언하는 것이야말로 국가를 바로잡는 알파와 오메가입니다.

'나'는 어떻게 할 것인가

지금까지 왜 국가가 문제인가에서부터 무엇을 해야 하는가까지 이야기했는데, 솔직히 제겐 남아 있는 문제, 나는 어떻게 할 것인가가 가장 어려워요. 개인으로서 사적 영역에서 투자하는 것은 곧바로 개인에게 효과를 가져다주는 반면, 시민으로서 공적 영역에 참여하는 것은 힘들고 시간이 걸리며 효과도 개인에게 바로 돌아오지 않기 때문입니다. 예를 들면 사교육 투자는 비싸더라도 자기 결정을 통한 투자로 자기 자녀에게 곧 효과가 나타나지만, 공교육 개혁을 위한 참여는 시간도 오래 걸리고 효과도 자기나 자기 자녀에겐 즉각 나타나지 않으며, 그 투자가 그저 무익한 희생처럼 느껴지거든요. 이 점이 우리를 시민 또는 공적인 존재로 살아가기 어렵게 만드는 요인입니다. 그러나 역사의 내면을 곰곰이 들여다보면 궁극적인 해답은 나와 있어요.

막대한 병원비가 들어가는 중병에 걸리거나 갑작스레 큰 사고를 당했을 때 이를 개인 비용으로 지불할 수 있는 사람은 아주 적습니다. 교육의 경우도 마찬가지예요. 태어나면서부터 사교육을 시킬 수 있는 사람은 소수의 상류층 부모들뿐입니다. 조기유학은 말할 필요도 없죠. 의료와 교육을 세금제도나 복지제도와 같은 공적인 방법이 아니라 개인이 부담하는 것이 훨씬 더 크고 무겁다는 것을 금방 알 수 있습니다. 그러나 우린 지금까지 반대로 알아왔어요.

저는 인간의 구체적인 문제에 대해 구체적·실질적 해답을 주는 게 공동체와 국가의 문제를 다루는 정치라고 생각합니다. 존재의 이유이기도 하고요. 특수한 문제는 특수하게 풀어야 한다고 하지만, 여기서 특수하다는 것은 구체적이라는 뜻이에요. 즉 구체적인 문제는 구체적인 해답을 필요로 합니다. 지금 당장 병원비 15만 원이 필요한 사람한테 "돈이 없으면 치료를 못 받는다"는 보편적인 원칙을 아무리 말해봤자 필요 없다는 거죠. 사실 인류 역사에서 보편적이고 공통적인 문제들에는 늘 해답이 있었어요. 국가는 어떠해야 한다, 인간은 어떤 조건에서 살아야 한다는 해답이 있었죠. 그런데 우리가 해답을 못 얻는 것은 모든 구체적인 개별 상황이에요. 즉 모든 인간은 앞사람들이 직면했던 구체적이고 개별적 문제들에 대해 누구나 보편적·공통적으로 직면하게 되어 있어요. 이 말이야말로 모든 인간 문제와 해법의 출발점이에요.

내가 절대적인 존재로 직립해서 살아가는 동안에 직면하는 문제는 절대적이고 전부일 수 있어요. 나로서는 처음 직면하는 문제이죠. 앞 사람들도 모두 직면했던 문제들이고요. 그런 점에서 많은 사람들이 경험했던 문제와 해법은 내가 끌어다 쓰는 준거일 수는 있어도 개별적이며 구체적인 지금의 내 문제는 아니에요. 지금 나한테는 이 구체적인 문제가 절대적인 것입니다. 또 모든 사람이 직면했던 보편적인 문제는 내겐 언제든 특수한 것이에요. 보편과 특수, 절대와 상대, 공통과 개별은 이렇게 누구나 반드시 만나게 되어 있는 것입니다.

그렇다면 누가 그 구체적·절대적인 문제에 대해 해답을 준비해야 합니까? 처음 살아보는, 문제에 처음 직면한 모든 개인입니까, 아니면 앞선 수많은 개별 문제들의 누적을 통해 보편적이고 공통적인 준거·수준·해답을 알고 있는 인류의 공동체입니까? 당연히 인간이 공유하고 있는 지혜의 자원인 앞선 경험입니다. 물론 자기를 떠난 자기 문제의 해결자는 없습니다. 그러나 모든 구체적이고 개별적 문제들의 총합인 보편적 문제는 개인보다는 공동체의 몫입니다. 나는 나의 노동을 통해서 자아를 실현하고 타인들과의 공존을 통해서 바람직한 공동체를 창조해가는 이중 존재입니다. 후자, 즉 공동체의 악화와 타락에도 내 문제를 나 홀로 잘 해결해야 하는, 또 잘 해결해나갈 수 있는 존재가 결코 아닙니다. 타락한 공동체와 바람직한 개인이 양립할 수는 없습니다.

나와 내 자녀의 문제에 대해 개인적인 해답을 준비하는 것은 당장은 쉽고 곧바로 답을 얻는 것 같지만, 소수만이 그렇게 할 수 있을 뿐만 아니라 그러한 방식의 누적은 공동체를 타락시키고 결국은 개인들이 궁극적인 문제 해결의 수단을 갖지 못하게 할 것입니다. 보편적인 문제들에 대해 개인은 강력하지도 능력 있는 존재도 아닙니다. 아주 허약해요. 공공성과 표리를 이루는 연대성은 사실 인간의 나약함에서 출발합니다. 게다가 우리는 타락한, 실패한, 멸망한 국가와 공동체에서 살아가는 개인의 삶이 결코 행복하지도 성공적이지도 않았다는 엄연한 사실 앞에 겸허해져야 합니다.

지금의 우리를 볼까요? 저를 포함해 386세대가 민주화를 이루어놓았다고들 하지만, 그 사회의 내면을 보니 사교육과 양극화, 초경쟁화가 만연해 있습니다. 학원 경영과 인터넷 강의, 논술 시장을 비롯한 사교육을 주도하고 참여하는 세력은 거의 386세대입니다. 세대로서, 개인으로서, 공동체 성원으로서 그들은 지금 어디에 서 있습니까? 민주화의 위업 편입니까, 비인간화의 죄악 편입니까? 저는 이 공동체에서의 삶을 이토록 비인간화하고 불안하게 만든 데 대해 386세대가 앞으로 역사 앞에 어떻게 책임을 질 것인지 정말 두렵습니다. 이것은 저의 자기반성이기도 합니다.

공동체와 공공성이 무너지면서 열심히 살아도 불안해지고 점점 더 살인적인 경쟁만 심해지는 현상을 우리는 지금 똑똑히 보고 있는 겁니다. 단순히 아이들의 교육 경쟁만 말하는 게 아니에요. 부모들의 직장과 삶은 안정적이고 평안합니까? 386세대가 앞으로 그들의 민주화의 기여로 인해 긍정적으로 평가받을 것인지, 아니면 사사화와 불안화의 기여로 인해 부정적으로 평가받을지 아직은 알 수 없지만, 후자의 책임이 결코 작지 않다는 점은 분명합니다.

다시 국가 문제로 돌아가면, 개인적 문제가 온전히 개인의 것만은 아니죠. 개인의 문제는 전체의 문제이고 전체의 문제는 개인의 문제예요. 구체적인 문제는 구체적인 해답을 요구한다고 할 때 그 구체적인 것은 개인적인 동시에 공동체 전체의 문제로서 보편적인 것이라고 볼 수 있죠. 교육이 사적이 되거나 언론이 사사화될 때 그 공동체에 사는 사람들 하나하나의 개인적인 문제들이 전체의 문제가 되는 거예요. 그래서 실제 삶 속에서는 민족이니 국가니 회사니 하는 집단들이 가지는 상대적인 차이보다 개인들(삶)이 가지는 절대적인 차이가 훨씬 중요하고 아픈 겁니다. 여러분이나 저의 실제 삶에서 이 점은 매우 구체적인 것이죠.

저는 개인들 간의 차이가 더 중요하다고 생각합니다. 그래서 공동체의 성격과 정책, 자원분배가 결정적으로 중요한 겁니다. 상대적인 차이는 그것이 도시계층이 됐든 민족이 됐든 국가가 됐든 간에 일정한 집단이나 단위 간의 차이예요. 이런 차이는 개별적인 삶과 의식 차원에서는 바로 침투되지 않을 수 있어요. 그런데 개인적 차원에서 절대적인 절망 상황에 직면할 때 우리는 갈 데가 없어요. 이것이 훨씬 더 우리를 힘들게 해요. 특히 내 능력의 범위 안이 아니고 공적인 요인으로 절망을 느낄 때 그래요. 마지막 의지처가 없어진 때문이죠.

이제 국가가 왜 중요한가, 공동체가 내 삶과 어떤 직접적인 관련이 있는가에 대해 해답이 보이시나요? 쉽게 말해 공동체 차원에서 복지예산을 단지 1퍼센트 깎았을 뿐인데 이로 인해 영향을 받는 개인적·개별적 삶들은 아주 많아요. 그 영향도 결정적이죠. 자신이 거기에 속해 있다고 생각해보세요. 공적인 문제를 내 삶의 문제로 이해하고 접근할 때 해답을 찾을 가능성은 열려 있고, 나와 공동체의 만남이 시작되는 겁니다. 삶의 지표를 나타내는 통계는 단순한 수치가 아닙니다. 그 안의 상대적인 차이가 곧 삶의 핍진성이나 고난성의 절대적인 차이이기 때문이에요.

공공성이 실종되고 국가가 사사화되다

지금 우리가 국가를 반드시 문제 삼아야 하는 중요한 이유가 있습니다. 무엇보다도 한국 사회라는 공동체의 방향 상실과 그 안에 있는 개별적인 삶들이 핍진화·불안정화·비인간화되는 가장 중요한 원인이 바로 국가에 있기 때문입니다. 즉 국가를 바로잡지 않고는 이 둘을 바로잡을 수 없어요. 아무리 개인적으로 열심히 노력한다고 해도 이 공동체가 인간화되고 우리 삶이 안정되는 것에는 한계가 있습니다. 그럼 지금부터 우리 사회에서 국가를 문제 삼아야 되는 핵심 현상과 이유를 몇 가지로 나눠서 설명을 드리겠습니다.

첫 번째 가장 중요한 문제는 국가의 탈공공화, 사사화, 시장화라고 할 수 있습니다. 개별적인 이해관계를 총합해서 공동의 문제로 해결해가는 게 국가예요. 국가의 가장 중요한 요소는 바로 공공성이죠. 그런데 우리는 국가의 공적 역할이 급격하게 후퇴하고 있습니다. 사적인 요소가 공적 영역을 장악하는 거죠.

국가의 공공성을 잘 이해할 필요가 있습니다. 저는 한국 사회에서 지금 가장 핵심적인 문제는 진보와 보수, 좌파와 우파, 친미와 반미, 지역 대 지역, 친북 대 반북 등이 아니라고 생각합니다. 지금 한국 사회의 가장 본질적인 문제는 '공공과 사사의 대결'이에요. 사적 이해관계가 공적 영역을 너무 빠르고 광범위하게 잠식해서 무엇이 국가인지,

공공인지, 우리 사회의 공준이고 공적 가치인지를 완전히 무너뜨려버 렸어요.

이를테면 얼마 전 'CEO 대통령' 담론이 유행하면서 이 담론에 의해 정부가 교체되는 걸 봤습니다. 그런데 이 담론은 지금 우리가 공부하려는 국가 이론에 비추어보면 성립할 수 없는 언어조합이에요. 철학에서는 이를 수행모순performative contradiction이라고 하죠. 특정한 언어 조합이나 행동 조합이 출발부터 모순을 갖는 겁니다. 수행을 하면 할수록 모순은 더욱 심화되지요. 대통령의 어원은 사회자, 조정자, 균형자란 뜻이에요. 여러 대립되는 측면과 이익, 주장들 앞에 서서 조정한다는 뜻으로, 사회자라는 의미를 갖습니다. 그래서 여러 견해와 이익을 조정하고 균형을 잡는 공공성의 표상이에요.

그런데 CEO란 바로 사익의 표상입니다. CEO는 사적 기업의 최고 경영자로서 경쟁사를 제압하고 시장을 얼마나 더 확대할 것이며 얼마나 더 많은 이윤을 낼 것인가를 목적으로 하죠. 그래서 CEO의 역할을 키우면 키울수록 대통령의 역할은 줄어들 수밖에요. 반대로 공공성의 표상으로서 대통령의 역할을 하려면 할수록 CEO의 역할은 줄어들어야 되죠. 결국 'CEO 대통령'이라는 표현은 모순일뿐더러, 국가와 공공성의 표상인 대통령을 모욕하는 말이죠. 그런데도 우리의 보수 언론과 지식인들은 이를 자랑스럽게 쓰고 있어요.

공공성이 후퇴하면서 나타나는 가장 큰 문제는 사적 시장의 논리, 재산의 논리, 기업의 논리, 돈의 논리가 공적 영역을 장악하고 있다는 점입니다. 사적 시장논리가 국가운영에도 깊숙이 침투하고 있고요. 정부, 교육, 의료, 육아, 복지, 금융 등이 모두 시장영역의 경쟁성이나 효율성을 제대로 반영하거나 선도하지 못하면 제 역할을 못하는 것처럼 이야기하고 있지요. 그런 논리가 이미 우리 사회를 장악해버렸어요. 그래서 탈공공화를 다른 말로 사사화라고 합니다.

대통령과 정부, 언론에서는 자주 준법을 이야기해요. 말할 필요도 없이 법치와 준법은 민주주의의 한 축이죠. 그런데 여기에 기가 막힌 논리가 숨어 있어요. 탈공공화와 사사화가 되다 보니 효율성과 시장성을 최고의 가치로 여기는 부문에 대해서는 규제를 완화해주라는 거예요. 기업에 대한 규제완화 담론이죠. 규제완화란 법치는 고사하고 있는 법도 없애라는 건데, 규제가 뭡니까? 사적 영역에 대한 국가나 정부의 합의된 개입이 바로 규제예요. 그런데 그걸 없애라면서 노동자와 정치인, 민중, 시민단체들에게는 법을 지키라고 하죠. 시장과 기업에게는 규제완화, 정치와 시민에게는 규제강화…… 이중화를 통한 법치의 전형적인 사사화죠.

원래 법적인 공공성은 사회에서 더 많이 가진 자, 더 힘센 자들을 공적인 합의의 원칙 아래 규율하는 것을 말합니다. 법法이라는 말 자체가 물이 흐르는 것과 같은 형평성을 의미해요. 용산참사로 희생된 분들이나 노동자들은 사적 영역에서 가진 게 별로 없다 보니 공적 영역에서도 사적 이익을 주장할 게 별로 없어요. 그런데 사적 영역에서 힘과 재산을 많이 가진 사람들은 공적으로 규율하지 않으면 공적인 영역을 장악하거나 식민화하게 되고, 그럴 경우 공적인 영역은 금방 사사화됩니다. 그래서 정당한 규제는 바로 공공성의 표상인 것이에요.

권력이 독점되고 '신분'이 다시 부활하다

그럼 공적 영역이 탈공공화와 사사화의 포로가 되면 어떤 현상이 생기는가를 살펴볼까요? 공동체의 민주적 발전을 위해서는 정부의 민주화와 시민참여도 중요하지만, 공동체를 구성하고 있는 사회적인 요소들의 힘을 분배하는 것도 굉장히 중요해요. 이른바 사회 권력자원의 분배로, 이건 정부의 분배 역할과 어느 정도 겹치지만 반드시 같은 것은 아니에요. 바꾸어 말해서 사회 차원의 권력자원을 분배하지 않으면 정부 차원을 넘어 공동체 전체의 민주주의는 어렵다는 겁니다. 이것이 없으면 민주주의는 역전의 위험을 안고 있거나 정부만 섬처럼 고립되고 마는 거예요.

우리가 정부를 민주화하는 동안에 가장 심각하고 위험하게 나타난 현상이 바로 사회 권력자원의 초집중화로서 과두화입니다. 사회 각 영역의 힘과 자원이 최상위 소수한테 지나치게 집중되는 거예요. 기업, 언론, 대학, 병원, 유통, 로펌, 서점을 보세요. 큰 병원은 점점 더 커지고 동네 병원은 망하고 있어요. 백화점과 슈퍼마켓은 점점 커지는데 동네 구멍가게는 망하고 있죠. 다른 언론을 다 합쳐도 비교할 수 없이 큰 보수 언론 3~4개의 시장장악은 곧바로 전체 담론과 공론의 장악으로 연결되어 있지요. 금융도 마찬가지예요. 전에는 주요 은행이 여러 개였어요. 지금은 다 망하고 초대형 3~4개밖에 없어요. 대학도 최상층 서너 개에는 인재가 집중되는데 지방 대학들은 정원도 못 채우는 일이 속출해요. 재벌은 상위 몇 개가 국내총생산의 상당 부분을 장악하여 국가 경제를 좌우하고 있어요. 이런 나라는 거의 없지요. 개인은 몇몇 과두적 집단에 들어가려고 살인적으로 경쟁하지 않으면 나머지 영역에서 살아남는 것조차 힘들 만큼 삶이 자영화, 개체화하고 있어요. 과두화와 자영업의 급증은 깊이 맞물린 현상입니다. 게다가 자영업의 창업과 폐업 주기도 아주 짧아지고 있어요.

이제 우리는 몇 개의 재벌 기업들, 몇 개의 대학들, 대형 병원, 대형 보수 언론의 논리 같은 거대 조직과 담론에 포함되면 그 삶을 어느 정도 예측할 수 있고 안정됩니다. 그래서 거기에 포함되려고 살인적인 경쟁을 하고 있죠. 그러나 그 거대 조직들 밖의 삶들은 불안하고 비정규화되고 자영화하고 비주류화하는 거예요. 전체의 문제와 개인의 문제가 얼마나 직결되어 있는지를 그대로 보여주는 것이죠.

예를 들어볼까요? 한국이라는 국가 공동체에서 한 사람의 출생부터 성장, 교육, 학습, 소통, 직장, 사망에 이르기까지 삶의 주기가 얼마나 사사화해 있는지를 봅시다. 재벌이 지은 아파트에서 태어나서 어린 시절에는 재벌이 만든 TV를 보며 자라고, 중·고교에서는 재벌이 만든 컴퓨터와 휴대전화로 학습하고 소통하며, 대학에서는 재벌이 기증한 도서관에서 공부하고, 졸업 후에는 재벌 회사에 들어가려고 노력하는 것이 삶의 주기이자 꿈이 되었어요. 많은 부모와 젊은이의 욕망이기도 하죠. 아예 삶의 마지막 순간까지 재벌이 장식해줍니다. 재벌이 지은 대형 병원에서 삶을 마감하고 장례를 치르는 것이 성공의 징표가 되고 있지요. 심한 경우, 그리고 진짜로 많은 시민들이 이 모든 주기를 단 하나의 재벌(제품)에게 맡기기도 합니다. 세계 어느 나라에도 존재하지 않는, 생애 주기로서는 아주 독특한 예종의 길입니다. 한 사람의 생애에서 '국가의 실종, 재벌의 장악'인 상황, 조금 감상적으로 말하자면 웃어야 할지 울어야 할지 모르는 비극적인 상황인 것입니다.

그런데 한 사람이 태어나서 죽을 때까지 주택이나 출산, 육아, 교육, 의료, 사망까지 재벌이 아니라 거의 다 공동체의 공적인 역할에 의해 인간적인 기준을 보장받아야 하는 것입니다. 국가와 사회의 기본 중의 기본 역할이죠. 이렇듯 과두화는 국가의 철저한 사사화로 연결됩니다.

정부의 경제정책, 소통 문제, 교육 문제, 의료정책이 최상위 3~4개의 시장 지배자들한테 장악되는 순간 공공성은 사라지고 맙니다. 그러나 그것은 이미 현실이 되어버렸습니다. 이는 공공성의 표상인 국가가 최상위 사적 과두 집단에게 포위되어 있는 거예요. 정부만 섬처럼 민주화되었다가 급격한 역진이 일어난 사실이 이를 잘 보여줍니다. 그런데 정작 심각한 문제는 시민들의 참여가 아니면 이를 바꿀 방법이 없다는 거예요.

공공성의 실종과 사사화가 불러오는 또 다른 두려운 현상은 역逆근대화입니다. 근대 국가가 등장하면서 나타난 가장 중요한 현상은 능력이라든가 공적 경쟁을 통해 신분이나 출신, 세습, 지역, 가문을 넘어서는 근대화, 즉 근대적 경쟁구조의 등장입니다. 공적인 영역에서 이루어지는 경쟁을 통해 내 아버지가 누구든, 사는 곳이 어디든, 서울 출신이든 아니든, 교육을 어디서 받았든 내 능력에 따라 진입할 수 있는 건데, 한국 사회는 완전히 거꾸로 되고 있어요. 공공성이 무너지면서 역근대화가 되고 있어요. 아버지의 직업이 과두의 영역에 포함됐느냐 안 됐느냐, 강남에 사느냐 안 사느냐, 정규직이냐 비정규직이냐, 부모의 학력이 높으냐 낮으냐가 중요해지고, 이것이 다음 세대한테 세습되고 있어요. 세습사회, 신분사회로 진입하고 있는 겁니다.

민주화 두 세대 만에 이렇게 빠르게 역근대화될 수 있는 것인지 두려울 뿐입니다. 사회 권력자원이 과점, 반독점된 상황에서 국가마저 사사화됨으로써 개인은 이제 공적인 영역을 통해 넘을 수 없는 사적인 경쟁과 자영 영역으로 점점 더 심각하게 내몰리고 방치되고 있는 거예요. 요즘 표현을 빌리면 '루저'로 추락하게 되었죠. 한국은 제2차 세계대전 이후 인간이 만든 기적 man-made miracle 으로 불릴 정도로 가장 빠르게 발전한 나라인데, 탈공공화와 사사화, 역근대화와 세습화의 속도 역시 인간이 만든 재앙man-made disaster 수준으로 빠르게 진행되고 있습니다.

먹고사는 문제가 공공의 영역에서 해결되지 못할 때

탈공공화, 과두화, 역근대화와 함께 나타나는 것이 삶의 자영화입니다. 한국처럼 자영업이 많은 데가 드물고 식당이 많은 도시가 없어요. 자영업 계층이 이렇게 많아진다는 것은 개인들이 각자 알아서 먹고살아야 된다는 뜻입니다. 게다가 개인이 망하면 국가는 네가 장사를 못하지 않았냐고 하죠. 이것은 바로 사회 거의 모든 영역이 과두화된 결과인 동시에 국가가 공적인 역할을 행사하지 못할 때 나타나는 현상이죠. 국가와 공공 영역을 통해 보호받아야 할 삶들이 사적 자영 영역으로 내몰리면서 삶이 개별화되고 불안해지는 거예요. 삶을 예측할 수가 없어요. 내가 이만큼 세금을 내면 공적인 시민, 국민으로서 몇 살 때는 어느 정도의 육아, 교육, 취업, 의료, 노후, 실업수당 등을 예측할 수 있어야 하는데, 그게 전혀 안 되어 불안정하다는 것이죠. OECD 평균보다 훨씬 낮은 현재의 세금 부담율을 높여야 하는 이유도 여기에 있습니다. 공공성을 높이자는 것이죠.

그 다음에 나타나는 문제가 근본화입니다. 공적인 영역에서 공공성을 둘러싼 갈등이 적절하면 사회 문제들은 공적인 영역에서 해결될 수 있어요. 이를테면 국가가 바른 역할을 하면 용산 재개발 문제를 놓고 싸울 이유가 없어요. 참사도 발생하지 않았을 거고요. 그런데 국가가 공공성과 균형성을 잃어서 국가에게 기대할 게 없으니까 개인은 자기 목숨을 내걸고 시장의 강자들과 일대일로 싸워야 돼요. 과두집단과의 투쟁은 거의 절망적이죠. 때문에 갈등은 늘 근본적 차원으로 치달아요. 정 갈 데가 없으면 그나마 법원이라도 가자……. 그래서 소송이 급격히 늘어나는 거고요.

근본화라는 건 우리 삶의 실존 문제가 공적인 영역에서 해결되지 않으니까 다른 요인들이 전면에 등장하게 되는 건데, 그중 하나가 물리적인 충돌이에요. 즉 폭력화이죠. 자기 몸과 생명을 던지지 않으면 생명을 담보해줄 최소한의 조건을 지킬 수 없는 사회가 된 거예요. 왜? 국가의 공공성이 후퇴하면서 공공 영역에서 보장을 안 해주니까요. 곳곳에서 물리적 충돌이 자주 일어나는 이유는 공적 보호를 수행해야 할 국가가 제 역할을 잃어버렸기 때문입니다. 게다가 국가도 조정기능을 수행하기보다는 폭력적인 진압이나 수색, 체포에 집중하며 폭력화를 더욱 부채질하고 있어요.

두 번째는 이념적인 문제예요. 실제로 삶의 많은 문제들은 보수나 진보를 넘어서 존재해요. 또 보수나 진보와는 관계없이 해결되고요. 이를테면 복지를 조금 높이자는 것은 그저 보편적인 주장일 뿐이죠. 그런데 그게 왜 좌파예요? 사회복지 지출이 OECD 평균의 3분의 1밖에 안 되는데요. 한국의 보수 언론들은 글로벌 스탠더드는 매일 이야기하면서도 이런 사실은 거의 보도를 안 하지요. 이런 문제를 보편적인 삶의 문제나 인간화의 문제로 보지 않고 이념적인 문제로 몰아가니까 안 풀리는 거예요. 실제로 사람들의 삶이 이렇게 해체되고 있는데도 사실을 직시하기는커녕 저 주장은 좌파라고 규정하고는 그 어떤 사실이나 통계도 인정하지 않는 거예요. 이념 문제가 전혀 아닌데도 말이죠.

세 번째는 지역 문제예요. 최고 공공성을 표상하는 정부를 구성하는 대표를 선출할 때 어떠한 정책을 펼칠 것이라는 공적인 가치에 관심을 갖기보다는 상당수가 지역 문제로 접근하고 있죠. 최근에는 영호남 대결에 더해 수도권과 비수도권의 대결도 심화되고 있습니다. 세종시 문제가 대표적이죠.

네 번째가 종교인데, 민주화 이후 지금 종교가 전면적으로 나와 있어요. 삶과 영혼의 구원을 위해 존재하는 종교가 정치집단보다 더 정치화, 이념화해 있지요. 지금 한국 종교집단에서 관용과 사랑과 이해의 언어를 기대할 수 있나요? 종교를 보면 알 수 있듯 근본적 요인은 사실 공적인 갈등 해결의 메커니즘이나 국가의 공공성이 유지되면 잘 드러나지 않는 것이에요. 종종 드러날 필요가 없기도 해요.

민주주의를 위해서는 사회의 각 부문, 이를테면 교육, 종교, 경제, 정당, 언론 등 각 영역의 수평적 견제와 균형이 아주 중요한데, 근본화로 인해 지금 이것이 완전히 무너졌어요. 그리고 같은 영역 안에서도 진영 간 대립, 이념 균열이 우리 사회를 수직적으로 갈라놓았어요. 이러한 수직적인 진영화·파당화로 인해 이들 사이에 상층 카르텔이 형성되고 있죠. 이 파당화·진영화 현상과 사회의 탈공화와 과두화가 만나면 어떻게 되겠어요? 사회 상층은 요지부동이 되어가고, 민주주의의 가장 중요한 요인인 사회 권력자원의 분배는 완전히 거꾸로 진행되고 말죠.

우리는 지금 두 개의 국민, 두 개의 시민으로 분화 중

국가가 역할을 상실함으로써 생기는 가공할 변화의 모든 귀결이 어떻게 우리 삶의 핍진화로 이어지고, 공공성의 해체가 얼마나 빠르게 진행되고 있는가를 사회경제 관련 통계는 아주 분명하게 보여주고 있습니다. 성장과 효율의 관점에서 진보개혁정부의 무능을 비판하는데, 성장률이나 수출증가액, 외환보유액, 과학기술 경쟁력을 살펴보면 전혀 사실이 아니에요. 오히려 그 반대이죠. 동일한 1인당 GDP 2만 달러 시점에서 사회의 공적 지출을 조사해봤더니 한국은 OECD 평균의 3분의 1에도 못 미칩니다. 세전, 세후를 기준으로 한 정부의 소득조정 기능은 아예 6분의 1에서 7분의 1에 불과합니다. 정부가 시장의 불평등을 거의 교정하지 않고 있는 거죠. 즉 국가의 공적 역할을 통한 시장 교정 기능은 없는 것이나 다름없습니다. 이게 가장 좌파정부라고 비난받았던 노무현 정부 때의 통계입니다. 이것이 한국적 평등성, 분배성, 공공성의 현실입니다.

 노동시간이나 부동산, 소득분배의 불균형 수치를 나타내는 지니계수, 비정규직 비율, 남성 정규직과 여성 비정규직의 임금 격차, 노동임금과 주택 구입 기간, 교육 통계, 사교육, 출산, 육아, 세금……. 이것들의 상세한 통계를 보면 공공성의 해체로 인해 우리 삶이 얼마나 개체적·자영적 차원으로 밀려나고 있는가를 알 수 있습니다. 이 공동체의 시민으로 살지만, 이 국가에게 받는 권리나 혜택은 거의 없어요. 법률적으로는 이 국가의 시민이 맞지만 실질적 삶에서 시민됨citizenship, 시민성citizenhood의 공통 자격을 부여받고 있느냐 하면 문제는 전혀 달라집니다.

 시민됨의 인정이라는 것은 주권을 이양함으로써 공적 존재(즉 국가)를 형성한 뒤 국가의 역할을 통해 안전과 권리와 형평을 제공받는 것을 의미합니다. 개별적인 시민의 존재가 전체로서 치자와 피치자의 동일성의 원칙에 의해서 국가를 구성한 뒤 다시 국가에 의해서 개별적인 시민의 권리를 보장받는 거예요. 그런데 우리가 구성한 국가가 소수 과두집단에 포함된 시민 외에는 개별적으로 열심히 먹고살라고 한다면 곧 공동체로부터 전혀 시민됨을 보장받지 못하는 겁니다.

불행하게도 우리 국민의 많은 수는 지금 국가의 공공성이 실종됨으로써 정치적, 법적으로는 시민권·시민성·국민성은 인정받고 있지만, 사회적으로나 경제적으로는 인정받지 못하고 있는 것이 현실입니다. 한국의 통계를 살펴보면 이런 현상이 너무도 심각하게 우리 앞에 다가와 있음을 알 수 있습니다. 하나의 국민, 하나의 시민이라고 말하기조차 힘든 정도예요. 두 개의 국민two nations, 두 개의 시민two citizens으로 분화되고 있는 실정이라고 할 수 있습니다.

시민참여로 진정한 공공의 정치를 맛보다

이제 대안 모색으로 넘어가며 강의를 마쳐야 할 것 같습니다. 그 사이에 역사를 잠깐 살펴보기로 하지요. 국가와 시장, 시민사회의 관계에 비추어 역사적으로 국가에는 몇몇 유형이 있었습니다. 먼저 전체주의로, 국가가 시장과 시민사회를 억압하고 모든 권한을 독점하는 독재체제입니다. 시장과 시민사회가 모두 억압받은 유형이죠. 두 번째가 개발독재로, 이는 국가가 시장과 결합해서 시민사회를 통제하는 체제를 말합니다. 과거의 권위주의 체제, 제3세계 국가들에서 많이 나타나는 형태였죠. 오늘날의 신자유주의도 국가가 시장과 결합하여 사회를 장악한 체제라고 할 수 있어요. 개발독재와 다른 점은 시장의 논리가 국가마저 장악하려 한다는 것입니다. 또 하나가 민중주의예요. 이건 국가가 시민사회와 결합해서 시장을 지배하려는 체제를 말하죠. 마지막이 민주복지국가입니다. 국가와 시민사회, 시장이 서로 균형적인 관계를 맺는 유형이죠.

여기서 우리가 조심해야 할 것이 시장에 대한 이해예요. 시장은 꼭 필요한 것이고, 우리가 먹고사는 근본영역에서 출발하는 겁니다. 따라서 시장이 없는 삶은 상상할 수조차 없어요. 그런데 한국에서 시장은 곧 기업인데, 특히 기업 중에서도 재벌을 의미하므로 시장에 맡기라는 건 재벌에게 맡기라는 거예요. 기업과 재벌은 이미 우리 사회의 담론체계와 권력자원을 장악하고 있어요. 교육이나 언론뿐만 아니라 병원, 유통도 말이죠. 이 점이 문제지요.

가장 큰 문제는 국가와 시장의 관계에서 발생하고 있어요. 시장이 국가로 가진 않아요. 국가가 시장으로 다가가 국가의 시장화, 사사화, 탈공공화를 가져오고 있죠. 균형이 깨지는 겁니다. 이 힘의 배분관계에서 국가와 시장이 가까워질수록 국가 대 시장 대 시민사회의 3자의 균형관계가 아니라 공공성이 무너지는 가장 큰 대립전선, 즉 국가와 시장 대 시민사회로 재편되는 겁니다.

그렇다면 이를 어떻게 바꿔나갈까요? 시장을 개혁하기 위해 사회가 직접 시장과 대면하는 건 쉽지 않아요. 개인은 먹고사는 문제가 걸려 있어서 더욱 어렵죠. 그래서 시민의 관점에서 보편적·일반적 규칙을 만들고 이를 적용할 국가의 공적 역할을 회복시켜주는 것이 반드시 필요합니다. 그것이 세대를 넘어 영속성을 갖는 지름길이고요. 그러려면 국가제도를 혁신해야 합니다. 여기에는 두 가지 방법이 있습니다. 하나는 수직적인 권력분립이고, 또 하나는 수평적인 권력분립입니다.

먼저 수직적인 권력분립을 위해서는 국가와 대의기구, 시민사회 사이에 권력분립을 새롭게 해야 합니다. 새로운 3권분립이죠. 이건 근대가 출발하던 시기에 마키아벨리가 고뇌했던 것, 즉 '군주와 귀족, 시민 사이의 이상적인 분립과 균형'과 같은 것입니다. 우리가 지금까지 들어왔던 권력분립은 정부 내의 입법과 사법, 행정 사이의 분립이었는데, 이제는 그러한 기능적 분립을 넘어서 국가와 대표, 시민 사이의 주권과 권한 분립을 전면적으로 다시 구상해야 할 때입니다. 국가와 대표에게 주었던 주권의 많은 부분을 다시 찾아와서 행사해야 한다는 겁니다.

두 번째는 수평적 권력분립입니다. 이미 입법과 행정, 사법부의 권력은 나뉘어 있는데, 그럼 국가인권위원회는 입법부입니까, 사법부입니까, 행정부입니까? 한국은행과 헌법재판소는요? 여기 포함이 안 되지요. 감사원은요? 선거관리위원회와 공정거래위원회는요? 이들 역시 어디에도 포함시키면 안 돼요. 여기서 중요한 걸 발견할 수 있죠. 입법, 사법, 행정을 감찰하고, 국민의 인권, 국민의 권리와 직접 관계되는 분야들은 입법, 사법, 행정의 영역에 들어가지 않도록 하는 거예요. 실제로 그런 분야들에서는 고전적인 3권분립이 심각하게 무너지고 있어요.

따라서 이것들을 독립시켜 4권분립으로 가야 해요. 그리하여 4부가 서로 견제하고 균형을 이루도록 해야 합니다. 국민의 권리를 보호하고, 시장과 국가를 감독하는 부처들을 독립시켜 국민과 시민의 직접 통제 아래 둬야 해요. 국민의 권리, 시장의 공정성, 정부의 부패 감시, 권익 보호와 관련되는 것들은 3부로부터 떼어내서 통치기구와 시민 중간에 놓아야 해요. 이를테면 시장과 금융에 대한 감독을 독립시켜 집행한다고 생각해보세요. 그 독립성과 공공성, 감독성이 높아질 거라는 사실은 말할 필요도 없습니다. 국가인권위원회나 한국은행, 헌법재판소의 실제 독립·분립 사례에서 우린 이미 독립성과 공공성, 견제성의 병진을 잘 보고 있습니다. 이것들의 독립은 보수주의자들이 공격하듯 결코 불안하지도 위험하지도 않습니다. 조금 더 나아가면 검찰도 해체·독립시켜서 국민의 직접 감독 아래 두어야 합니다.

물론 대표도 혁신적으로 바꾸어야지요. 우리가 대표를 뽑아서 보냈지만 이들이 따로 노니까 하나를 또 만들자는 거지요. 이를테면 시민의회를요. 간단하게 말씀드리면 사법부의 시민배심원제도를 입법부에 원용하자는 것이죠. 시민배심원들의 역할처럼 시민의회에서 대표의 결정을 재심하자는 거예요. 그러자면 정교한 제도화가 필요합니다. 물론 국민청원, 국민발안, 국민소환을 전부 포함하고요.

또 다른 문제는 국회에 대한 시민 통제의 강화예요. 사실 우리나라 정당은 약해서가 아니라 너무 강해서 문제입니다. 너무 자율적이라서 선거만 끝나면 시민의 의사는 사라지고 당론만 남아요. 이런 현상이 생기는 이유는 헌법과 민주주의 이론에서 말하는 자유위임원칙 때문이에요. 선거가 끝나면 국민의 의사가 어떻든 국회에 들어가는 순간 자기 마음대로 투표할 수 있어요. 정당과 의회가 국민으로부터 독립하는 것입니다. 이는 원론적으로 국민주권원리에서 나오는 것이죠. 그런데 인민주권원리는 달라요. 대표는 모든 주권을 자유롭게 위임받은 것이 아니라 인민의 의사에 기속돼요. 즉 기속위임원칙을 도입해서 자유위임과 병행해야 해요. 그러면 국회의원들이 함부로 투표하지 못하지요. 자유위임에 기속위임을 반드시 추가해야 해요.

무엇보다도 중요한 대안은 시민의 의사를 반영할 수 있는 통로를 확대하는 것입니다. 그중에는 선출직 대표의 확대가 꼭 필요합니다. 그것은 시민참여와 정치의 확장을 통해 시장도 견제하지만, 국가와 행정부도 견제하는 다중 효과가 있습니다. 국가와 시장을 감독하고 견제할 시민대표의 수를 크게 늘리자는 것이죠. 한마디로 한국은 국회의원을 대폭 늘려야 돼요. 우리나라 국회의원 1인당 인구는 OECD 국가들 평균의 무려 두 배입니다. 현재의 대표비율은 박정희의 군사쿠데타 시점에 급격한 축소를 통해 만들어진 것입니다. 이론적으로 볼 때 대표가 적을수록 민주성은 낮습니다. 따라서 국회의원은 최소한 현재의 두 배로 늘려야 돼요. 그러면서 국회의원의 특권과 급료는 대폭 줄여야죠. 그럴 경우 국민 부담은 크게 늘어나지 않습니다. 또 조금 늘어난다고 해도 대표를 늘리는 것은 꼭 필요합니다.

두 번째는 대표를 그냥 늘리는 게 아니라 비례대표를 크게 늘려야 합니다. 비례성과 대표성 역시 비례적으로 맞물립니다. 비례대표가 많을수록 시민 의사의 대표성은 왜곡되지 않아요. 그래서 저는 비례대표를 지역대표의 최소한 2분의 1 정도로 늘리자고 주장합니다. 그러자면 현재의 공천제도를 전면 폐지하고 경선과 선출로 바꾸어야 합니다. 현재의 선거-대표 선출은 정당이 위에서 뽑은 대표를 추인하는 것에 불과합니다. 밑으로부터의 경선이 실현되면 시민단체의 선거 참여 문턱도 눈에 띄게 낮아질 것입니다. 만약 600명 정원의 의회에 200명의 비례대표가 밑으로부터의 경선을 통해 선출된다고 상상해보십시오. 한국 의회의 변화는 말할 필요도 없습니다.

세 번째는 상하 양원을 분리하는 것입니다. 이 점은 상호 분리와 견제를 통해 의회가 독점하는 정치를 막자는 것이죠.

만인 불안과 만인 경쟁의 시대, 인간적 삶을 생각하다

우리는 단지 정부를 민주화했을 뿐인데도 사회의 민주화 혹은 공동체의 민주화를 이루었다고 착각했어요. 실제로 민주정부 때 역근대화, 과두화, 사사화, 근본화, 탈공공화, 자영화, 개체화, 만인 불안화 등이 빠르게 진행됐어요. 그 결과 이제 사회는 거의 해체 단계에 있습니다.

지금 가장 중요한 것은 국가의 공공성을 회복하여 개인 삶의 공공적 안정성과 예측가능성을 보장하는 공동체를 만드는 것입니다. 사회적 연대성의 문제라고 해도 좋겠습니다. 한 사람이 특정 공동체에서 태어나서 죽을 때까지 꼭 필요한 생활의 영역들을 어느 정도 균등하게 보장받음으로써 삶의 공적인 예측가능성을 높이는 게 가장 중요합니다. 국가의 공공성을 높이는 것은 거꾸로 우리가 개별적으로 국가의 공적 문제에 참여해야 한다는 뜻입니다.

그리하여 인간이 사라진, 인간적 삶이 너무도 버거운 이 핍진하고 가혹한 시대의 물줄기를 바꿔야 할 것 같습니다. 우리는 하루빨리 인간적 가치를 회복해야 합니다. 과두체제에 들어가려고 살인적으로 경쟁하거나, 배제될 때 불안해하는 사회나 상황이 아니라, 공적 문제에 열심히 참여하면서 사회를 바꾸고 내 삶도 예측가능하게 창조해가는 깨어 있는 시민이 되는 것이 중요합니다. 좋은 공동체 만들기는 곧 좋은 시민 되기입니다. 좋은 사회를 만들어야 좋은 삶을 향한 전망이 생기고, 우리 아이들한테도 좋고 안정적인 삶의 비전을 심어줄 수 있기 때문이죠.

만인 불안과 만인 경쟁의 이 혼돈의 시대, 인간적 가치의 붕괴와 인간 해체의 이 슬픈 시대에 여러분과 제가 이 과제를 가슴에 함께 새기며, 여기에서 오늘 강의를 맺습니다.

한국 민주주의를
묻고
답하다

청중 1 소수에게 권력과 부가 집중되는 현상을 민주주의의 역행이라고도 할 수 있지만, 이기적인 판단과 선택을 하는 개인을 가정한다면 필연적인 결과라고 볼 수 있지 않을까요?

박명림 이 문제에 대해서는 많은 지혜와 연구결과들이 나와 있습니다. 세계은행의 보고에 따르면 20세기 후반에 발전한 26개국의 안정지수와 발전지수를 비교했더니 놀랍게도 평등지수와 일치했어요. 1960년부터 40년 동안의 연평균 경제성장률과 사회 안정지수를 비교했는데 1960~1970년대 사회가 평등했을수록 2000년대까지 발전을 계속하는 거예요. 그런데 그건 지금도 상당히 유사한 효과가 나타나고 있어요. 즉 기회균등성과 평등성이 곧 발전의 동력이 되며, 과두성과 불평등성, 세습성은 사회 안정과 발전에 상당히 위험하다는 것이죠. 역사적으로 실패한 국가들은 거의 후자들이었습니다.

청중 2 정부와 대학, 학부모와 학생들 모두가 교육의 주체인데, 다들 무관심한 분위기입니다. 지금의 교육 현실을 타개하고 해결하기 위해서 각 주체가 어떻게 해야 하는지 알고 싶습니다.

박명림 참 어려운 문제인 것 같습니다. 제가 가장 고민하고 있는 문제이며 제 자신이 교사이자 학부모이기도 하고요. 그런데 저는 이 문제를 그리 복잡하게 생각하지 않습니다. 보수주의자들과 시장주의자들은 교육의 문제를 자꾸 개인의 책임으로 돌리려 하는데, 이게 이데올로기라는 것이죠. 그럼 오늘날 교육개혁에 성공하여 공교육의 경쟁성과 사회안정성, 예측가능성을 실현하고 있는 국가들은 어떻게 되는 건가요? 특수한 예능 교육 등을 빼놓고 전 세계 어디에서도 일반 교육에서 사교육이라는 단어를 찾기 힘들어요. 그냥 교육이죠. 교육은 그 자체가 공적인 것이잖아요. 그런데 한국은 사교육이 또 하나의 정식 교육체계처럼 돼버렸어요. 게다가 우리처럼 사교육이 공교육보다 더 커진 곳은 없죠. 교육 예산을 포함해서요.

한마디로 우리의 교육이 이렇게 된 것은 가장 크게는 국가의 책임입니다. 과거 국가가 지나치게 교육의 영역에 간섭하여 '국민'만 만들려던 한 극단과 교육이 완전히 사교육 시장과 논리에 장악되어 '입시기계', '취업전사'를 만들려는 다른 한 극단만 존재해온 것이죠. 오늘날 교육논리는 곧 '취업논리=기업논리'의 하위가치이자 담론이 되어버렸습니다. 국가와 사회 차원에서 이것을 극복하는 것이 시급합니다.

또한 국가는 교육 예산을 크게 늘려야 합니다. 사교육의 내용과 수준을 공교육으로 끌어들여야 해요. 이를 위해서는 시민들의 의식 전환도 필요합니다. 사교육과 조기유학으로 개인적으로 굴복하고 욕망을 추구할 것이 아니라 공교육 개혁에 학부모들의 참여와 관심이 절대적으로 필요합니다.

학교도 인간과 시민을 길러내려는 교육을 중시해야 합니다. 현재 이 부문은 거의 실종되었어요. 저는 특히 대학의 책임을 강하게 지적하고 싶습니다. 오늘날 대학은 중·고등학교 교육의 연장이죠. 대학은 입시부터 교육, 졸업에 이르기까지 입시논리의 연장인 시장과 기업·취직 논리를 넘어야 합니다. 시급하고도 꼭 해결해야 할 과제입니다. 즉 대학부터 먼저 인간교육, 공공성과 참여성, 비판성을 회복해야 합니다. 입시사정 방법도 바꿔야 합니다.

과거 대학생들이 지금보다 취직공부를 더 잘해서 민주화운동을 하고, 공공 문제에 열심히 참여하고, 국가를 발전시킨 것은 아닙니다. 전체 문제를 의식하고 참여했다고 해서 그들이 취직 후 능력이 없었다거나 기업을 망쳐놓은 것도 아니에요. 회계와 경영, 영어, 컴퓨터 지식의 일부가 기업이나 공동체, 사회, 개인 발전을 위한 준비의 전부는 결코 아니죠. 따라서 기업들도 의식을 바꾸어야 합니다. 포괄적인 인격 형성과 품성, 비전, 공동체 윤리, 덕성을 등이 판단 기준이 되어야지, 몇몇 조건만 보아서는 오래 쓸 수 있는 인재를 찾을 수 없습니다.

청중 3　공공성은 줄어들고 사적인 부분만 커지는 모습을 많이 봅니다. 이런 현상은 신자유주의 담론 이후 두드러지고 있다고 생각하는데, 공공성의 부재가 신자유주의 때문인지 아니면 우리한테는 원래부터 공공성에 대한 인식이 없었던 것인지 궁금합니다.

박명림　오늘의 현실은 신자유주의의 책임이 크지요. 그러나 동시에 동아시아에 존재하던 공공성의 가치와 전통조차 살려내지 못한 책임도 큽니다. 문헌을 보면 '국가' 개념 같은 것도 우리는 서양보다 먼저 사용했어요. 한국을 포함해 동양에서는 오히려 서양보다도 공공과 전체, 충성, 국가를 우선시했지요. 개인이나 계층, 사사는 나중이었어요. 토지 문제나 사유재산 문제를 보아도 이러한 점은 분명합니다. 문제는 이러한 전통적인 공공성이 억압적이고 비민주적이며 불평등했다는 점이죠. 그리고 그것을 민주성과 시민성, 평등성과 함께하는 현대적인 공공성의 개념으로 전환시키는 데 실패한 것입니다. 동아시아에 내재해온 공공성을 어떻게 현대적인 것으로 발전시킬 것이냐가 아주 중요합니다.

청중 4 시민들이 책임과 의무를 소홀히 하는 것은 주인 의식이나 공동체 의식이 약하기 때문일 것입니다. 그렇게 된 이유가 무엇이라고 생각하십니까?

박명림 시간이 걸리더라도 지금부터 조금씩 일구어나가야 합니다. 바람직한 시민윤리의 토대를 구축하지 않고는 바람직한 공동체를 건설하기가 정말로 어렵습니다.

첫째는 정치를 바로잡는 일이 시급해요. 정치가 최대한 공적 논리와 준거, 양식에 의해 움직이도록 참여하고 감시해야 합니다. 현재는 정치가 너무 사적이며 파당적인 논리와 주장에 의해 이루어지고 있습니다. 정당들이 특정 부문에서 벌이고 있는 정책 경쟁이나 특정한 사태에 대한 대응은 오로지 자기 정당에, 다음 선거에, 자기 파벌과 개인에게 유리한가 불리한가의 관점에서만 접근됩니다. 공공성의 최대 구현 방법과 절차는 바로 정치예요. 이를테면 작게는 헌법의 대통령 단임제 같은 것도 임기 중의 경제적 업적에 치중하게 하여 공공성 추구와 실현에 바람직하지 않은 헌정구조입니다. 개혁해야 할 대상이지요.

둘째는 언론의 과도한 사사성과 편향성입니다. 우리 언론에서는 공공성의 전제인 균형성을 전혀 찾아볼 수 없죠. 우리 언론에서 기업과 노동, 학교와 학생, 검사와 피의자, 진보와 보수 등의 관계나 문제를 얼마나 균형 있게 접근하나요? 이미 어느 하나의 편듦, 방향과 결론, 해답이 주어져 있지요. 한쪽만 대변하면서 받아들이라고 윽박지르고 있어요. 사시社是나 이념이 중요하지, 공동체의 가치나 균형성, 실제 무엇을 주장하고 요구하는지를 객관적으로 보도하지는 않아요. 어떤 문제는 자기 언론사의 광고 수주나 경영에 불리하면 아무리 중요해도 아예 보도를 안 해요. 언론의 그 많은 기사 중에서 몇 개나 공적인 의식을 가지고 보도하는지 의문스러워요. 공동체 전체의 공공성, 언론의 책임성, 비정규직 노동자의 삶을 생각하면 그렇게 보도할 수는 없을 겁니다.

세 번째는 교육의 책임이죠. 교육이 언제까지 시민교육을 포기할 것인지 의문과 두려움이 앞섭니다. 우리나라 최고의 대학들이 지금과 같은 입시제도에서 공적 문제에 대한 책임의식을 갖는 좋은 시민을 기르기 위한 노력을 계속 외면한다면, 그리하여 공적인 문제를 담당할 시민과 리더십을 길러내지 않는다면 과연 앞으로 얼마 동안이나 최고로 남아 있을지에 대해서 걱정이 많습니다. 교육은 어원 그대로 전체로서의 사람, 인간을 길러내는 것, 양육하는 것이기 때문입니다.

제3강

국가에 대한 명예훼손?
이 시대 소수자가
만들어지는 방식

정희진

한국의 프로야구 최종 결선은 한국 시리즈인데 왜 미국은 아메리칸 시리즈가 아니라 월드 시리즈죠? '또 봐요'든 'see you'든 만남에서 시각장애인을 배제한 것 아닌가요? 칼칼한 음성으로 또렷하게 이야기하는 그, '페미니스트'라고 했다. 페미니즘은 남자, 여자의 문제가 아니라 인식론의 문제라는 그의 주장이 아니더라도, 그의 글을 읽노라면 자연스레 이제껏 보지 못한 새로운 렌즈를 끼는 경험을 하게 된다. 그렇다고 특유의 날선 사유와 인정사정 보지 않는 철저함만이 그의 전부는 아니다. "제가 인기 없는 건 페미니스트여서가 아니라 얼굴이 못생겨서라면서요?(^^)" 세상의 편견을 통쾌한 농담으로 받아칠 줄 아는 여성학자, 정희진. 그를 만나면 진정한 페미니즘을 이해하게 되고, 우리가 외면하고자 하는 그 무엇을 응시하게 된다. 익숙지 않아서 불편한 세상 탐험을 두려워하지 않는 그녀가 있기에 오늘도 하나 둘 동행자가 늘어나고 있나 보다.

지은 책으로는 《페미니즘의 도전》《저는 오늘 꽃을 받았어요》 등이 있다.

행동하는 지성에게 길을 묻다?

저는 여성학을 공부하는 사람으로 알려졌습니다. 사실 꼭 그런 것만은 아닌데, 그렇게 알려져서 제 소개를 어떻게 해야 할지 모르겠네요. 이 강의를 주최한 분들이 제게 '소수자' 강의를 맡아달라고 하니, 저 자신에 대해 생각하게 된 거예요. '소수자의 관점에서 본 경제도 있고 환경도 있고 국가안보 문제도 있는데, 그냥 소수자 관련 강의라는 게 무슨 말이지? 왜 내가 소수자 강의를 해야 하지? 여성=소수자? 내가 지금 소수자라는 거야?' 이 대목이 마음에 걸렸어요. 제가 소수자이기도 하지만, 스스로 그렇게 생각하며 보내는 시간이 많지 않고, 여성학이 '소수자 학문'을 대표하지도 않는다고 생각하거든요. 저는 '여성=소수자, 여성학=소수자 학문'이라는 통념에 대해 나름 저항하면서 사는 사람이거든요. 게다가 '(특히 이명박 정권 시대에) 대한민국에서 소수자로 산다는 것' 같은 접근방식을 좋아하지 않습니다. 소수자라든가 '주변 대 중심' 같은 것은 대단히 상황적인 범주이고, 소수자의 삶도 일일이 재현할 수 없을 정도로 매우 다양합니다. '인간극장'식으로 접근하는 거, 결론이 정해진 경우가 많잖아요. '약자는 착하다, 어렵지만 희망을 갖자, 노력하자……'는 식 말입니다.

또 하나, 이번 강의의 기획 취지인 '행동하는 지성에게 길을 묻는다'에도 동의하지 않습니다. 저는 '행동하는 지성'도 아닐뿐더러 이 문장의 압권은 '길을 묻다'인데, 그렇다면 '행동하는 지성들은 길을 알고 있다'는 얘기잖아요? 그런데 '나는 길을 알고 있다'고 주장하는 사람들은 혹세무민하는 사람들 아닌가요? 민주주의로 가는 길을 알고 있다, 또는 선진국으로 가는 길을 알고 있다, 이렇게 해야 한다, 나를 따르라…… 주로 이런 식으로 말하는 사람들 말입니다. 저는 갈 길의 방향을 놓고 소통하는 과정이 민주주의라고 생각합니다. 때문에 '민주주의로 가는 길'을 전제해서는 안 되는 거죠. 민주주의는 목표나 결과가 아닙니다.

제가 생각하는 파시즘의 특징은 혼란을 정리하는 거예요. 혼란을 정리하는 사람이 파시스트이고 권력자이며, 혼란을 조직하는 사람이 지식인이라고 생각합니다. 그러니까 강의가 끝난 후 여러분이 혼란과 스트레스로 수강 신청에 분노와 후회를 느끼신다면, 제 입장에서 이 강의는 성공한 거죠. (청중 웃음) 그리고 강의를 시작할 때 주최 측이 '소수자가 사는 법'이라고 잘못 말했는데, 제가 하려는 이야기는 '소수자가 만들어지는 방식'입니다.

오늘 제가 드릴 말씀은 크게 두 가지입니다. 하나는 '국가의 명예'라는 개념의 정치적 의미와 이 논리의 효과, 정치적 힘에 관해서이고, 또 하나는 이 문제가 어떻게 현재 한국 사회에서 '소수자'와 연결이 되는가 하는 것입니다. 얼마 전 국가정보원이 '국가에 대한 명예훼손'이라면서 박원순 변호사를 상대로 소송을 한 일이 있었는데, 오늘 그 사건 자체를 다루지는 않겠습니다. 제 요지는 과연 '국가의 명예'라는 개념이 성립할 수 있는가, 만일 그렇다면 어떤 인식론적 전제에서 가능한 것인가, 그 전제는 어떤 정치적 이해관계를 배경으로 구성된 것인가, '국가의 명예'가 왜 특히 우리 사회에서 그토록 설득력을 갖는가 등입니다.

소통, 대의제 이전의 문제

연말연시가 되면 "새해에는 모든 분의 소망이 이루어지길 바랍니다"라는 덕담(?)을 주고받죠. 제가 예전에 어떤 라디오 프로그램을 들었는데, 제 기억으로는 영화평론가 정성일 선생님이 나오셨던 것 같아요. 그분이 자기는 이 말이 너무 끔찍하대요. 모든 사람의 소망이 다 이루어지면 그게 바로 지옥이 아니겠느냐는 거죠. 하긴 모든 사람의 소망이 어떻게 다 이루어지겠습니까? 이해관계가 충돌하고, 서로 바라는 바가 다르고, 인간 스스로가 소망이 다 이루어질 수는 없도록 불평등과 부정의를 구조화해놓은 '사회 질서'라는 게 있는데……. 예를 들면 나도 1등을 해야 되고 쟤도 1등 하는 게 소망인데, 1등이 수백 명일 수는 없잖아요. 대통령이 수십 명일 수 없고, 권력은 분점을 싫어합니다. '모든 이의 소망이 다 이루어지는 세상은 지옥', 이거 훌륭한 통찰 아닌가요? 또 "함께 가자"는 말도 자주 하는데, 어디를요? 그곳은 누가 가고 싶은 곳입니까? 모든 사람이 같은 곳으로 가고 싶을까 하는 점도 큰 의문이지만, 어떻게 함께 갑니까? 다들 보폭이 다른데 어떻게 '함께' 가요?

그럼 어떻게 해야 할까요? 저는 모든 사람이 자기 소망을 이루기 위해서는 사회적 '협상'을 해야 한다고 생각해요. '협상negotiation'이라는 말은 '타협'과는 달라요. 내 소망과 타인의 소망이 같든 다르든 간에, 소망이 동시에 이루어지려면 어떻게 사회를 바꿔나갈지 논의가 필요하잖아요. 그래서 협상이 필요합니다. 문제는 협상을 하기 위해서는 일단 사회 구성원 모두가 협상 테이블에 앉아야 한다는 겁니다. 하지만 현실적으로 모두가 앉을 수는 없으니까 비슷한 길을 갈 사람들이 그들의 대표를 뽑아서 이야기를 시작하겠죠. 이게 대의제죠. 그렇다면 협상 테이블에는 최소한 노인이나 임산부, CEO, 소고기 수입업자, 고등학생 등 다양한 사람들이 앉아야 하는데, 바로 여기서부터 문제가 발생해요.

첫 번째 문제는 협상 테이블에 모든 구성원이 앉을 수 없다는 겁니다. 사회적으로는 엄연히 존재하지만 정치적으로는 부정된, 비非가시화된 집단이 얼마나 많습니까? 동성애자, 성산업 종사 여성, 새터민, 성폭력 피해 여성, 이주 노동자, 에이즈나 정신질환 등 사회적 낙인이 있는 병을 앓고 있는 사람…… 이들에게는 자기 존재를 드러내는 것 자체가 매우 힘든 정치적 과정입니다. 평생 불가능한 경우도 있지요. 성원권membership, 발언권은 너무나 위계화되어 있지요. 우리가 어떤 모임에 가면 간혹 "쟤는 왜 왔어?" 하는 이야기를 듣잖아요. 예를 들어 제가 어디 가서 앉아 있는데 어떤 사람이 "여긴 아무도 없네" 하고 나가버려요. 또 어떤 사람은 "아줌마가 어쩐 일로 여기를……"이라고 하죠. '아줌마'가 아니더라도, 특정한 장소나 사회적 위치에 있을 수 있는 사람은 따로 있다는 위계적 사고를 누구나 가지고 있습니다. 이러한 사고를 역으로 활용하는 게 '인간 승리' 개념이죠. 장애인 '도' 해냈다…… 이런 식으로요.

두 번째 문제는 겨우 자리를 잡고 앉았다 해도 서로 말이 안 통한다는 겁니다. 예를 들어 '젠더 방언'이라는 말이 있어요. 언어의 문법 자체가 성에 따라 나누어져 있는 것은 말할 것도 없고, 성에 따라 주로 쓰는 말이 다르고, 같은 말도 각자 생각하는 의미가 다르죠. 제 경우에는 '녹색성장'이라는 말을 처음 들었을 때 매우 놀랐고, 나중에는 거의 정신 분열이 왔어요. (청중 웃음) 이게 무슨 말인지 도저히 이해가 안 가서요. 이명박 정부가 생각하는 녹색성장과 제가 생각하는 녹색성장이 너무 다른 거죠. 이렇게 의미가 통하지 않으면 그 순간 말은 언어가 아니라 소리나 소음, 그림이 됩니다. 결국 함께 테이블에 앉는다 해도 말이 안 통하는 경우가 대부분이라는 겁니다. 그래서 소통하려는 노력 자체가 민주주의이고, 합의 도출은 언제나 미완이고, 또 미완이어야 합니다.

다른 문제도 있어요. 말을 못 하게 하는 것, 사실 이게 가장 큰 문제죠. 여기에는 계급이나 학벌, 젠더, 연령, 사회적 지위 등 여러 가지가 복합적으로 작용하죠. 예를 들면 이런 거예요. 저는 1분밖에 말을 안 했는데 사람들은 제가 10분 동안 말했다고 생각합니다. 제 목소리가 큰 편도 아닌데 제가 있다는 것만으로 "무서운 사람 오셨다"는 식으로 이야기합니다. 소수자나 사회적 약자는 그들의 발언이나 외양이 조금만 가시화되어도 '뭔가 과잉'이라는 생각이 들게 합니다. 평소에는 보이지 않는 집단이기 때문이죠.

흔히 말하는 '성숙한 토론 문화'는 양보와 경청, 관용만으로는 부족합니다. 말하는 사람의 사회적 위치와 그 위치성positionality이 만들어내는 권력, 이에 대해 긴장감을 공유해야 합니다. 이걸 인권 감수성, 인간에 대한 예의라고도 말할 수 있겠죠. 우리 사회는 토론 문화 이전에 언설의 정치학에 대한 사유가 없습니다. 모든 발언은 평등해야 합니다. 하지만 평등은 같음sameness이 아니라 공정함fairness입니다. 사회적 약자에게는 발언권을 더 줄 수 있는 것이고, 그것은 특혜가 아닙니다. 특혜는 조건이나 기회가 같을 때 사용할 수 있는 말인데, 사회적 약자는 이미 다른 지점에서 출발하니까요.

일반적으로 말의 기능은 의사 전달 및 소통이라고 알려져 있습니다.

사실 이것도 좋은 의미로 말하자면 그렇다는 겁니다. 실제로는 그런 기능도 못하죠. 심지어 말의 역할이 '명령'이라고 믿는 사람도 많습니다. 이때 가장 완벽한 의사소통은 군대에서만 가능하겠죠. 제가 생각하는 말의 기능은 '연결'입니다. 전달과 소통만으로 끝나는 건 일방적이에요. 대화를 통해 이전과 다른 사회적 관계를 맺고, 말을 섞으면서 새로운 인간이 되는 거죠. 대화는 이처럼 위험하고, 중대하고, 정치적이고, 치열하고, 혼란스럽고, 어려운 행위라고 생각합니다.

권력이 차이를 만든다

제가 지금 소통을 둘러싼 사회적 권력관계, 그리고 소통의 어려움에 대해 이야기했습니다. 말이 안 통하는 이유는 서로의 위치, 즉 처지가 다르기 때문이죠. 그런데 그 다름이 실은 위계잖아요? 누가 소수자입니까? 누가 누구를 소수자라고 부를 수 있을까요? 보통 소수자라고 하면 장애인이나 동성애자, 나이 든 사람, 지방에 사는 사람, 여성 등 사회적 약자를 떠올립니다. 요즘 이런 말을 많이 하죠. "우리 모두가 소수자!" 하지만 누구나 소수자라고 하면, 진짜 소수자가 기분 나빠할 수도 있죠. (청중 웃음) 제가 보기에 이 말은 맞기도 하지만, 아주 중요한 말이 빠졌어요. '어떤 조건에서'가 빠진 거죠. 저는 '어떤 조건에서 우리 모두는 소수자'라고 생각해요. 즉 논쟁의 주제가 되어야 할 것은 소수자 자체가 아니라 어떤 사람들이 소수자가 되는 사회적 조건, 그 조건을 구성하는 권력입니다. 그러한 권력에 대해 문제를 제기하고, 타인을 소수자라고 부르는 사람들에게 질문해야 합니다. "나를 소수자로 규정하는 당신은 누구인가? 누가 당신에게 그런 권력을 부여했는가? 당신에게는 결핍이나 타자성이 없는가? 당신은 결핍을 결핍한, 현실 초월자인가?" 이렇게 말입니다.

예를 들어 저는 서울에서 태어나 자랐고, 학력으로 보면 '소수자'라고 할 수 없죠. 그러나 저를 '소수자'로 만드는 사회적 가치들도 많아요. 저는 '나이 든 여성'입니다. 게다가 몸이 약합니다. 그러나 나이나 성별, 건강 상태가 아닌 다른 기준으로 보면 '중심'일 수도 있겠죠. 여성이라는 이유만으로 소수자가 되는 것도 아닙니다. 장애 여성, 레즈비언, 아주 가난한 여성에 비하면 저는 소수자가 아닙니다. 물론 저는 여성이지요. 하지만 '여성'은 실제가 아니라 일종의 재현입니다. '여성'은 '남성'이라는 상대방이 있을 때 여성이 되는 거지, 본질적으로 여성이라는 범주가 있는 것은 아닙니다. 성별로 인한 노동이나 고통, 성차별도 모든 여성이 똑같이 겪는 것은 아닙니다. 아마 저는 다른 여성들에 비해 남성들과 함께 일하거나 같은 공간에 있는 시간이 훨씬 적을 거예요. 가부장제 사회에서 아예 왕따 당한 여성들은 가부장제 트랙 밖에 있어서 더 편한 측면도 있습니다.

이처럼 '소수자'는 지극히 유동적인 정의입니다. 요즘은 외모가 곧 권력이죠. 1960~1970년대에는 외모 지상주의가 요즘처럼 심하진 않았는데, 이제는 완전히 하나의 계급이 되었어요. 외모 지상주의는 사회적 필요에 의해 소수와 다수의 가치가 만들어지는 대표적인 방식입니다. 지금은 반공이데올로기도 외모 지상주의와 싸우면 상대가 안 되는 시대거든요. 간첩도, 강도도 '얼짱'이면 다 용서가 되잖아요. 반공이데올로기도 북한에서 '미녀 응원단'이 한번 오니까 흔적 없이 사라지더군요. (청중 웃음) 어떤 분은 이런 현상이 바람직하다고 하더군요. 저는 어이가 없어서 그분에게 "그럼 '못생긴' 북한 사람이 오면 다시 반공이데올로기가 강화되는 거냐?"고 물었습니다.

세상 사람을 알코올중독이나 인격 장애 여부로 구분한다면, 미국의 전직 대통령 부시는 소수자입니다. 또 동성애자만 '성적 소수자'가 아니죠. 키 작고 대머리에 배 나온 중년 남성도 '성적 소수자' 아닐까요? (청중 웃음) 제가 이렇게 이야기하면 어떤 분은 이렇게 말합니다. "여자들이 많은 데서 나 혼자 남자니까 나도 소수자다." 그건 아니죠. 아시아인들 사이에 백인 한 사람만 있어도 영어로 이야기하고, 여성이 열 명이고 남성이 한 명이라도 우리는 남성의 시각에서 구성된 언어로 이야기하는 경우가 많습니다. 숫자가 적다고 해서 소수자는 아니죠.

이처럼 '소수자'는 소수와 다수에 대한 이야기가 아니라 권력이 정한 임의적인 범주, 경계, 규범에 관한 담론입니다. 선을 누가, 어떻게, 어디서, 어떤 의도로 긋느냐에 따라 소수자일 수도 있고 아닐 수도 있어요. 특정한 역사적, 사회적 조건에서 누구나 소수자가 될 수 있습니다. 중요한 것은 앞서 말씀드린 것처럼 그 조건을 만드는 권력이고, 그 권력의 효과죠. 소수자를 생산하는 방식이 있습니다. 이건 아주 중요한 말인데, 차이가 차별을 낳는 것이 아니라 권력이 차이를 생산하는 거죠. 그래서 우리는 소수자를 만들어내는 권력에 저항하는 거죠. 그 권력이 '나는 보편, 너는 특수'라는 방식으로 소수자를 정하기 때문입니다.

가령 이런 논리를 펴는 사람들이 있어요. "너는 빨갱이야. 그건 그냥 내가 정한 거야. 난 빨갱이가 무엇인지도 모르고, 네가 실제로 빨갱이인지 아닌지도 관심 없어. 하지만 네가 빨갱이인지 아닌지는 내가 정해." 사실 우리도 이런 식의 발언과 행동을 자주 합니다. 타인의 정체성을 내가 정하는 겁니다. 흑인은 이런 사람들이다, 가난한 사람들의 속성은 이렇다, 여자는 이런 일을 해야 한다, 장애인은 이런 일을 해야 한다……. 우리는 대개 '나는 누구인가? 진정한 나는 어디에 있는가?'라는 식으로 질문하면서, 마치 내가 타인보다 선재先在하는 것처럼 생각하지만, 존재하는 것은 사실 그 반대죠. 타인이 누구인가를 먼저 정하고 그 과정을 통해 자기를 형성해요. 오리엔탈리즘이 대표적인 예가 되겠죠.

국가는 어디인가? 국가는 누구인가?

국가나 회사에 대해 명예훼손 운운하는 사례는 수도 없이 많습니다. "시위를 하면 국가신인도가 낮아져서 수출이 안 된다"라는 이야기가 자주 나오잖아요. 이건 무슨 진실처럼 되어버려서, 대항 논리를 상상하기 어려울 정도입니다. 외국에서 CNN을 본 경험이 있는 분들은 아시겠지만, 국제사회에서 남북한이 미디어에 재현되는 고정된 방식이 있지요. 깃발과 불기둥이 난무하는 남한의 시위 장면, 굶주린 아이들과 광장에서 무기를 앞세우고 행진하는 북한 군인들의 모습을 보면 당황스러울 수밖에 없어요. 실은 저도 그런 걸 보면서 '아, 시위하면 안 되겠구나.'라는 생각을 한 적이 있습니다. (청중 웃음) 그러나 어차피 그건 우리의 실상이나 의지와 무관한 문제죠. 재현할 권력을 가진 자들의 시각이나 의도 때문이지, 우리가 시위를 안 한다고 해결될 문제는 아닙니다.

아시다시피 이 '명예훼손'이 꼭 국가에 대해서만 적용되는 것은 아니지요. 회사나 조직, 학교, 가족에도 해당됩니다. "네가 조직의 명예를 훼손했어", "네가 학교 이미지를 망쳤어", "네가 우리 집 망신거리야" 등. 또 어떤 조직에서 성폭력이나 조직 내 비리 같은 문제를 해결하기 위해 노력하는 사람에게 "치부를 드러내는 것은 해당害黨 행위다, 조직을 말아먹는다, 문제를 안에서 해결해야지 외부에 왜 알리느냐?" 이런 반응도 일반적이지요. 가정이나 지역사회에서 벌어지는 여성에 대한 폭력이나 국가권력이 여성에게 행사하는 폭력이 대표적이지요. 가해자나 비리를 저지른 사람이 조직을 망신시킨 게 아니라, 그것을 해결하려는 사람이 조직을 망신시켰다고 생각하잖아요?

사실 이 논리는 스스로 조직의 '본질'을 폭로하고 있는데, 조직은 모든 구성원을 위한 것이 아니라는 겁니다. 예컨대 이슬람 문화권에는 명예살인honor killing이라는 관습이 있어요. 딸이나 여동생이 간통이나 불륜을 저질렀을 때는 물론이고, 연애만 해도 집안의 명예를 더럽혔다는 이유로 오빠나 아버지가 여성을 죽이는 거죠. 이때 집안의 명예는 남성의 명예를 의미해요. 여성은 집안의 구성원으로서 '사람'이 아니라 집안의 명예, 순결, 도덕 등을 상징하는 표식, 즉 '사람이 아님'입니다. 여성에 대한 폭력에는 이와 비슷한 논리가 굉장히 많고, 또 자연스럽게 수용되고 있지요.

남성이 생각하는 특수한 성격의 명예를 전체의 명예로 보편화하는 것, 정상화, 일반화하는 것⋯⋯ 이것이 사실 모든 권력의 근본 성격이지요. 물론 이런 권력은 이 사례에서는 '남성'의 행위이지만, 계급이나 인종 등 다른 문제에서는 여성도 이런 권력자가 됩니다. 즉 모든 권력관계는 자신을 '전체의 대표자'나 사적 이익을 초월한 '보편자'라고 생각하는 사람이, 자기가 생각하는 이해를 전체의 이해로 만들고, 이에 대해 대중의 '동의'를 구하는 과정에서 성립할 수 있습니다.

다시 말해 국가나 가족, 회사 등 모든 조직에서 단일한 이해, 단일한 명예란 존재할 수 없습니다. 연인끼리도 늘 싸우잖아요? 국가의 명예는 사회적으로 국가를 대표한다고 여겨지는 어떤 가치나 인물, 예를 들면 '삼성'이나 '김연아', '박지성'과 자신을 동일시할 때, 정확히 말하면 동일시 욕망이나 동일시의 착각, 환상 속에서만 가능한 개념입니다. 특히 제가 집중하고자 하는 것은 '국가의 명예'라는 개념이 성립하기 위한 인식론적 전제를 살펴보는 것입니다. '국가의 명예'가 특정한 사회적 조건, 특정한 사고방식 속에서만 작동할 수 있다는 것을 알게 된다면, 우리는 이 언설을 보편적 진리로 절대시하지 않을 수 있습니다. 다른 방식으로 질문하거나 도전하거나 상대화할 수 있죠.

'국가의 명예'가 가능하기 위한 전제

'국가의 명예'가 있고, 이것을 '외국인'이든 '국민'이든 누군가가 훼손하거나 드높일 수 있다고 생각하려면 두 가지 전제가 필요합니다. 하나는 국가를 단일한, 즉 내부가 균질적인 실체entity로 가정해야 하고, 또 하나는 그 실체가 살아 움직이는 유기체로서 인간으로 비유되어야 합니다. 사회성이라든가 명예는 인격체에게만 있는 것이니까요.

국가는 정말 실체로 존재할까요? 그 실체는 영토나 지역, 인구와 땅처럼 인식할 수 있는 물리적 대상일까요? 제 말은 진짜 물질적 실체냐 아니냐가 아니라, 상황에 따라 그 실체가 달라진다는 의미에서 실체가 아니라는 겁니다. 서울 여의도와 독도, 서울 강남과 경기도의 대추리, 매향리 중에서 어디가 국가일까요? 아니, 어디가 '진짜' 국가일까요? 하지만 이런 질문은 의미가 없습니다. 어떤 때는 독도가 국가를 대표하고, 어떤 때는 서울 광화문이 국가를 상징하기 때문입니다. 그것은 정치적 목적이나 상황에 따라 다른 것으로, 정답이 없죠. 군인들이 왜 그렇게 남북 대치 상황에 열을 냅니까? 휴전선을 기준으로 보면 평양은 약 200킬로미터 떨어져 있고, 서울은 50킬로미터 떨어져 있거든요. 그러니까 서울에 사는 우리가 더 위험하다는 게 국방 논리 중 하나인데, 여기서 국가는 뭔가요? '서울'과 '평양'이 곧 남한과 북한이라는 거죠.

국가가 정체政體, body politic로서 사람으로 대표된다면, 어떤 사람일까요? 남성? 고아? 여성? 장애인? 동성애자? 귀화인? 해외동포? 서울 사람? 중졸자? 청년? 아픈 사람? 스포츠 스타? 재벌 회장? 노인? 국제적인 밀수범……? 이 역시 국가의 명예를 주장하는 세력과 그들의 이해관계에 따라 다릅니다. 언설 주체의 인식이나 이해에 따라 극히 선택적이라는 것이죠. 가장 단적인 예로, 국제사회에서 강대국은 '남성'으로, 약소국은 '여성'으로 성별화되어 재현됩니다. 그러나 소국일지라도 부자 나라는 여성으로 재현되지 않습니다. 남한이 북한과 비교될 때는 '형兄'으로, 미국이나 일본과 비교될 때는 '유린당한 여성'으로 재현되죠. 아니, 이조차도 1970년대와 지금이 다릅니다. 지금 한미관계는 남녀로 비유되지 않습니다. 분명한 것은 이 모든 것이 유동적이고 상황적인, 즉 조건에 구속받는 논쟁거리로서 정치적인 문제이지 정해진 것은 없다는 말입니다.

국가의 개념을 '단일한 실체', '인간'으로 생각하지 않는다면, 즉 국가를 기존과 다른 방식으로 가정한다면, 이런 새로운 질문이 가능하겠죠. "국가신인도에서 그 신인의 내용은 누가 정한 거죠? 신인도를 판단하는 외국인을 투자자로만 보기 때문이 아닐까요?", "집회나 시위를 사회 불안이 아니라 민주화와 시민의식의 성숙으로 보는 외국인도 있지 않을까요?" 예를 들어 황우석 사건에 대해 국내에서도 어떤 사람들은 '국제적인 망신'으로, 어떤 사람은 그 반대로 생각하잖아요? 독일이나 일본의 전쟁 범죄 반성 문제도 사람마다 의견이 다르잖아요? 일본의 사과를 '자학自虐'이라고 울부짖는 일본인도 있고, 사과해야 한다는 일본인들 중에도 '진정한 대국의 역할', '평화', '양심' 등 이유가 다 다릅니다.

그렇다면 다음 중 어떤 질문이 좀 더 '상식적'이라고 생각하세요? "국가의 명예를 위해 우리가 할 일은 무엇인가?", "지금 어떤 놈이 대한민국의 명예를 먹칠하고 있나?" 이런 식의 질문일까요? 아니면 "국가는 과연 모든 국가 구성원, 모든 영토를 언제나 동일한 방식으로 포함하고 있을까, 그게 과연 가능할까?", "국가의 명예란 특정 시기, 어떤 권력 집단의 이해를 국가의 이름으로 포장한 것은 아닐까?"

국가는 어떤 방식으로 실체가 되는가

사실 여태까지 페미니스트와 마르크시스트의 국가 연구는, 간단히 말해 국가는 누구를 위한 지배 도구인가를 주로 문제 삼았습니다. 국가가 어떤 계급을 위해 봉사하느냐, 자본가나 남성을 위해서인가를 따졌죠. 이것은 국가가 온 국민을 위한 공동체가 아니라는 국가의 본질을 인식케 하는 데에는 기여했습니다. 그러나 이런 방식의 접근은 이미 국가를 고정적인 실체로 전제한 인식이지요.

국가가 인구, 영토, 주권을 가진 실체라는 인식은 아시다시피 17세기 중반 유럽에서 베스트팔렌조약 이후 근대 국민국가의 국가관, 즉 국가는 이래야 한다는 일종의 정언에서 시작된 정의입니다. 다시 말해

이 개념은 특정 시대 특정 지역에서 만들어진 역사적 개념이지 영구불변의 진리가 아닙니다. 그리고 실제로 사람들이 생각하는 이상적인 국가는 지구상에 존재하지 않습니다. 실체주의적 국가관은 국가를 개별체라는 단위로 인식하게 하여 근대 세계의 기본 단위가 되었고, '국제'라는 가상의 세계를 만들어냈습니다. 여기서 국익이나 전쟁, 안보 논리가 가능하게 되었지요.

전통적인 국제정치학에서 국가는 정치의 단일하고도 unit 유일한 행위자로 간주됩니다. '실체'라는 것은 국가 내부가 완전히 동일하고 균질적이어서 단일한 행위자로 가능하다는, 일종의 독립적이고 자율적인 개별체라는 의미입니다. 물론 이것은 현실이 아니지요. 일단 국가 내부가 동일하거나 균질적이지 않을뿐더러 언제나 국가 간의 차이보다 국가 '내부'의 차이가 커요. 그리고 무엇보다 국가가 개별적 행위자일 수 없죠. 국가는 일종의 사회관계이고 제도이지 개인처럼 행동하는 생물체가 아니라는 겁니다.

저는 '상상의 공동체'라는 표현보다 '상상의 실체'라는 말을 주로 쓰는데, 그렇게 말하면 한국 사람들은 '상상'이라는 말에 너무 흥분해서 "상상이 아니라 5,000년 역사의 실제"라고 반박하시는 분들이 많아요. 하지만 여기서 '상상'과 '실제'는 대립되는 말이 아니지요. 현실은 상상, 즉 인식을 통해서 만들어집니다. 다시 말하지만 제가 문제화하려는 것은 획일화된 국가 개념, 그리하여 지배 이데올로기로 기능하는 국가의 개념입니다. 그리고 더 중요한 정치적 과제는 국가가 어떤 방식으로 지금의 개념, 실체를 가지게 되었는가에 대한 질문이죠. 우리는 어떠한 인식 과정을 통해 지금의 국가 개념을 가지게 되었는가? 우리가 당연하게 여기는 유기체로서의 국가 개념은 누구에게 유리한 국가관인가?

 전체와 현실은 누구도 다 볼 수 없고 알 수 없습니다. 전체라는 것 자체가 일종의 관념이죠. 우리는 누군가에 의해 재현된 것만 알 수 있어요. 이렇게 앎이라는 것은 언어에 갇혀 있습니다. 재현된 것, 언어화된 것. 누가 이름을 붙이면 그 과정을 통해서만 상상하고 인식하고 지식을 교환할 수 있습니다. 저는 이걸 '렌즈'라고 표현합니다. 다들 색안경을 쓰고, 누군가의 렌즈로 보는 거예요. 다시 말해 객관성, 중립성, 과학은 실재하지 않아요. 주어진 렌즈로 볼 뿐인데, 우리가 쓰고 있는 렌즈는 대부분 서구 백인 남성, 이성애자, 중산층이 만든 거죠. 그런데 그 렌즈를 너무 오래 쓰다 보니까 마치 내 렌즈 같은 겁니다. 그래서 자신을 서구 백인 중산층 남성의 입장과 동일시해요. 그래서 제가 여성의 눈으로 두 시간만 보자고 하면 사람들은 대개 불편해해요. 갑자기 다른 렌즈를 쓰니 이물감을 느끼는 거죠.

 우리는 모두 어떤 렌즈를 통해서만 세상을 볼 수 있는데, 상투적인 렌즈를 잠시 내려놓고 한 번쯤은 다른 렌즈를 써보자는 겁니다. 기존의 렌즈를 다 벗어던지자는 건 아니고, 가끔씩은 렌즈를 바꿔보자는 거예요. 그게 바로 상상력과 창의력 아니겠어요? 민주주의 아니겠어요? "잎새에 이는 바람에도 괴로워하는" 사람이 되자는 거죠. 다른 목소리, 다른 시각이 있다는 사실을 알고 수용하고, 기존의 '나'와 갈등하고…… 이러한 과정은 사회적·개인적 성숙, 아니 생존을 위해서도 매우 중요한 문제라고 생각합니다.

 문제는 국가가 있다/없다가 아니라 '있게 만드는' 조건이죠. 우리가 무엇이 존재한다는 것을 어떻게 압니까? 인간의 경험에는 한계가 있기 때문에 실제 경험보다는 인식을 통해 무엇이 있다고 믿는 거죠. 그래서 보이지 않지만 존재하는 게 있고, 존재하더라도 인식하지 않으면 부재한 것입니다. 국가가 육안으로 보입니까? 현실이 육안으로 다 보입니까? 여기 지금 이 강의실에서 저는 뒷자리에 앉아 계신 분도 잘 안 보입니다. 우리가 지금 나름 아늑한 공간에 있지만, 맨 앞줄에 계신 분들은 그나마 저밖에 안 보이실 겁니다.

국가나 전체는 육안으로는 보이지 않아요. 그래서 사람들이 발명해낸 게 지도죠. 지도만 보면 마치 모든 것이 다 보이고 통제할 수 있을 것 같죠. 실제로 축도縮圖하면 제주도나 독도는 한반도와 한 그림 안에 안 들어옵니다. 그러니까 제주도는 언제나 지도 한쪽에 공간을 만들어 놓고 한눈에 보이도록 표시되죠. 일본의 경우, 홋카이도에서 오키나와까지의 거리가 엄청납니다. 홋카이도는 매일 눈이 와도 일본 본토와 상당히 떨어져 있는 오키나와는 실상 남방 지역에 가깝습니다. 일본의 침략이 있기 전까지 오키나와는 '류큐'라는 독립된 왕국이었고요. 그러나 한 화면에 일본 전체를 잡기 위해서 축도와 같은 방식으로 수리적·객관적 현실을 무시하고, 화면 한쪽에 공간을 만들어서 오키나와를 끌어넣습니다. 어떤 존재를 포획하기 위해 현실을 조작하는 거죠.

의인화된 국가—국가주의와 개인주의는 같은 논리다

국가가 하나의 살아 있는 생명체라는 국가관은 알고 보면 더욱 무섭습니다. 그래서 '국가'와 '개인', 국가주의와 개인주의는 같은 논리가 되는 거죠. 같은 원리지만 위계가 있어서 국가는 개인보다 더 크고 중요한 몸이고, 개인은 작은 몸 또는 큰 몸을 이루는 하부 단위라는 이야기죠. 국가'주의'는 국가의 생존을 가장 중요한 가치로 삼는 것인데, 이런 개념에서 국가는 우리(국민)의 생명을 보호하는 것이 아니라, 오히려 국민이 보호해야 하는 대상입니다. 개인이 희생해야 한다는 논리가 나오는 거죠. 이때 국가는 그 자체로 특별한 가치를 가진, 숭배할 만한, 개인을 희생할 만한, 나를 대신하는 위대한 인격이죠. 일종의 '신'일 수도 있고, 추상적인 사랑의 대상일 수도 있는, 보이지 않는 정신 같은 것입니다. 이처럼 국가 자체가 하나의 관념적인 개인으로 재현되는 것입니다.

이러한 논리에서는 누구나 자연스럽게 인간human이라는 개인the individual보다 국가state라는 개인the individual이 훨씬 중요하다고 생각하게 됩니다. 대표적으로 "(사랑하는) 임"이라는 식으로요. 때문에 '국가주의에 반대하는 개인주의'나 국가주의의 대안으로 자유주의를 내세우는 것은 별로 영양가가 없어요. 국가를 관계나 제도가 아니라 개별체로 인식하는 한, "개인의 자유도 중요하지만 국가보다 중요할 수는 없다"는 논리가 압도적인 설득력을 갖게 되지요.

이처럼 국가나 사회조직이 정체, 인간의 몸으로 재현되고 인식되어 온 것은 굉장한 정치적 문제입니다. 사회조직이나 국가가 몸으로 재현되면 전체가 '한 덩어리'가 되지요. 우리 모두가 '하나'라는 말이거든요. 실제로는 전혀 그렇지 않은데 말이에요. 이렇게 전체를 하나의 생명체로 보게 되면 두 가지 폭력이 발생하게 됩니다. 이것은 같은 현상의 다른 모습인데, 하나는 동일성의 폭력이고 또 하나는 위계화의 폭력입니다.

국민 중 노동자와 자본가는 같지 않은데 하나가 되는 것, 이런 동일성의 모순은 위계화로 해결됩니다. '우리는 하나'라는 구호는 분배를 통해 같아지는 것이 아니라 '너와 내가 같기 위해서 너를 포기하라'는 강자 중심의 같음 또는 그냥 우리는 같아야 한다는 사회적 무의식일 뿐입니다. 말로는 같다고 하지만 실제는 불평등하잖아요? 지배 원리가 이 모순을 해결하는 방법은 기능론이나 역할론, 분업론, 다시 말해 위계화죠. "우린 같지만 전체를 위해서는 각자 할 일이 따로 있다"는 논리죠. 아시다시피 사회과학에서 이 기능주의의 맹위는 정말 엄청났죠. "전체(사회, 국가)는 하나의 몸이지만, 신체 각 부위는 각자 역할이 있고, 그 역할의 중요성은 다르다"는 거죠.

우리가 일상적으로 사용하는 말들 중에서 '조직의 수장'이니 '보스의 왼팔', '조직의 깃털 말고 몸통을 찾아라', '머리가 나쁘면 손발이 고생' 같은 말들은 머리는 생각을, 손발은 노동을 상징합니다. 또 이런 말도 있죠. "머리는 진보인데 몸은 보수." 그럼 머리는 몸이 아닌가요? 이런 표현에는 머리가 곧 이성, 정신이라는 뜻이에요. 인간의 두뇌는 물질이 아니라 관념이라는 거죠. 물질이지 뭐가 아니에요? 머리 다치면 병원 안 가나요? (청중 웃음)

인체의 각 부분은 기능이 다를 뿐이지 그것이 위계로 연결될 필요는 없습니다. 차별적인 생각이죠. 〈시티 오브 갓〉이라는 브라질 영화가 있어요. 제가 굉장히 좋아하는 영화인데, 다섯 살짜리 아이들이 갱단으로 나와요. 한 아이가 또래에게 총을 겨눠요. 그런데 선택권을 줍니다. "손을 쏠까, 발을 쏠까?" 저 같으면 모든 일을 앉아서 손으로 하니까 당연히 발을 쏘라고 했을 거예요. 그런데 영화 속 빈민가의 아이들은 다들 손을 쏘라고 합니다. 이 아이들은 거리의 인생입니다. 만날 뛰어다니며 도망쳐야 하기 때문에 발이 중요한 거죠. 즉 제 손과 그 아이들의 발 사이의 다름 또는 위계는 사회적 맥락과 당사자의 상황에 따라 다른 것이지, 본질적인 것이 아니죠.

국가를 개인의 몸에 비유하면 국가의 결정은 마치 한 사람이 의식적으로 내린 결정인 것처럼 받아들여지게 됩니다. 이때 문제는 성별이나 계급(노동 조건), 나이, 장애, 인종, 성 정체성 등에 따라 인간의 몸은 제각기 다른데, 누구의 몸이 표준이고 정상(따라서 정상적인 국가)이고, 누구의 몸이 비정상이냐 하는 거죠. 동시에 이런 사고에서 지배 체제 비판은 곧바로 국가(인체) 파괴를 의미하게 됩니다. 시위하면 안 되는 거죠.

토머스 홉스의 《리바이어던》 13장을 보세요. "주권자에게 반론을 제기하는 사람은 회충처럼 신체를 괴롭히는 자", "피정복민은 종기", "폭동은 폐병", "국가를 개혁하려고 불복종하는 사람들은 국가를 파괴하는 것, 이것은 마치 노쇠한 아버지의 회춘을 갈망하여 아버지의 몸을 절단하여 이상한 약초와 함께 끓였으나, 아버지를 젊은 사람으로 만들어내지 못한 펠레우스의 어리석은 딸들과 같은 것이다."라고 표현해요. 우리의 통치 집단이 바로 이런 사고방식을 갖고 있죠. 국가가 몸이기 때문에 비판이나 민주주의 요구는 국가에 상해를 입히는 일인 거예요. 개혁을 하는 건 몸을 찢어 죽여서 아버지를 죽이는 일이고……. 모든 비유를 그런 식으로 합니다. 식민지는 강간 또는 몸이 훼손된 상태, 주권이 없는 것은 영혼이 없는 상태……. 이미 여성과 장애인의 몸을 비정상화하고 있어요. 국가를 개별적 생명체로 보니까 '정상적인' 사람만 국가를 대표하게 되고, 거기서 시민권의 위계가 발생하죠. 대개 비장애인 남성이 국가를 대표해야 정상이고, 미국은 우주를 상대로 지구를 대표하죠. 북한이나 방글라데시가 지구를 구하는 영화는 없잖아요? (청중 웃음)

정치는 국가가 아니라 '국가의 이름'으로 이루어진다

개인이나 특정 집단이 자신의 논리에 권위를 부여할 때 가장 많이 사용하는 말하기 방식은 자기 논리를 객관화, 보편화, 중립화하여 진리로 만드는 것이죠. 이건 (내 사적인 의견이 아니라) "신의 뜻이다", "조상의 뜻이다", "국민이 원한다", "과학으로 증명되었다", "길 가는 사람 붙잡고 물어봐라", "여론 조사가 그렇게 나왔다", "마르크스가 말했다", "푸코가 말했다", "선진국에서는 벌써 시행하고 있다" 등. 특히 크든 작든 조금이라도 권력을 가진 사람은 자신의 주장을 특수하거나 부분적인 의견이라고 생각하지 않죠. 권력이 없는 사람도 자기 의견이 보편적이라고 생각하지 '지배 이데올로기의 내면화'라고 생각하기는 쉽지 않죠.

제 요지는 '국가'는 '국가의 이름으로'만 존재하고 자신을 실현한다는 겁니다. 이때 전체와 부분의 논리가 성립되지요. 우리 현대사는 이 논리로 점철되어왔어요. 민주주의가 어려운 이유는 권력자들이 국가의 이름으로 대다수 약자를 억압하기 때문이고, 약자들은 연대하기보다는 권력자들과 동일시하면서 자신을 보편자라고 생각함으로써 이 메커니즘이 계속되기 때문입니다. 대추리 투쟁을 생각해봅시다. 국방부의 논리는 국가안보이고, 대추리 주민의 논리는 생존권 또는 평화입니다. 사실 평화는 복잡한 설명이 필요한 어려운 말이죠. 국가안보라는 '대의' 앞에 개인의 생존권은 아주 사소한 가치로 보이죠. 이 상황에서 어떤 개인(예를 들어 월급을 받는 국방부 관리)의 일은 '국가의 일'이 되고, 어떤 개인(예를 들어 대추리 농민)이 하는 일은 '집안일'이나 '사리사욕'이 되어버리는 거죠. 이 얼마나 무서운 논리입니까? 이건 노동자 파업 투쟁에서도 흔한 논리인데, "겨우 자기들(노동자들) 임금 몇 푼 때문에 시민의 발을 묶고, 국가 경제를 병들게 하고……." 이런 논리에 저항하기가 얼마나 어렵습니까? 그러니까 피해자, 저항하는 사람들이 오히려 이기주의자가 되고, 그들을 탄압하는 사람들, 심지어 학살자들도 대의를 위해 일한다고 말할 수 있는 거죠.

'전체의 이익', '국익' 개념은 두 가지 논리적 모순이 있습니다. 하나는, 국가는 행위자가 아니라 가치에 가까운 관념이기 때문에 국가 자체는 스스로 아무 일도 할 수 없습니다. 권력자들이 '국가의 이름'으로 자기 행위를 하는 것이지요. 또 하나는, 실제 국가, 국민 전체의 이익은 애초부터 존재하지 않는 개념입니다. 구성원들의 이해관계가 각각 다를 뿐만 아니라 힘이나 이익은 산술적으로 계량할 수 있는 가치가 아니기 때문입니다.

한국 민주주의를
묻고
답하다

청중 1 계속 민주주의에 대해서 말씀하셨는데, 대한민국이 민주주의 국가가 될 수 있다고 보십니까?

정희진 아, 이럴 때 멋진 대답을 할 수 있다면 얼마나 좋을까요. 대한민국이 민주주의 사회가 될 수 있다고 보느냐, 없다고 보느냐……. 얼마 전에 본 영화 〈파주〉의 감독이 라디오 프로그램에 나왔는데, 진행자가 "사랑이 뭐라고 생각하세요?" 하고 물었어요. 방금 선생님이 하신 질문처럼 어려운 질문이죠. 그런데 대답이 아주 멋진 거예요. 그 감독이 "저도 잘 모르겠는데, 다만 사람들이 사랑을 하면 약해질까 강해질까 하는 의문은 항상 갖고 있어요."라고 하더군요. 멋지지 않나요? 우리가 조직이나 이데올로기, 사상, 사람 등을 사랑하면서 어떤 땐 약해지고 어떤 땐 강해지는데, 어떤 땐 터무니없이 약해져서 삶을 망치죠. 진정한 사랑은 조건적인데도 말입니다.

어쨌든 선생님의 질문을 제 수준에서 답하자면, 저는 오히려 질문을 드리고 싶어요. "왜 한국 사회는 '평화로운 사회'보다 '민주주의 국가'에 더 관심이 많을까요?" 저는 김대중, 노무현 두 분이 '진정한 보수, 이데올로기적 보수'의 지위를 놓고 기득권에 집착하는 후안무치 세력과 힘겨운 싸움을 벌였다고 생각합니다. 그래서 그분들이 좌우 양쪽에서 욕을 먹은 거죠. 그런데 제 입장에서 흥미로운 것은, 진보든 보수든 한국 사회의 정치세력들은 방법이 달라서 그렇지, 양자 공히 '강한 나라'를 열망한다는 겁니다. 사실 '강자존强者存, 약자멸弱者滅'은 동물 세계에서나 인간 사회에서나 삶의 유일한 법칙은 아니거든요. 우리 모두가 두려움에 사로잡혀 그렇게 믿고 있을 뿐이죠.

강자에 대한 동일시와 욕망, 약자 또는 약하다고 인식되는 가치에 대한 경멸과 혐오. 저는 우리 사회를 지배하는 이 집단 심리에 관심이 많습니다. 그 작은 현상 중 하나가 부자는 철저히 계급 투표, '유물론 투표'를 하는데, 가난한 사람은 '욕망 투표'를 한다는 겁니다. 사회적 약자가 자기 이익을 대변하는 사람이 아니라 동일시하고 싶은 사람에게 투표하면, 양극화는 약자의 동의 아래 철저히 합리화되겠죠. 저는 이걸 전반적으로 탈식민 문제라고 생각하는데, 자신을 누구의 시각으로 볼 것인지가 문제라는 거예요. 자신을 억압하는 자의 시선으로 볼 때 민주주의는커녕 개인의 행복도 불가능하죠.

청중 2 '국가의 명예'를 경합과 투쟁의 영역이라고 하셨는데, 전체(국가)의 이름으로 선을 긋고 구획을 나눠 소수자를 만들어내는 구조를 깨는 게 민주주의가 아닐까 생각합니다. 하지만 현실에서의 국가(혹은 전체)는 너무 견고해 보이고, 국가의 명예를 둘러싼 경합이 현재 소수자가 전체의 이름을 얻어 자기를 다수로 바꾸려는 투쟁이 아닌가 하는 의구심이 드는데, 선생님의 생각이 궁금합니다.

정희진 이렇게 통찰력 있는 질문에 제가 간단히 말씀드려도 좋을지 모르겠습니다. 지금 '의구심이 든다'고 말씀하셨는데, 저는 '효과가 적다' 또는 '불가능하다'고 말씀드리고 싶어요. "나를 전체에 포함시켜라"라는 전략보다는 "그래, 나는 소수다. 그러는 너는 다수냐?" 여기서부터 논쟁과 투쟁이 시작되어야 한다고 생각합니다. 물론 어렵습니다. 우리는 대부분 자신이 보편이고 다수라는 생각에 위안을 받고 살기 때문이죠.

한국 사회는 사회적 약자의 저항을 민주주의의 노력이 아니라 '이익집단'의 투쟁이라고 비난하는 경향이 강하죠. 당사자들은 그러한 인식을 바꾸기 위해 '우리도 다수다, 우리의 주장도 대의를 위해서다.'라고 세상을 설득하죠. 그런데 설득이 쉽지 않습니다. 세상을 바꾸기 위해서는 상대방을 설득하기보다 상대방의 위치를 흔들어야 합니다. 가끔은 흔들린 사람들이 나오고, 그들과 대화가 이어지는 것이 민주주의라고 생각합니다. 저는 흔들리는 사람을 좋아해요.

청중 3 '전체'라는 허상을 말씀해주셨는데, 촛불시위에 참여한 대중을 어떻게 봐야 할지에 대한 해석에도 적용할 수 있지 않은가 싶습니다. 단적으로 소고기 수입 문제에 크게 불붙었던 대중이 용산참사에는 침묵했잖아요. 이 문제에 대해 좀 더 자세히 설명해주실 수 있을까요?

정희진 이 문제는 김은실 선생님 등 다른 논자들이 이미 제기하셨는데, 촛불시위에 나온 시민들은 자신을 국가의 '국민'이라기보다는 글로벌 시장의 '소비자'로 생각했다고 봅니다. 이것이 10대 여성들, 젊은 주부들이 촛불시위를 주도한 이유이기도 하죠. 또한 촛불시위 참가자 중 많은 사람들이 이명박 정부에 투표했다는 사실도 해명되는 거죠. 이게 미스터리라고 생각했던 분들이 많잖아요? (청중 웃음) 자, 시장에 소고기가 나왔습니다. 그러면 최소한 양심 있는 도매상(이명박 정부)이라면 문제 있는 상품을 사와서는 안 되고, 상품 상태를 속이는 것은 더욱 말이 안 되죠. 이건 기본적인 경제적·자본주적 사고가 없는 겁니다. 소비자들은 제발 정부가 도매상 역할을 제대로 하라고 호소한 것인데, 정부와 진보 진영은 이를 반정부 시위로만 생각한 겁니다.

또 하나 제가 말씀드리고 싶은 것은 국가 주권의 재개념화입니다. 주권은 이미 분화되어 있고, 특정한 주권만으로 국가가 구성되지는 않습니다. 주권성을 대표할 만한 하나의 주권 개념은 존재하지 않아요. 후기국민국가적 상황이죠. 시위 참가자들은 '검역 주권'을 주장한 셈인데, 저는 이를 '군사 주권', '문화 주권', '경제 주권'과 다른 차원의 권리라고 생각합니다. 그리고 저는 군사 주권에 대해서는 문제적이라고 생각하지만, 검역 주권에 대해서는 전 세계 모든 지역 local에서 반드시 주장되어야 한다고 생각합니다.

제4강

자연의 시대 21세기,
우리는 토건 10년 중

우석훈

이른바 명문대를 착하게 다니던 한 '88만 원 세대'원이 자신의 방식으로 '짱돌'을 들었다. "오늘 나는 대학을 그만둔다. 아니, 거부한다." 죽기 살기로 '대학'에 가야 하고 지금 당장 무엇을 하고 싶든지 간에 일단 '대학은 졸업해야지' 하는 우리나라에서 대학 거부 선언을 했다. 본인의 의사와 상관없이 2.1 연구소 소장 우석훈의 20대 실천지침 본보기가 드디어 탄생한 것 같다. 물론 그는 높은 대학등록금에 허덕거리며 과도한 경쟁에 내몰려 사랑할 여유조차 없는 20대들이 겪고 있는 문제들을 당사자들에게만 떠넘기지 않는다. '돈'의 축적을 성공과 성장으로 탈바꿈시킨 한국식 자본주의, 특히 4대강 사업으로 등장한 토건 요괴를 물리치기 위해서 생태경제학을 들고 퇴마사로 나섰다. 생태계라는 범주에서 경제를 보며 대한민국 경제의 새판 짜기에 불씨를 놓은 그는, 어느새 이 시대의 새로운 선동가이자 전략가, 실천가로 우리 옆에 자리잡은 듯하다. 그와 함께라면 다시 사회과학 르네상스를 맞을 수 있지 않을까 기대하게 하는 그는 오늘도 "우리는 지는 법이 없습니다!"라고 사인하며 함께 가는 길을 응원하고 있다.

지은 책으로는 《88만원 세대》《혁명은 이렇게 조용히》《괴물의 탄생》《생태요괴전》《직선들의 대한민국》 등이 있다.

* 이 원고는 강의 이후 저자가 새롭게 쓴 것임을 밝힙니다.

21세기, 강남의 아파트가 한국을 지배하다

저는 가끔 1999년 12월 31일로 시간을 돌려봅니다. 우리가 '밀레니엄'이라고 불렀던 시간은 그날이 허망하게 지나가면서 우리에게 왔어요. 성공회대학교에서 제가 4년 동안이나 학생들을 가르쳤던 건물의 이름이 '새천년기념관'인데, 이와 비슷한 이름의 건물이 있는 대학이 많죠. 한때는 집권 여당이었던 민주당의 정식 이름도 '새천년민주당'이었고요.

여러분은 새로운 밀레니엄이 우리에게 오던 바로 그날, 무엇을 했는지 기억나세요? 지금 대학생인 분들은 10년 전 그날 초등학생이었을 것이고, 지금 고등학생이라면 유치원생이거나 막 초등학교에 들어간 나이였겠죠. 저는 그때 삶의 무게를 이겨나가기가 너무 버거워서 인생에서 가장 깊은 방황을 하고 있었어요. 그날 저는 친구들과 홍대 앞에서 몸을 가눌 수 없을 정도로 술을 마셨어요. 저에게 21세기는 혼자 살던 휑한 다세대 주택의 어느 방으로 돌아와 몽롱하게 TV를 보는 가운데 왔죠. 그렇게 해가 바뀌고 가장 먼저 한 일이 단테의 《신곡》을 읽는 일이었습니다. 제가 읽었던 가장 지루하고 느낌도 없는 책을 바로 그날 읽은 거죠.

그날 이후 10년이 지났습니다. 그사이에 몇 가지 중요한 변화가 생겼습니다. 그중 한국에서 일어난 가장 큰 변화 하나만 들라고 하면 무엇을 꼽을 수 있을까요? 여러분은 무엇이 가장 기억에 남으세요? 어떤 사람들은 민주당 정권에서 한나라당 정권으로 바뀐 걸 들기도 할 거고, 아주 드물게는 우리가 국민소득 2만 달러를 달성했다는 걸 들기도 하겠죠. 저는 딱 한 가지 사실이 특기할 만한 것으로 떠오릅니다.

10년 전, 저 같은 경제학자나 지리학 전공자들 또는 공간 문제에 관심이 있던 사람들은 다들 입을 모아서 10년 후에는 고급 단독주택지가 매우 비싸질 것이라고 이야기했습니다. 어느 나라나 국민소득이 높아지면 주거지를 급히 공급하기 위해서 지었던 아파트 형식의 공동주택에서 부자들이 나오기 시작하고, 그들이 아주 호화롭게 꾸민 단독주택으로 이사를 하게 되거든요. 미국 로스앤젤레스의 베벌리힐스나 프랑스 파리의 생제르맹데프레 같은 곳이 그런 곳이죠. 진보든 보수든 공간 문제에 대해서 조금이라도 아는 사람들은 다 그렇게 말했어요. 일산 신도시를 만들면서 아파트와 함께 단독주택지를 조성한 것도 그런 이유 때문이었습니다. 밀레니엄이 오기 전에 우리는 모두 한국의 부자들이 10년 안에 이런 삶의 양식을 선택할 거라고 생각했어요.

그러나 우리는 모두 틀렸습니다. 최근 판교 신도시의 경우 아파트 단지 사이에 단독주택지가 조성되어 있지 않아요. 한국의 부자들은 베벌리힐스의 부자들처럼 수영장이 딸린 고급주택으로 가는 대신 도곡동의 타워팰리스 같은 주상복합 아파트로 들어갔습니다. 물론 맨해튼에서처럼 부자들이 고층 아파트의 맨 위층을 통째로 쓰는 이른바 '펜트하우스'에 거주하는 경우는 종종 있지만, 한국처럼 부자들이 집단적으로 아파트에 살기를 선택하는 경우는 매우 드물어요. 한국에서 고급 단독주택의 시기가 오지 않은 것은 집값으로 재산을 불리려는 생각이 없는 '비집값 부자'가 절대적으로 부족했기 때문입니다. 보통은 가난한 사람들의 집단거주지로 보임직한 흉물스러운 고층아파트에 부자들이 집단으로 몰려간 것은 매우 한국적인 특수 상황입니다. 적어도 1998년과 1999년에 한국이 이러한 2010년을 맞게 될 것이라고 예상한 사람은 거의 없었습니다.

그 외에 지난 10년 동안 바뀐 것이 또 무엇일까요? 가장 눈에 띄는 것으로는 자동차 번호판의 변화를 들 수 있습니다. 한국은 그동안 지역번호를 표기하는 번호판에서 차량의 등록지가 어디인지 전혀 알 수 없는 번호판으로 바뀌었어요. OECD 국가 중 자동차 번호판에서 지역 코드를 감춘 유일한 국가가 되었죠. 프랑스의 경우 파리의 지역 코드는 '75'인데, '75'로 시작하는 번호판을 단 차를 파리에 대해서 나쁜 감정을 가지고 있는 프랑스 북서부의 브르타뉴 지방 같은 곳에 끌고 갔다가, 그 지역 소년들이 던지는 돌멩이에 유리창이 깨지는 사고가 종종 벌어지기도 해요. 그렇다고 해서 프랑스가 자동차 번호판에서 지역 코드를 숨기지는 않아요. 가끔 사고가 나기는 해도 번호판을 바꿀 정도로 호들갑을 떨 일은 아니기 때문이죠. 그런데 우리는 번호판을 바꾸었어요. 서울의 지역 코드를 단 차를 지방에서 운행하다가는 무슨 일이 벌어질지 모를 정도로 험악한 시대가 되었기 때문일까요? 이유가 무엇인지 당국에서 말해주기 전에는 아무도 모릅니다. 혹시 지난 10년 동안 서울이 아닌 지역이나 수도권이 아닌 지역은 사실상 서울의 식민지가 된 것은 아닐까요?

이 두 가지 현상을 종합하면, 강남의 아파트가 한국의 경제는 물론 문화마저 실질적으로 지배하게 됐음을 알 수 있습니다. 이런 현상이야 말로 지난 10년 동안 한국에서 벌어진 가장 눈에 띄는 변화라고 할 수 있을 겁니다. 밀레니엄이 시작되는 첫날, 10년 후에 우리가 이 모양 이 꼴이 될 것이라고 예상한 사람은 거의 없을 것입니다. 새로운 세기를 맞아 우리는 20세기의 구질구질한 것들을 털고 뭔가 조금 나아진 모습이 되기를 희망했지, 이런 어처구니없는 모습이 생겨날 것이라고는 그 누구도 예상하지 못한 것 같아요.

부동산 정책으로 정권을 되찾은 한나라당

도시공학이나 부동산학과 같은 학과는 토목과 건설, 흔히 '토건'이라고 부르는 현상의 맨 앞에 서 있는 지휘자들입니다. 이 학과들은 전국적으로 다섯 손가락에 꼽을 정도의 사람을 제외하면 한나라당 지지자들입니다. 그렇다고 해서 그들을 도덕적으로 비난하거나 정치적으로 비판할 생각은 추호도 없습니다. 다만 한나라당이 그만큼 공간 문제에 대해서는 전문성을 가지고 있다는 거죠. 반대로 민주당에는 그 분야의 전문가가 별로 없다고 할 수 있고요. 왜 한국의 부자들이 다른 나라의 부자들과는 달리 마당이 딸린 고급 단독주택으로 가지 않고 주상복합 아파트로 몰려가게 되었는지를 이해하기 위해서는 이처럼 공간 문제에 대한 전문가가 한쪽에만 배치되어 있다는 사실을 먼저 이해해야 할 것입니다.

한국의 경우 아파트 넓이가 30평, 즉 100제곱미터가 넘어가면서부터 정치적으로 보수화되는 경향이 있습니다. 또한 가난할수록 한나라당 지지가 높은 성향이 있어요. 그 원인을 설명하기는 쉽지 않습니다. 영국이나 프랑스에서는 '3세대 노동자 three-generation worker'가 등장하면서 계급 투표가 생겨나는데, 한국은 아직 1세대 노동자가 대부분이고 3세대 노동자는 드물기 때문에 계급 투표가 형성되지 않았다는 해석이 있습니다. 또 다른 해석에서는 '레드 콤플렉스'라는 개념을 사용하는데, 정확해 보이기는 하지만 좀 구차한 면이 있습니다. 이를 도식화하면 한국에서는 아주 부자이거나 아주 가난한 사람들이 주로 한나라당을 선택하는 경향이 있다는 것이죠. 그리고 전라도 지역만 예외라는 가설을 하나 추가하면 대체적으로 유사합니다.

선거의 당락은 평균치의 함수에 달렸는데, 민주당에게 정권을 내주며 21세기를 맞은 한나라당의 공간 전문가들이 재개발 등으로 큰 아파트가 늘어난 지역일수록 보수 성향의 정치인이 당선될 가능성이 높아지는 경향에 주목해서 마련한 필승의 카드가 바로 '국민의 아파트 평수 늘려주기'였어요. 땅값 올리기나 아파트 공급론이 한나라당의 정치적 필승 전략이 된 셈이죠.

한나라당의 공간 전략은 '뉴타운'이라는 대표 상품으로 요약될 수 있습니다. 그 지역의 아파트 크기를 키워서 자신들의 세력도 키우는 전략이죠. 물론 1호 뉴타운이 시행된 은평구에서 문국현(당시 창조한국당 대표)이 이재오(한나라당 소속 은평구 3선의원)를 눌렀던 것은 매우 예외적이에요. 그뿐만 아니라 그 지역의 주민들이 이동하면서 다른 지역의 세력도 키울 수 있었습니다. 보통 지역 주민의 5~10퍼센트 정도만 새로 조성된 지구에 다시 입주하게 되고, 나머지는 원래 살던 곳에서 쫓겨나 더 변두리 지역으로 가게 됩니다. 서울에서만 50곳 이상이 동시에 크고 작은 재개발을 추진하기 때문에 전세나 월세가 갑자기 비싸졌고, 그래서 서울에 살던 사람들이 경기도 일대로 옮겨가게 되는 것이죠. 물론 이들은 매우 가난한 경우가 많기 때문에 경기도의 보수화도 같이 진행되는 겁니다.

이런 한나라당의 '공간 재배치 전략'은 2002년 이후 아주 적극적인 형태로 진행되었습니다. 그러자 민주당과 열린우리당은 자신들도 한

나라당만큼 지역개발사업을 할 수 있다는 것을 보여주기 위해서 '뉴타운 법'과 유사한 개발 법들을 만들었습니다. 한나라당의 공간 전략에 말린 셈이죠. 이렇게 해서 밀레니엄 이후 한나라당의 '공간 재배치 전략'이 완벽한 성공을 거두게 되고, 그 결과 보수주의 일색의 아주 강력한 토건 정부가 등장하게 되었죠.

현 이명박 정권의 실체가 토건이기 때문에 '녹색'이니 '환경'이니 '생태' 같은 용어를 사용한다고 하더라도 토건을 미화하는 것으로밖에 보이지 않습니다. 초기의 대운하 사업과 지금의 4대강 사업이 바로 현 정권의 기본 속성에서 나온 것이라고 할 수 있어요. 이미 격차가 벌어질 대로 벌어진 지방 역시 서울만큼 간절하게 토건을 원하고 있거든요. 아시안게임이나 동계 올림픽, 엑스포, 육상선수권대회에서 행정수도 이전까지, 이 모든 행사의 명분은 껍데기이고 내용은 다 토건입니다. 서울에서 이루어지는 토건이냐 지방에서 이루어지는 토건이냐 하는 차이만 있을 뿐이에요. 결국은 서울에 있는 중앙건설사와 '외지인'으로 불리는 서울의 투기꾼들이 대부분의 돈을 벌어간다는 점에서 기본 메커니즘은 같죠. 여기에 정부가 사실상의 지급보증을 해주는 민자 토건사업을 추가할 수 있을 겁니다. OECD 국가 중에서 이미 가장 높은 수치를 자랑하는 한국의 토건율(토건비용지출/GDP)은 이러한 방식을 통해서 더욱 강력하게 재생산되는 것입니다.

청소년 보수화 프로그램을 가동하다

밀레니엄이 시작되면서 한국에서는 두 가지 프로그램이 동시에 가동되었습니다. 하나는 아파트와 골프장을 축으로 하는 토건 경제의 강화, 또 하나는 청소년에 대한 통제의 강화라고 할 수 있죠. 한국이 저개발국가로서 그야말로 '절대 빈곤' 속에 있던 1960~1970년대에 청소년들은 가난했지만 대체적으로 자유로웠어요. 고등학교가 평준화되기 이전에는 경기고나 경복고를 가장 좋은 학교로 쳤는데, 이런 학교들도 오후 3시 이전에 수업이 끝났거든요.

그리고 1980년대 중후반에는 청소년들이 가장 많은 자유를 누렸습니다. 1980년에는 과외가 금지되었고, 1982년에는 두발자유화, 1983년에는 교복자율화가 시행되었거든요. 제가 딱 이 시기의 수혜자예요. 이 시기에 제 인생에서 가장 많은 소설을 읽었고, 시인이 되고 싶어서 처음으로 습작을 시작하기도 했죠. 지금은 아주 유명해진 소설가 김영하도 그렇고, 드라마 〈대장금〉과 〈선덕여왕〉의 작가 김영현도 이러한 분위기에서 중등교육기를 보낸 사람들입니다. '전인교육'을 내세운 전두환 정권 시절에 청소년에게 가장 많은 선택권과 자유권이 주어진 거예요.

재미있는 점은 자유를 만끽했던 이 시기의 고등학생들이 나중에 대학생이 되었을 때 압도적으로 운동권의 삶을 선택했다는 것입니다. 이 시기의 10대들이 20대가 되면서 대학생들의 군사교육 프로그램이었던 '문무대 입소'와 '전방 입소'가 차례로 없어졌어요. 결국에는 대학생 교련 과목도 사라지고, 군사정부가 사상을 통제하기 위해서 기본 과목으로 만들어놓은 국민윤리도 사라졌죠.

하지만 잠깐 열렸던 청소년의 해방 공간은 안정적 균형 상태에 도달하지 못하고 닫혀버렸습니다. 1990년대에 들어서면서 두발자유화와 교복자율화가 차례로 무너지고, 학원 교습이 부분적으로 허용되기 시작했어요. 1990년대 중후반은 권위와 탈권위, 자유와 통제, 창의성과 억압 등이 '세계화'라는 전 세계적 추세 속에서 부딪치고 있었죠. 두 가지 패러다임이 정면충돌하는 소용돌이 속에서 밀레니엄이 왔고, 딱 다섯 달이 지났을 때 헌법재판소는 교육권 침해라는 이유를 들어 과외 금지에 대해 위헌 판결을 내렸어요. 이 판결은 당시 사회 분위기와 상당히 맞물려 있었습니다. 대한민국 헌법에는 국민경제에 중대한 사유가 있는 경우 시장에 대해서 규제적 조치를 취할 수 있는 경제 민주화 조항도 있습니다. 간단하게 '그렇다', '아니다'로 선택하기에는 모호한 질문이었는데, 헌법재판소는 위헌이라고 판결했던 겁니다.

　그 이후 지난 10년 동안 한국 청소년의 모습은 지금 우리가 보는 바와 같아요. 한나라당 일부에서도 외고 폐지론이 나올 정도로 '수월성 교육'이라는 이름으로 엘리트 교육을 강화하려는 흐름이 생겼습니다. 그것이 국제중학교와 함께 초등학교 단계에까지 내려왔죠. 새로운 세기에 들어온 이후 10년은 1980년대부터 풀어지기 시작한 10대들의 상황을 다시 '감시와 처벌'이라는 전근대적 상황으로 되돌려놓았습니다. 이것은 정치적으로는 민주주의의 후퇴요, 사회적으로는 인권의 뒷걸음질이라고 말할 수 있어요. 학생들에게 가해진 '강제 노동' 상황은 8시간 노동제를 관철시키기 위해 조직된 19세기 노동자들의 '인터내셔널'이 필요할 정도입니다. "노동자여, 단결하라!" 대신에 "한국의 10대여, 단결하라!"고 바꿔서 외치면 되겠죠. 2008년 촛불시위에 참가했던 10대 중 일부는 '수면권'과 같은 생리적 권리를 외쳤거든요. 성인들에게도 4조 2교대 근무나 토요 휴무제 등이 확산되면서 '덜 일하는 노동'과 더불어 '스스로를 돌아볼 수 있는 근무 환경에 대한 권리'가 보편타당한 흐름으로 전환되고 있는 21세기에 한국 10대들의 삶은 역행하고 있었던 겁니다.

같은 시기에 다른 OECD 국가들은 중등교육 체계를 어떻게 끌어가고 있었을까요? 스웨덴이나 핀란드의 '사회적 연대 교육'은 이미 우리에게도 익숙한 사례가 되었습니다. 프랑스는 창의성을 명분으로 '수요 휴무제' 시범 사업을 실시하고 있어요. 여러분, 너무 충격적이지 않습니까? 부모들과 '사교육쟁이'들이 10대들의 인권을 유린하고 있는 우리와는 정말 다르지 않나요? 우리가 더 많이, 더 빨리 수월성 교육을 시키자고 닦달하는 동안, 다른 나라들은 청소년들에게 노는 시간을 더 많이 주기 위해서, 또는 문화에 접근할 기회를 더 많이 주기 위해서 노력하고 있었다는 거죠. 1990년대 중후반 이후 세계적으로 '대량생산과 대량소비'의 포드주의가 퇴조하고 '다품종 소량생산'의 시대가 왔거든요. 그에 반해 한국은 청소년의 인권을 유린함과 동시에 경제 잠재력까지도 스스로 갉아먹고 있는 셈입니다.

지금 한국의 사교육 시장에서 만들어내는 암기기계가 21세기 세계 경제 속에서 무엇을 할 수 있을까요? 학부모는 학부모대로 힘들고, 학생은 더 이상 어찌해볼 도리가 없을 정도로 완벽하게 바보가 되어가도록 애쓰고 있는 게 아닌가요? 여러분 중에서 지금 10대가 아닌 분들은 가슴에 손을 얹고 냉정하게 생각해보세요. 우리는 늘 10대가 가장 꿈이 많은 시기라고 찬미합니다. 만약 현재 성공한 사람이든 성공하지 못한 사람이든 다시 10대로 돌아갈 수 있다면, 여러분 중에 중3이나 고1로 돌아갈 사람이 단 한 명이라도 있을까요? 아마 한 명도 없을걸요? 우리가 지금 그런 세상을 만들고 있어요. 이런 맥락에서 보자면 한국에서 현재 성인인 우리 모두는 10대 앞에서 모두 죄인이고 공범자가 아닐까요?

이것을 고칠 기회가 노무현 정권 때 한 번 정도 있었어요. 사교육비에 대한 사회적 여론이 만만치 않았거든요. 그때 그들이 창의성이든 휴식이든 인권이든 문화 같은 것들에 대해서 한 번이라도 다르게 생각을 했다면 역사의 방향이 바뀌었을 겁니다. 지금 10대의 삶이 최소한 지금과 같은 시궁창에 처박히지는 않았겠죠. 어쨌든 그 시기에 집권 세력이 선택한 것은 '방과 후 학교'라는 휘황찬란한 정책이었죠. 민주당이나 열린우리당의 집권 또는 재집권 가능성이 닫혀버린 것이 바로 그날이었을 겁니다. 공교육이 스스로 사교육으로 변신하고, 필요하다면 자본화한 사교육마저도 끌어들이겠다고 한 순간, 인권 유린과 암기 교육에 대해서 비판적인 의견을 제시할 수 있는 정치세력의 목소리는 사라진 셈입니다. 그것은 진보도 좌파도 민주주의도 아닌, 그냥 아무 것도 아니죠.

한나라당이 기획했던 '10대 보수화' 프로그램이란 대학 입시와 사교육을 강화하면서 10대의 인권을 유린하는 과정에서 정치적 보수화를 이루겠다는 것입니다. 원래 인권 유린에 노출된 사람이 인권 유린에 대해서 관대해지기 마련이거든요. 여기에 전경련 등의 경제 교육을 덧붙여 10대의 보수화를 이루겠다는 전략이었죠. 학문적인 뒷받침 없이 기계적으로만 이루어지는 경제 교육은 사람을 보수적으로 만드는 경향이 있습니다.

"가장 진보적인 경제학자도 가장 보수적인 사회학자보다 보수적이다"라는 말이 있습니다. 유감이지만, 이 말은 대체적으로 사실입니다. 경제 시스템은 바꿀 수 있는 여지가 그렇게 많지 않아요. '혁명적인 조치'라고 해도 조세율을 약간 바꾸는 정도인 경우가 많습니다. 경제학 자체가 워낙 보수적인 성격을 가지고 있는 데다가, 지금 한국에서 10대를 대상으로 진행되는 경제 교육은 실용적인 측면보다는 이데올로기적인 측면이 강하죠. 조금 심하게 말하자면 한국에서 최근 유행하는 10대용 경제 교육은 과학적이지도 실용적이지도 않고, 지독할 정도로 이데올로기적이며, 때로는 반동적이기까지 합니다. 대부분의 경제 교육은 딱 두 가지 코드를 담고 있어요. '수단과 방법을 가리지 말고 돈이면 된다' 그리고 '친구를 죽여라'입니다.

가격, 시장, 주식, 지가, 선행지수, 경쟁 같은 용어들은 다만 수사일 뿐인데, 경제적 뉘앙스를 담고 있는 이런 수사 몇 개로 경제를 아주 명쾌하게 풀어내는 것이 한나라당이 지향하는 이념입니다. 이런 간단한 코드로 21세기의 복잡한 경제 여건에 적합한 '경제 시민' 교육을 할 수 있겠어요? 그렇게 간단하게 모든 문제가 풀린다면 일본, 프랑스, 독일에서는 왜 이런 것을 안 하나요? 그곳에는 대기업이 없고, 다국적기업이 없고, 경제 단체가 없고, 자본의 대변자가 없어서 이런 간단한 재테크 정신만으로 무장된 경제 교육을 시키지 않겠습니까?

물론 프랑스는 학생들에게 경제학을 가르칩니다. 다만 우리나라 대학의 경제학과 학부 수준보다 약간 어렵고 훨씬 더 다양한 시각으로 균형이 잡힌, 그야말로 제대로 된 경제학입니다. 암기로는 도저히 소화할 수 없죠. 프랑스 고등학생이 보는 경제학 교과서는 철학책에 가까울 정도로 깊이 있고, 최소한 형식적인 균형을 갖추고 있어요. 굳이 비교하자면 한국의 많은 대학에서 경제학 입문 교재로 사용하는 《맨큐의 경제학》보다 어려워요. 그런 기준으로 보면 지금 한국에서 청소년들에게 행하는 각종 경제 교육은 경영학도 아니에요. 자기계발서에 나오는 마조히스트적인 금욕과 주식투기 방법을 적당히 결합시킨 것으로, 21세기 버전의 반공 교육과 다름없습니다.

물론 한국에서 10대들의 삶을 어렵게 만드는 것이 사교육이나 단순한 이데올로기 교육일 뿐인 '10대들의 경제 교실'만은 아니죠. 그러나 문제는 이 두 가지가 한나라당에서 사용했던 일종의 '집권 프로그램'이었다는 점입니다. 쿠데타로 집권했던 박정희와 전두환 정권에 비하면 2008년 대선을 기획했던 한나라당의 집권 프로그램은 상당히 집요하고 세밀했어요. 기존의 지역정치 구도는 밀레니엄 이후로도 변한 것은 없어요. 여기에 토건을 축으로 하는 '평수 늘리기'의 정치와 사교육을 축으로 하는 10대의 보수화 프로그램을 얹혔죠. 이게 밀레니엄의 등장과 함께 한국의 보수주의자들이 우리에게 제시한 '비전'이라고 할 수 있어요. 이 프로그램의 종합적인 기획자나 지지자는 없었지만, 1990년대 중후반부터 세계경제의 기저를 형성했던 신자유주의와 결합하면서 그야말로 '시대의 대세'를 만들게 되었습니다. 2002년 12월, 노무현 후보의 당선으로 이러한 대세론이 잠시 흔들리기는 했지만, 대체적으로 지난 10년간 이러한 한나라당의 프로그램은 잘 조율된 '자기 조절 메커니즘'처럼 작동해왔다고 할 수 있어요.

'10대의 보수화'가 한국 보수주의자들이 전교조와 경쟁한다는 생각으로 진행한 메인 프로그램 가운데 하나였다면, 20대 특히 대학생은 학생운동과 학생회의 실질적 붕괴 이후로 보수주의자들에게 별 관심을 받지 못한 것 같습니다. 이미 어느 정도는 10대 때 보수화가 진행된 상태잖아요. 그렇다면 좌파의 경우는 어때요? 노조든 진보정당이든 한국의 20대를 '꼭두각시'처럼 부려먹을 수 있는 값싼 '아랫것' 이상으로 생각한 것 같지는 않더군요. 좌파든 우파든, 아직 생각과 취향이 결정되지 않은 10대를 중심으로 정치나 문화 프로그램을 기획하지 이미 많은 것이 결정된 20대를 중심으로 준비하지는 않습니다.

앞서가는 세계와 뒤로 가는 한국

밀레니엄 이후의 지난 10여 년 동안 한국이 걸어온 길에서 두 가지 키워드를 꼽자면 안타깝게도 '토건'과 '10대의 보수화'였습니다. 이 두 장치는 보수주의자들에게 필승의 길을 열어주었고, 한국은 매우 빠르게 토건형 보수국가로 경제의 기본 체질이 변했어요. 그런 점에서 한국 경제는 여전히 정치적 변수에 의해 움직인다고 할 수 있습니다.

세계적인 기준에서 볼 때 한국 정치의 지형은 한 칸이나 한 칸 반 정도 오른쪽으로 옮기면 비슷할 것 같습니다. 즉 자신이 보수주의자라고 생각하는 사람은 극우파에 가까울 겁니다. 진보라고 생각하는 사람의 대부분은 중도우파 혹은 우파 정도일 거고요. 파병을 주도하고, 핵 발전 확대를 기본 정책 방향으로 삼고, FTA 추진을 개혁으로 이해하고, 세종시와 새만금, 기업도시 등 토건을 통치 수단으로 사용했고, 농업을 사실상 포기한 좌파 정부나 진보 정부는 역사상 존재한 적이 없습니다. 선의를 가지고 해석한다고 해도 중도우파 이상은 아니죠. 강렬했던 참여정부의 민족주의 성향을 감안하면, 때때로 극우파적 히스테리 현상이 보일 정도입니다.

국제 기준으로 본다면 한국의 진보정당은 잘 봐야 중도좌파 이상으로 보기는 어렵고, '온순한 사민주의 노선' 정도로 이해하는 것이 맞을 것 같습니다. 이회창을 극우파 엘리트주의 정도로 이해한다면, 한나라당의 '레드 콤플렉스 블록'은 명실상부 극우파 블록이라고 해도 과하지 않을 것 같아요. 그리고 한국에는 여기에 대응하는 극좌파 정치집단이 없죠. 일본에는 점유율 5~10퍼센트 정도의 일본 공산당이 있으며, 유럽 대부분의 나라에는 공산당은 물론, 5퍼센트 내외의 정치적 지분을 가지고 있는 녹색당이 있습니다. 한국에 공산당이 없다는 점은 정치권 전체의 보수화, 녹색당이 없다는 점은 정치권 전체의 토건화를 잘 말해줍니다. 어떻게 보면 지난 10년 동안 한국 정치는 지독할 정도로 분화에 실패한 셈이고, 시대의 변화에 따른 새로운 정치세력의 등장이 가로막혀 있었던 셈입니다.

여기까지는 우리의 밀레니엄 이후 10년 동안에 대한 이야기였습니다. 그렇다면 한국이 아닌 곳에서는 이 시기가 어떤 의미였을까요? 21세기가 가까워지면서 많은 사람들은 이 새로운 세기가 '기술의 세기'가 될 것이라고 생각했어요. 앨빈 토플러 이후로 한동안 유행하던 '미래학'은 기술로 모든 것을 설명하는 '기술 판타지'의 눈으로 21세기를 봤죠. 생태학에서는 이러한 시각을 '기술중심주의technocentrism'라고 불러요. 당시의 미래학은 다분히 극우파 이데올로기에 편향된 것이 사실이죠.

하지만 막상 첫 10년이 지나고 나니 이 시대를 특징짓는 가장 큰 요소는 바로 '자연'이었죠. 세계경제의 중요한 요소로 등장한 기후변화협약과 기상이변 현상은 인류가 경험해보지 못한 새로운 정치 여건을 만드는 중입니다. 속으로는 어떻게 생각하는지 모르지만, 어쨌든 최고의 토건정부인 이명박 정부도 '녹색성장'이라는 이름으로 온실가스 감축을 국정의 중요 목표의 하나로 내세우고 있으니 말이죠.

또 다른 흐름으로는 '자원 전쟁'을 들 수 있습니다. 석유를 비롯한 주요 자원이 고갈되는 시점이 점점 다가오면서 이라크전쟁을 시작으로 자원 전쟁이 본격화될 조짐을 보이고 있죠. 20세기 후반의 냉전이 자본주의와 사회주의라는 두 가지 정치체계의 격돌이었다면, 앞으로 보게 될 전쟁은 자원 확보라는 아주 현실적인 목적 때문에 생겨나는 격돌이 될 가능성이 높아요. 그래서 이러한 경향을 '신냉전New Cold War'이라고 부르기도 하죠.

여기에 '농업 문제'가 추가됩니다. 20세기 내내 인류는 '녹색혁명'이라는 이름으로 화학농법을 중심으로 한 석유농업체계를 발달시켜왔죠. 우리는 이러한 변화를 '새마을운동'이라는 이름으로 거창하게 포장했지만, 사실은 한국형 녹색혁명과 다름없거든요. 어쨌든 이러한 과정을 통해서 농업생산력은 비약적으로 향상되었지만, 화학물질이 누적됨으로써 식품의 안전에 문제가 생겼고, 무엇보다도 국제유가의 변동에 매우 취약한 농업 구조가 생겨나게 됩니다. 유가가 오르면 곧 농산물에 대한 투기 현상이 일어나면서 농업 불안정성이 높아지는 겁니다. 우리는 이런 현상을 최근 2~3년 동안 유가의 변동에 따른 급격한 곡물 가격의 변동을 통해서 이미 겪었습니다.

2008~2009년은 기술의 패러다임에서 자연의 패러다임으로 변하는 시기라고 할 수 있어요. 2008년 가을, 파리 패션 위크의 가장 큰 질문은 '기후 변화라는 새로운 흐름 속에서 패션이 어떻게 능동적이고 적극적인 역할을 할 것인가'였습니다. 불과 몇 년 전만 해도 '테크노 패션'이 키워드였던 것과 비교하면 이러한 변화는 놀라울 뿐이에요. 핵발전으로 분리한 수소를 이용한 '수소 자동차' 기술을 기본으로 하는 GM이 파산한 후, 도요타 등 대부분의 자동차는 핵 발전과 관계를 끊은 하이브리드 쪽으로 급격하게 전환하게 되었고요. 이 거대한 변화에 정면으로 맞선다면 어떤 대규모의 다국적기업도 버티기 힘들 겁니다.

이런 흐름 속에서 토건과 다음 세대의 보수화를 선택한 한국의 미래는 어떻게 되겠습니까? 그에 대한 전망은 매우 고통스러운 일입니다. 우리는 지금 21세기의 변화라는 세계적 흐름에 역행하고 있는 거예요.

기술의 시대 대신 자연의 시대가 열리고 있는데, 우리는 토건을 통해서 자연을 통제할 수 있다는 과거의 신화로 돌아가는 중입니다. 창의성의 시대에 암기 교육을 강화하고, 우리의 청소년을 감정이 없는 로봇처럼 억압하는 중이죠. 우리의 미래에 대한 억압과 이 땅의 생태계에 대한 억압은 같은 힘의 다른 표현이고, 일반성의 특수한 발현에 다름 아닙니다.

토건, 잔치는 끝났다

세상이라는 것은 참 묘합니다. 밀레니엄 이후의 10년을 거치면서 한국은 완벽한 '토건형 보수국가'로 거듭나서 더 이상 다른 전환이 없을 것만 같은데, 그 속에서 새로운 가능성이 잉태되고 있거든요. 지금 한국의 20대는 문자 그대로 '환영받지 못하는 존재désenchantée'예요. 좌파에게나 우파에게나 마찬가지라는 건 앞서 말씀드렸죠? 우파들은 '잡은 고기에게 미끼를 주는 법이 있나?'를 외치는 셈이죠. 딴에는 맞는 말이에요. 같은 논리로 좌파는 '남의 아내를 탐하지 말라'를 외치고 있는 중이고요. 이것도 딴에는 맞는 말이죠. 10년 전부터 보수화 프로그램에 의해서 육성된 한국의 20대가 갑자기 정치적으로 각성하고 새로운 존재가 될 것이라고 믿기는 어렵습니다. 인간은 그렇게 갑자기 생각을 바꾸는 존재가 아니거든요.

한나라당이 20대에 대해서 믿는 것이 있어요. 경제 상층부, 엘리트, 기득권층, 메인스트림…… 이런 다양한 이름으로 불리는 상층부는 보수와 진보가 7 대 3 정도의 비율로 구성되어 있다는 것을 환기시켜주기만 하면 알아서 보수주의를 선택할 것이라는 생각이죠. 여기에 '달

콤한 나의 도시'라는 도시적 감성을 통해서 고분고분한 토건의 지지자로 재생산될 거라고 보는 겁니다.

이건 매우 영리한 방식이며, 인간의 본성에 근거한 현실적 프로그램이기는 해요. 인간이라는 존재의 나약함과 욕망을 가식 없이 파고들어 가는 마케팅을 최대한 결합한 정치 프레임인 셈이죠. 단순하고 직관적이며, 주로 식민지 시대에 제국이 식민지 백성에게 사용하던 방식인데, 어쨌든 효과는 만점이거든요. 좌파가 주로 사용하는 인간애와 동정심, 정의감에 호소하는 방식에 비하면 훨씬 효과적입니다. 20대 뉴라이트 지지자들과 젊은 극우파 인사들은 이런 프레임 속에서 매우 강력하고도 굳은 결심을 가진 보수주의 인사의 삶을 선택하게 되죠. 저는 이러한 선택에 대해서 비난하거나 원망하고 싶은 생각은 조금도 없습니다. 정치적 입장의 선택은 그야말로 개인의 문제이며, 그렇게 선택할 수밖에 없게 한 문제에 대한 해법을 제시하는 과정에서 사회와 경제가 발전하게 된다고 믿거든요.

그러나 이렇게 직관적이면서도 빈틈없이 설계된 한나라당의 프로그램에도 놓치고 있는 것이 하나 있습니다. 지금의 20대가 예전에 비해서 상대적으로 보수화되었을지는 몰라도, 이들에게는 '토건질'의 가능성이 거의 없다는 사실이죠. 많은 20대에게는 '원룸'이 유토피아이고, '오피스텔'은 감히 꿈꿀 수 없는 먼 곳에 있는 신기루일 뿐이거든요. 전세든 월세든, 두 개 이상의 방이 있는 아파트는 부모가 살고 있는 성채이고, 자신들에게는 존재하지 않는 '허구의 것'에 불과하죠. 한국의 토건 프로그램은 '아파트 평수 늘리기'와 강남에 가까운 곳으로의 '지역 갈아타기'라는 두 가지 축을 메인 메커니즘으로 작동하는데, 이것과 아무런 상관도 없고 감흥도 느끼지 못하는 집단이 대규모로 등장한 셈이에요. 한마디로 '중산층'이라는 이름으로 30, 40대를 대규모로 유혹한 바로 그 토건질이 20대에게는 존재하지 않는다는 거죠.

지금의 20대는 '스타투스 쿠오status quo'로 불리는 기존 질서에 대한 완벽한 파괴자인데, 이 참혹한 파괴자들은 '아파트 갈아타기'와 토건질마저도 파괴하는 비운의 존재가 된 셈이에요. 그들이라고 40평짜리 아파트가 좋은 줄 모르겠습니까? 하지만 20대에게 그것은 '부모의 집'이라는 '멀고 먼 왕국' 이상의 의미를 가지지 못해요. 좋든 싫든 드디어 이 토건질에 종지부를 찍을 마지막 순간이 다가오는 셈입니다.

물론 건설사들도 그 사실을 알고 있어요. 그들이야말로 매일매일 새로운 아파트를 분양해야 하는 잔인한 시장 앞에 홀로 서 있는 존재인데, 왜 이 새로운 경향을 모르겠습니까? 신혼부부가 해결책이라고요? 더 이상 20대는 결혼하지 않습니다. 물론 하고는 싶은데, "집은?" 하고 물어보는 신부의 부모에게 '살 곳'을 당당하게 제시할 수 있는 20대가 얼마나 되겠어요? 이미 많은 결혼 정보 회사가 신혼 시장에서 철수하고 재혼 시장으로 주력 시장을 옮겨가는 중입니다. 결혼 시즌? 20대에게 그런 것은 없어요. 당연히 2세의 출산으로 더 큰 아파트가 필요해지는 신규 수요도 없습니다. 당연히 토건 세력은 결혼도 더 많이 하고 아이도 더 많이 낳아야 한다고 목 놓아 외치지만, 어림없는 협박일 뿐이죠. "너 같으면 아이 낳겠냐?" 이게 냉정한 우리의 현실이거든요.

이렇게 새로운 현상을 마주하게 된 건설사들은 수익을 올리고자 정부의 공적자금, 즉 4대강 사업이나 새만금 사업 같은 토건형 사업을 통해서 '공공자금'을 더욱 많이 빼가려고 합니다. 그럴수록 복지 예산이 더욱 부족해지니 '약한 고리의 빈곤화' 현상이 일반화될 수밖에요. 강남을 축으로 10년간 계속된 '부동산 폭탄 돌리기'가 이렇게 그 끝을 향해 달려가는 것, 이것이 밀레니엄 10년 만에 우리가 목도하게 된 현상입니다.

일본의 '잃어버린 10년'이 지금 우리가 걸어가는 경제적 운명인데, 이 파국을 완화시킬 힘이 지금 한국에는 없어 보입니다. 정부에서 토건 자금을 엄청나게 푼 2010년 지방선거가 그 기점이 될 것인가, 아니면 본격적인 프라임 모기지 혹은 오피스 모기지로 인한 미국의 경제 위기라는 외부 요소에 의해서 '디버블링debubbling'이 격발될 것인가? 구체적인 과정에서 소소한 차이만 있지, 한국 경제가 암흑 같은 10년을 지나게 될 것이라는 점은 의심할 여지가 없어 보입니다. 토건, 잔치는 끝났거든요. 수천만 원의 등록금 빚을 안고 사회로 출발하는 20대, 그들이 무슨 수로 토건질을 하겠어요? 그들과 토건질을 할 수 있는 기막힌 방안이 있다면 한번 내놓아보세요. 그 사람이 다음 대통령이 될 겁니다.

빈자들의 생태학이 필요하다

'녹색성장'이라는 수식어를 붙인다고 해도 현 정부의 경제 운용은 토건과 원자력 두 가지로 대부분 설명됩니다. 경제적 위기의 일반화 역시 '투기의 종말'이라는 용어로 쉽게 설명되고요. 위기의 폭발 이후, 10대와 20대의 일반적이고 보편적 빈곤화 역시 누구도 부정하기 어려운 현실인 것 같아요. 아직 우리가 정치적으로 모르는 한 가지가 있다면, IMF 경제 위기의 원인을 제공하면서 정권을 넘겨주었던 김영삼에게 우리나라 국민이 보여준 관대함이 이명박 대통령에게도 유효할 것인가 정도의 질문이라고 할 수 있죠. 멕시코의 나프타NAFTA 협약을 이

끈 카를로스 살리나스 대통령은 결국 미국으로 망명했잖아요. 다음 번 한국의 경제 위기가 토건 사업으로부터 격발될 것이라는 것은 이미 국민에게 똑똑히 각인된 상태거든요.

그러나 위기 이후의 경제 프로그램이 탈토건 혹은 생태 경제로 방향을 잡을지, 아니면 '제2의 토건'이나 더욱 강화된 '토건형 파시즘'의 형태가 될지는 아직 예측하기가 쉽지 않습니다. 토건은 한국의 빈자들에게 '어쨌든 경제'라고 언명하는 데는 성공적이었거든요. 가난한 사람들일수록 토건에 대해서 더욱 열광적으로 지지하는 것도 이러한 상황과 무관하지 않을 것이고요. 그러나 21세기에는 환경과 자원, 식량이 중요한 문제가 될 것인데, 이것을 외면한다면 한국 경제도 살아남기 힘들 것입니다.

지금까지 한국의 생태학은 주로 전문직과 고소득층을 중심으로 '활동 프로그램'을 많이 제시한 것이 사실입니다. '부자들의 생태학'은 우리에게 익숙한 일이지만, '빈자들의 생태학'은 여전히 제대로 된 프로그램을 제시하지 못하는 게 현재의 상황이죠. 1인 1표주의에 의해서 가난한 사람에게도 똑같이 시민의 자격이 부여되지만, 진짜로 그들이 생태적 소양을 갖춘 '생태적 시민'으로서 자기 존엄성을 가질 수 있는지는 선뜻 대답하기가 어렵습니다. 게다가 우리의 10대와 20대는 평균적이고 경향적으로 빈자로 재생산될 처지에 있습니다. 그러므로 가난한 사람들도 공감할 수 있고 사회적 합의가 가능한 생태학적 프로그램을 만드는 것이 '자연의 시대'라는 21세기에 모두가 행복하기 위해서 지금 우리가 해결해야 할 숙제인 셈입니다.

토건의 시대는 한국에서 그리 머지않아 종말을 맞을 겁니다. 그러나 그 종말이 '모든 빛의 종말'이 되지 않기 위해서는 지금 '빈자들의 생태학'에 대해 고민해야 합니다. 우리가 '더 싼 아파트' 따위를 목 놓아 외친다면 소비에트식 '자연 대개조 사업'이라는 또 다른 어둠이 우리를 덮치게 될 것입니다. 정치경제 시스템이 어두웠던 지난 10년을 치워야만 진정한 밀레니엄을 열게 될 것이에요. 우리에게 아직 21세기는 오지 않았습니다. 우리는 '토건질' 속에서 아직 '자연의 시대'인 21세기를 맞을 준비를 하지 못했기 때문입니다.

한국 민주주의를
묻고
답하다

청중 1 이명박 정부가 들어서면서 한국이 토건 국가라는 정의가 그리 낯설지 않게 느껴집니다. 지금이 그 절정이라 할지라도 이전부터 토건 국가로서의 면면을 보여왔을 거 같은데, 어떤가요? 또 역사적으로 탈토건을 할 기회는 없었던 걸까요?

우석훈 우리나라 GDP에서 토건 분야가 차지하는 비중이 가장 높았던 때가 언제인지 아세요? 김영삼 대통령 재임 시절인 1995년으로, 26퍼센트를 차지했습니다. 한국 경제의 1/4 이상이 토건 분야와 연관됐다는 뜻입니다. 이는 토건 분야의 비중이 7~13퍼센트 수준인 선진국이나 부동산 거품이 한창일 때 16퍼센트였던 일본보다도 높은 수치입니다.
 한국이 한창 경제발전을 시작하던 시기에는 토건이 두드러지지 않았는데, 2차 석유파동이 진행되던 1970년대 후반 이후에는 부동산이 한국에서 특별한 의미를 갖게 되었습니다. 그리고 IMF 경제위기의 극복 과정에서 부동산 문제가 다시 불거졌는데, 그때 국민경제 안에서 토건 부문이 적절한 규모로 조정되어야 했죠. 그러나 연착륙 형태로 조정되기는커녕 오히려 각종 국책사업으로 토건이 정치적 의미를 가지게 되면서 한국도 일본과 마찬가지로 토건경제로 자리를 잡게 됩니다. 현재 진행 중인 많은 문제는 정치와 결합된 토건의 문제에서 시작된다고 볼 수 있을 거예요.

청중 2   우리 사회는 입에 풀칠할 정도만 벗어나면 다들 부동산으로 돈 벌 생각을 하는 것 같습니다. 그것 외에는 이른바 재테크의 희망이 없다고 해야 할까요? 탈토건의 시대로 가기 위해서는 심정적 변화에서부터 제도적 장치까지 여러 층위의 프로그램이 조직되어야 할 것 같습니다. 선생님이 생각하시는 탈토건 프로그램에 대해 듣고 싶습니다.

우석훈   토건에서 일반인이 얻게 되는 소득은 인플레이션에 의한 불로소득에 해당합니다. 일반인들이 불로소득을 기대하게 되는 국민경제는 결국 거품을 감당할 수 없는 수준으로 키우게 되고, 그 조정 과정에서 장기불황 혹은 예전에 네덜란드에서 있었던 '튤립 공황'과 같은 몰락의 길을 겪게 되죠. 이 불로소득을 줄이려면 제도적·문화적 측면의 노력이 모두 필요한데, 현재로서는 '부동산 투기는 나쁜 것'이라는 최소한의 사회적 합의에 어느 정도는 도달한 것 같습니다. 문제는 고위 공무원들이 토건 정책에 대해서 문제의식이 없다는 거죠. 결국 정부의 구성과 정권의 성격을 바꾸는 노력이 필요할 것 같습니다.

청중 3   생태학이 시민의 자격 또는 자기 존엄성과 어떤 관계가 있다는 것인지 좀 더 자세히 알고 싶습니다.

우석훈   사람이 없는 생태계와 사람이 있는 생태계가 있을 수 있는데, 지구 생태계 혹은 지역 생태계는 사람의 존재를 전제하고 문제를 풀어야 합니다. 지구에서 살아가는 우리의 삶 자체가 곤란한 상황까지 와 있으니까요. 이제는 '인간이 모든 것의 중심'이라는 인본주의적 사유가 바뀌어야 합니다. '지구 시민'이라는 표현을 쓴다면, 근대화라는 프로그램 안에서 생각했던 시민과는 또 다른 위상의 변화가 필요할 것 같습니다. '인간은 소중하다'는 명제에 대해서도 새로운 근거가 필요할 거고요. 이런 점에서 생태학에서는 '인간을 어떻게 이해할 것인가?' 같은 중요한 질문들이 새롭게 제기되고 있습니다.

청중 4 10대 보수화에 대한 선생님의 말씀이 인상적이었습니다. 가난하고 보수적인 젊은이들만 양산된다면, 생각만 해도 절망적이네요. 자연의 시대를 제대로 맞으려면 교육에 대한 생태적 접근, 교육에 대한 정말 다른 접근과 해결이 무엇보다 중요하다는 생각이 드는데, 생태적 관점에서 본 교육에 대한 해법을 듣고 싶습니다.

우석훈 저는 생태적 의미에서 특별히 복잡한 교육을 생각하지는 않습니다. 왜곡된 한국 경제 속에서 생겨난 사교육 문제, 대학 등록금 문제, 조기 교육 등 황당한 상황들이 해소되면 자연스럽게 그 안에서 사람과 자연에 대한 예의를 되찾을 수 있는 교육이 될 거라고 생각해요. 지금의 경쟁 교육은 자연에게도 우리에게도 모두 해롭습니다. 그리고 이 상황은 계속 지속될 수도 없고요. 저는 사회적·경제적 문제가 해소되는 과정과 생태적 문제가 해결되는 과정이 지금의 한국 상황에서는 같은 과정이라고 생각합니다. 좀 더 이야기해볼까요? 가령 초등학교에서는 '생태 감수성'을 키울 수 있는 교육이 이루어졌으면 좋겠습니다. 실제로 자연을 접함으로써 자연과 생태와 우리의 삶이 어떻게 접목되어 있는지를 스스로 느끼도록 하는 것이죠. 이 감수성에서 생태적인 삶이, 상상력이 시작됩니다. 이후 과정의 중학생에게는 '생태적 지혜'를, 고등학생에게는 '생태적 용기'를 주는 식으로 교육 프로그램을 만들어나갔으면 좋겠습니다. 이러한 지점들이 바로 '삶의 질' 과 직결되는 문제라고 생각합니다.

제5강

학벌사회의
용기 있는 낙오자들,
미래를 열다

김상봉

"나 어릴 때 남들처럼 교복을 입고 사진을 찍어보는 것이 꿈이던 소녀가 있었다. 내가 학교의 책상 앞에 앉아 있었을 때 그 소녀는 전태일과 평화시장 미싱 앞에 앉아 있었다." 사랑하는 소녀에게 감사의 편지를 써내려가는 한 남자가 있다. "내 존재를 지탱하는 것은 타인의 눈물이다"라고 나지막한 목소리로 부드럽게, 그러나 단단하게 일러준다. 불편 없이 저녁을 준비할 수 있도록 냉장고를 수리하러 온 노동자는 가족과의 저녁식사를 포기할 수밖에 없었으리라는 것을 헤아릴 줄 아는 '거리의 철학자', 전남대 철학과 교수 김상봉. 홀로 '나르시스의 꿈'에 빠지기보다는 '서로주체성'을 몸소 실천하는 그가 이번에는 '학벌없는사회www.antihakbul.org'라는 '천만 씨앗' 뿌리기 운동을 하고 있다. 우리 모두의 가슴에서 그 씨앗이 움트는 날이 벌써부터 기다려진다.

지은 책으로는 《그리스 비극에 대한 편지》《서로주체성의 이념》《학벌사회》《도덕교육의 파시즘》《만남-서경식 김상봉 대담》 등이 있다.

민주화 이후, 계급투쟁이 학벌투쟁으로

저는 2000년에 '학벌없는사회'라는 시민모임을 만들어 이른바 사회운동을 본격적으로 시작했습니다. 그리고 2004년에 《학벌사회》라는 책을 냈는데 '학벌 문제'에 대한 현상적인 비판 말고 이론적인 분석을 하겠다고 작심하고서 썼습니다. 저는 학벌 문제를 '계급'의 문제로, '불평등'의 문제로 공론화하고 싶었어요. 학벌 문제는 가장 민감한 정치적 문제인데, 당시만 해도 사람들은 그것이 정치·경제·사회 문제와는 별개라며 교육 문제로만 치부하는 경향이 있었어요. 10년 사이에 많이 변하기는 했지만 여전히 갈 길은 멀죠. 오늘 여러분과 한국의 교육 문제를 학벌 문제에 초점을 맞추고서 정치적·경제적 불평등 문제로 인식하며 이것을 어떻게 해결할 수 있을 것인가를 같이 고민해보려 합니다.

우리 사회에서 차별이 가장 첨예하게 일어나는 곳이 교육 현장이라고 할 수 있어요. 계급적 불평등 또는 사회적 차별로서의 학벌 문제는 시간이 지날수록 더 심각해진 측면이 있고, 바로 지금이 가장 극단적으로 힘든 때입니다. 그러니 결혼하시거든 어지간한 강심장 아니면 애 낳지 마세요. (청중 웃음) 오늘날 한국 사회에서 아이를 낳는 것은 단순히 사교육비가 많이 들어서 부모가 힘들다는 차원이 아니라 윤리적 문제입니다. 한국 사회에서 아이를 낳는 것이 과연 도덕적으로 정당한 일이냐는 것이죠. 아이들 입장에선 여기가 바로 생지옥이니까요.

이명박 정부가 들어서고 우리 사회가 퇴행 중이라지만, 그래도 그 이전까지 다른 면에선 조금씩 좋아지고 있었잖아요. 그걸 부정할 수는 없죠. 하지만 이 와중에도 점점 더 나빠진 것, 어떤 의미에서도 좋아지지 않은 것이 교육이에요. 그리고 여기에는 민주화를 견인한 386세대의 책임이 가장 크다고 할 수 있습니다. 민주화가 되면서 계급투쟁이 학벌투쟁으로 전환됐기 때문입니다. 사람들이 말하는 '87년 체제'에 의해 민주화가 한편으로는 달성되고 또 한편으로는 좌절되었다고 볼 수 있는데, 민주화에 대한 그때의 열정이 사적인 영역으로 돌아서게 된 것이죠. 자녀들 교육문제에서 극명하게 드러나요. 다른 면에선 진보적인 사람도 자녀의 학벌경쟁에 관한 한 양보를 안 하는 게 일반적 풍속도로 보입니다. 자식을 잘 키운다는 것은 고민할 것도 없이 그저 좋은 대학에 집어넣는 게 되었어요.

한 3년쯤 전에 대학 강사인 후배를 만났는데 사교육비 문제가 화제가 됐어요. 그 친구가 그러는 겁니다. "선배가 좀 말려주세요. 아들 하나 가르치는 데 한 달에 250만 원이 들어요." 힘들게 맞벌이를 하는 그 후배 부부가 이 정도라면, 돈 많은 사람은 얼마나 쓸까요? 아무도 알 수 없죠. '한계 효용 체감의 법칙'이 적용되지 않는 게 바로 사교육비입니다. 없어서 못 쓰지, 서울대나 연·고대 보내주겠다고만 하면 몇억이 되더라도 안 쓸 부모가 없습니다. 자녀가 일류 대학에 못 가면 사회에서 낙오자가 되지 않을까 하는 공포는 누구나 가지고 있잖아요. 부모 자신이 이른바 일류 대학을 나왔다면 그 특혜를 알기 때문에 그렇고, 나머지 대다수 사람은 그 설움을 알기 때문에 '내 자식만은' 하는 심정으로 또 그렇게 됩니다.

'학벌투쟁'은 사회의 학벌체제를 개혁하는 동시에 우리 내면의 공포나 욕망을 극복해야 하는 문제여서 더 어렵습니다. 둘 중 하나만으로는 안 되거든요. 게다가 학벌이 사회적 신분이 되어버린 탓에 예민해질 수밖에 없습니다. 누구도 천민으로 살고 싶지는 않으니까요. 그래도 일단은 원칙으로 돌아가야 합니다. 가장 중요한 사회적 가치의 표현이자 실현이어야 할 교육이 왜곡되고 부패하고 있기 때문에 우리가 지금 이런 이야기를 하고 있는 것이잖아요. 그렇다면 우리는 '교육이 뭐냐?' 하는 것에서부터 다시 시작해야 합니다.

자유의 능력, 만남의 능력이 필요하다

한국 교육의 가장 큰 문제가 뭐죠? '이념 없는 교육'이라는 점입니다. 현실적인 교육목표는 있어요. 서울대에 한 사람이라도 더 집어넣는 것이죠. 그래서 우스꽝스러운 일이 참 많이 일어나잖아요. 학생은 꼭 서울대가 아니어도 된다는데, 다른 학교에 원하는 학과가 있다고 하는 학생에게도 굳이 서울대에 가라고 해요. 서울대에 갈 수 있는 학생이 한두 명인 학교는 특히 기를 쓰고 강요합니다. 한국 사회에선 무슨 학과든지 상관없이 '아무개 고등학교 서울대 2명, 3명'…… 이런 간판이 중요하거든요. 특히 지방 도시로 갈수록 중요한 문제가 돼요. 하지만 이런 게 교육목표일 수는 없죠. 교육이 서울대에 들어가는 학생들만 위해 있는 게 아니니까요. 교육이념이 없는 것은 부모들도 마찬가지입니다. 어떤 자녀를 기르고 싶으세요? 사실 이건 우리 모두의 문제거든요. 왜냐하면 교육이란 '사람이 되는 과정'이잖아요. 교육이념이란 각 시대나 사회가 꿈꾸는 사람이 어떤 사람이냐에 달려 있는 게 아니겠어요? 어떤 사람이 되어야 할까요?

제가 말씀드리고 싶은 건 두 가지인데, 첫째 '자유와 주체성의 능력'을 길러주는 겁니다. 간단하게 말해서 자유란 자기가 자기의 주인이 되는 것이죠. 자신의 삶을 스스로 형성할 줄 아는 능력이에요. 뭐가 되어라 하는 게 아니라, 뭐가 되어도 좋으니까 스스로 삶을 선택하라는 건데, 이게 쉽지가 않아요. 한국 사회에서 가장 결여된 능력이거든요. 왜냐하면 우리 아이들은 18년 동안 시키는 일만 해요. 일어나라, 세수해라, 밥 먹어라, 학교 가라……. 학교에서나 집에서나 마찬가지예요. 20대가 되어도 달라지지 않죠. 학과 사무실에 전화가 왔어요. 조교가 받으니 저쪽에서 이럽니다. "엄마 바꿔드릴게요." (청중 웃음) 엄마들이 기업체 입사시험 면접에 따라올 정도까지 진화됐습니다. 한국 드라마를 보다 보면 자식이 결혼한 다음에도 부모가 이래라저래라 간섭을 해요. 그래서 갈등이 생기죠.

하나 더 말씀드릴까요? 대학생들이 졸업해서 뭘 해서 먹고살면 좋겠느냐고 선생인 제게 물어요. 저한테 묻지 말고 무얼 하고 싶은지 말해달라고, 그걸 가지고 같이 고민해보자고 하면 이 친구들이 당황합니다. 자기가 뭘 하고 싶은지 생각해본 적이 없는 거예요. 학생들은 천편일률적으로 이른바 '잘나가는 직업'을 원할 뿐입니다. 그것 이외에는 자신이 뭘 하고 싶은지, 재능이 뭔지에 대해 생각해본 적도 없고 확인할 기회도 없었어요. 전부 100점을 맞아야 했거든요. 다 잘하는 게 재능입니까? 못하는 게 있어야 재능이죠. 모든 일상의 일을 잘하는 사람이 한 분야에서 천재성을 보일 수 있을까요? 절대로 그럴 수 없어요. 비범한 재능은 부적응의 소산이거든요. 다른 부분에 대한 미련함의 소산이에요. 그런데 우리는 전부 100점을 맞아야 하니까 안 되는 거죠.

이렇게 자유와 주체성을 조직적으로 억압하는 게 한국 교육입니다.

그래서 그나마 자유로울 때가 유치원 시기이고, 초등학교에 들어가면 조금 덜 자유로워지고, 중학교에 들어가면 교복을 입혀서 군기를 잡기 시작하잖아요. 심한 경우에는 여학생들 속옷 색깔까지 검사합니다. 놀랍게도 강남에서는 이런 짓을 하지 않습니다. 강남 학교에서 이랬다가는 고위층 학부모가 교장실에 전화해서 주제넘게 굴지 말고 공부나 잘 가르치라고 하거든요. 이게 계급입니다. 대학에 들어와서 조금 자유로워지나 했더니 남학생들은 하나가 더 있죠. 군대 가면 어떤 책을 읽어야 되는지 국방부에서 정해주잖아요. 이게 한국 사회예요. 이런 곳에서 교육이니 창의성, 재능은 다 웃기는 이야기입니다.

이처럼 자기를 형성하는 능력이 자유인데, 어느 누구도 혼자서 자기를 형성하지는 못합니다. 자기를 형성하는 능력은 실제로 '만남의 능력'입니다. 그런데 우리는 '만남의 능력'에서도 함량 미달이에요. 일본식으로 말해서 우린 '오타쿠おたく'이에요. 학교에 와서도 남을 쳐다볼 겨를이 없습니다. 우정? 다 거짓말입니다. 학교 다닐 때 다들 꼴 보기 싫은 친구가 꼭 한 명씩 있잖아요. 서울은 좀 덜 할 텐데, 제가 광주에서 살면서 군 단위에서 고등학교를 졸업한 학생들과 이야기하다 보면 이런 말을 해요. "정말 너무 싫어요. 초등학교 때부터 고등학교 졸업 때까지, 미운 애하고 쭉 12년을 같이 다녀야 해요. 걔를 한번 이겨보고 싶은데, 이길 거 같다가도 간발의 차로 끝내 못 이겼어요." 이런 말을 들으면 가슴이 아파요.

만남 능력의 부족이 정치적 소질의 결핍으로 나타납니다. 왜냐하면 학교 다닐 때부터 시작해서 사회에 나가서도 발언권이 성적순으로 나뉜단 말입니다. 이게 말이 돼요? 한 주간지에 마트에서 아르바이트를 하는 젊은이들 이야기가 특집으로 실렸는데, 읽으면서 마음이 아팠습니다. 우리나라 민주주의가 위기인 까닭 중 하나가 불평등의 피해자들이 그 차별을 당연하다고 생각하는 거예요. "마트에서 짐 나르는 일이니 어쩌겠어요. 제가 공부를 안 했으니까요."라고 이야기해요. 아니, 공부 잘해서 서울대, 연·고대 간 사람들이 그러지 않은 사람들한테 보태준 거 있습니까? 말이 안 되잖아요. 중·고등학교 때 시험 잘 친 사람들에게 한 사회의 부가 10배, 20배, 아니 심하게는 100배씩 집중되는 것에 대체 어떤 정당성이 있습니까? 여기에도 일정한 지수가 있습니다. 1등 대학과 2등 대학 사이가 10배예요. 2등 대학과 5등 대학 사이쯤 되면 그 격차가 100배가 됩니다. 이게 바로 권력의 독점지수예요. 다른 대학들은 말할 것도 없죠.

계속 차별받으면서도 그걸 당연하게 여기다 보니까 이젠 비슷한 계층의 사람들끼리도 의사소통이 안 돼요. 어떤 측면에선 굉장히 눈치가 빨라서 '척하면 삼천리'인 게 한국 사회인데, 공론장에서는 의사소통이 안 되는 놀라운 일이 벌어지죠. 말하지 않은 건 다 이해하는데, 기이하게도 말을 하면 합리적인 의사소통이 안 되는 거예요. 형식적이고 상투적인 것 말고는 해본 적이 없어서 그렇습니다. 학창시절에 갈등을 폭력적이지 않은 방식으로 해결해봐야 하거든요. 사춘기 시절에는 좌충우돌하잖아요. 그때 학급과 학교 안에서 폭력적이지 않은 방식으로 갈등을 해결하는 법을 자연스럽게 익히고 나서 어른이 되어야 하는데 그걸 못한 거예요. 우리는 몽둥이가 아니면 벌점이잖아요. 가장 유치한 방식이거나 가장 폭력적인 방식으로 갈등을 억압하는 교육을 받은 겁니다.

그럴 수밖에 없는 게 '진도를 나가야 하기' 때문이에요. 단지 진도 때문에 갈등을 인내할 수도 해결할 수도 없는 거예요. 이런 이야기를 하면 어떤 사람들은 그래요. "선생님이 한번 교단에 서보세요. 그런 이야기가 나오는지……." 그럼 제가 그러죠. 수업하지 말라고요. 학생들이 떠들거든 반장한테 조용해지면 부르러 오라고 얘기하고 교무실에 가라고요. 몇 주까지 그러는지 한번 보라고요. 하지만 이게 안 되는 게 옆에서 교장 선생님이 보고 있다가 "저 선생 뭐하는 거지? 진도 나가야 되는데." 이러거든요. 자유의 능력이고 만남의 능력이고 간에, 한국 사회는 학벌사회라서 진도를 나가지 않을 수가 없어요.

정당성 없는 학벌권력

한국 사회에서 학벌은 철저하게 사회적 차별의 기제입니다. 물론 시대마다 사회마다 '보상체계'라는 건 있어요. 그리고 어느 정도는 있어줘야 하죠. 예를 들면 이런 겁니다. 제가 아는 한 역사에서 가장 급진적으로 평등한 사회는 적어도 남성 시민들 내에서는 고대 아테네였어요. 아테네 시민들의 관심사는 철저히 권력의 평등한 공유 원칙에 입각한 민주주의였죠. 그런데 어떤 사람들은 소크라테스학파와 플라톤을 "민주주의의 적대자들"이라고 표현하는데, 과도한 이야기입니다. 칼 포퍼Karl Raimund Popper가 《열린 사회와 그 적들》에서 이 얘기를 하니까, 좌파든 우파든 자꾸 그 아류 버전의 이야기를 하는데, 실은 민주주의의 개념이 달라요. 오늘날 공직자를 뽑을 때 어떻게 뽑는 게 민주적인 방식입니까? 우리는 선거잖아요. 그런데 아테네 시민들한테 선거는 민주주의가 아닙니다. 그건 '과두정寡頭政'이에요. 그들은 '추첨'을 민주정이라고 보았습니다. 원래 그게 고전적 구분이에요.

선거로 할 경우 열이면 열, 돈 있는 사람만 선거에 나갈 수 있습니다. 생업을 제쳐놓고 선거에 나갈 사람이 있겠어요? 특히 그 시대에? 그리고 거기 나가면 인물 좋은 사람이 한 표라도 더 얻게 돼요. 집안 좋고 학벌 좋고 돈 많은 사람이 이길 수밖에 없어요. 아테네 시민들은 그걸 집요하게 거부한 거예요. 그 다음에는? 추첨해서 아무나 맡는 겁니다. 그래서 모든 시민이 모이는 민회는 말할 것도 없고, 우리 식으로 말하면 국회인 평의회, 그리고 가장 중요한 권력기관 중 하나인 재판정 배심원까지 모두 추첨으로 뽑은 겁니다. 당시에는 판사, 검사가 따로 있지 않았으니까요. 해마다 추첨을 통해 뽑았어요.

그런 아테네 시민들도 딱 하나 추첨을 못한 게 있습니다. 아무나 하면 안 되는 게 바로 장군이었죠. 장군을 추첨으로 했다가는 전쟁에 나가서 죽을 수도 있잖아요. 그래서 장군에게는 보상체계로서 권력을 줍니다. 전쟁터에서 생사이탈권과 명령권을 주는 겁니다. 그러나 놀랍게도 장군이 과오를 범해 엄청난 손실을 입히면 시민으로 돌아와 민회에서 어김없이 탄핵을 받았습니다. 이렇게 탄핵을 당해 쫓겨나 처갓집에서 투키디데스가 쓴 책이 《펠로폰네소스 전쟁사》입니다.

이렇듯 정상적인 사회에서는 사람들이 엄격하게 부당한 권력의 독과점을 거부해왔음을 알 수 있죠. 이와 반대로 정당성이 있을 때는 그에 걸맞은 권리나 권력을 주었습니다. 그러나 한국 사회는 아무 개념이 없습니다. 오늘날에는 극소수의 자본가에게 모든 권리와 권력이 집중되고 있는데, 일종의 마름들이라고 할까요? 관리계급이자 기생권력으로서 학벌권력이 그 아래에 있는 겁니다. 과거에는 국가권력에, 더 거슬러 올라가면 식민지권력에 기생해왔죠. 최종 권력을 누가 지니고 있든지, 거기에 기생하는 권력이 한국 사회에서는 바로 학벌권력입니다. 그리고 이것이 우리 사회의 권력을 불평등하게 분배하는 장치인데, 그 권력에 정당성이 없다는 데 더 큰 문제가 있습니다.

학벌 문중, 비정상적인 교육을 부추기다

학벌의 권력 불평등성의 문제는 나아가 시민적 의사소통을 치명적으로 왜곡합니다. 우리는 사람을 있는 그대로 판단하는 능력이 결여되어 있습니다. 입사지원서에서 출신 대학을 본 다음에는 열이면 열, 다 편견에 사로잡히기 때문에 그렇습니다. 한국 사회에선 학벌이 현대화된 문중이에요. 그러니까 모르는 사람인 줄 알았는데 알고 보니 동문이네, 그러면 금방 언니-동생, 형님-아우가 되어버리는 거고요. 출신 학교가 다르면 이상하게 버성기는 경우가 많아요. 이런 문제가 가장 심각한 데가 제가 몸담고 있는 '대학'입니다. 자기 후배를 뽑으려고 혈안이 되어 있어요. 예를 들어 서울 법대 교수는 거의 100퍼센트 그 학교 출신이에요. 요새 로스쿨 어쩌고저쩌고하면서 다른 학교 출신을 몇 명 집어넣긴 했을 거예요. 미국에서 법대 평가를 하면 늘 1등 하는 게 예일 대학인데, 예일 대 출신 교수가 20퍼센트를 채 안 넘어요. 제 생각에는 이거 쿼터제로 해야 돼요. 아무리 잘났다고 해도 사회 전체의 균형을 위해 같은 대학 출신 10명 중 1명만 뽑아야 해요.

학벌 문제는 결정적으로 교육의 파탄과 직결됩니다. 허구한 날 대학 경쟁력이 어쩌고 하면서 대학의 국제 순위 같은 걸 떠들잖아요. 학생들이 대학에 공부하러 들어오는 게 아닌데 대학이 어떻게 본연의 구실을 할 수가 있겠습니까? 제가 광주로 가기 전에 인사동에서 거리의 철학자로 있을 때 서울대에서 그리스 비극과 서사시 강의를 했습니다. 어디나 뛰어난 학생들이 가끔 있어요. 서울대라서가 아니라요. 한 번은 학생 하나가 예의바르게도 다음 주에 취업 면접을 갔다 와야 해서 결석하겠다고 양해를 구했습니다. 그래서 잘 다녀오라고 한 다음 일주일 지나서 물었더니 잘했다고 하더라고요. 제가 발표를 들어보니 공부하면 잘하겠던데 생각 없느냐고 물었더니 가슴 아프게도 자기처럼 인문대 들어온 학생들은 애초 법대나 사회대 가려고 했다가 점수가 못 미쳐서 온 거라고 하더군요. 그래서 대부분 공부할 생각은 없다고요. 물론 그 말이 모든 학생을 대변한다고 생각하진 않습니다. 하지만 많은 학생이 그럴 수 있죠. 실제로 수능 점수에 맞춰 대학에 가잖아요.

제가 《학벌사회》를 쓰면서 인용한 통계 자료로 이런 게 있습니다. 아마 2002년 자료일 텐데, 그 당시 사법시험 합격자가 999명이었는데 그중 서울대 출신이 333명이었습니다. 이 중 비법대 출신이 46퍼센트였어요. 얼마나 많은 학생이 사법시험에 매달린다는 이야기입니까? 철학과와 국문과 학생들도 사법시험을 본다는 거죠. 그런데 2007년에는 서울대 비법대 출신이 법대 출신보다 더 많아졌어요. 50퍼센트가 넘었어요. 이게 한국의 대학입니다. 법을 공부하려면 법학과에 가면 되지, 왜 다른 과에 가서 그러고 앉았느냐고요? 서울대가 아니더라도 부산대, 전남대 등 법대는 널려 있잖아요. 이게 정상입니까? 연·고대도 비슷해요. 게다가 연·고대에는 반수하는 학생도 많죠. 서울대 간 친구를 보면서 '학교 다닐 때는 나보다 공부도 못했는데' 싶은 겁니다. 그래서 1학기까지는 학교에 적을 두고 취약한 수능 과목을 과외하면서 칼을 갑니다. 그러다가 2학기 때부터는 대치동 학원에 다녀요. 그리고 지방 대학이나 서울의 몇몇 대학을 제외한 사립대학은 편입시험으로 홍역을 치르죠. 그러니 학과공부를 할 틈이나 있겠습니까?

상황이 이런데 건물 짓고 실험 기자재를 들여놔봐야 소용없습니다.

낭비예요. 건물만 마구 짓는 것도 참 한국적이죠. 캠퍼스는 크고 건물은 호화롭지만 속은 텅 비었잖아요. 입고 있는 건 사치스러운데 머릿속에 든 건 없는 우리의 자화상입니다. 게다가 한국 대학은 대학원을 키우지 않아요. 대학원으로 경쟁해봤자 아무도 안 들어오거든요. 대학은 오로지 고시 합격생과 입학생들의 수능 점수에만 신경을 씁니다. 대학이 마음만 먹는다면 쓸데없는 건물을 지을 돈으로 장학금 주고 학문 후속 세대를 키울 수 있어요. 그게 진짜 경쟁력이죠. 그런데 그런 생각은 하지 않죠. 다 부질없는 이야기입니다. 학생들은 학교에 공부하러 오지 않고, 학교도 거기에는 관심이 없어요.

질문할 줄 모르는 시험 선수만 양산하는 한국 사회

이 모든 문제가 시험 교육에서 비롯됩니다. 한국처럼 정원이 3,000명 남짓인 한 대학을 두고 50만 명이 경쟁하는 시스템에서는 교육의 목적이 시험이 될 수밖에 없어요. 물론 시험은 필요합니다. 제대로 공부했는지 알기 위해서는 필요해요. 하지만 시험이 목적이 되어버리면 객관식이고 주관식이고 가릴 것 없이 대답하는 데만 길들여지죠. 질문은 하지 못하고 우리 뇌는 굳어져만 갑니다.

  3년 전에 '창의성' 관련 심포지엄에서 이런 얘기를 했더니 자연과학 쪽 대표로 참석한 분이 들려준 이야기가 있어요. 물리학을 가르치는 분이었는데, 시험과 관련해선 한 번도 겁을 먹은 적이 없대요. 왜냐하면 출제될 문제를 다 외우면 끝이니까요. 저도 교수지만 시험문제를 내려면 뭔가를 봐야 하지 않겠어요? 철학은 그나마 덜한 편이지만, 국·영·수는 뻔하잖아요. 똑똑한 학생들은 출제자가 볼 만한 걸 다 외워버리는 겁니다. 그분은 10명만 뽑는 국비장학생으로 미국 유학을 갔는데, 첫해에는 미국 애들이 너무 한심했대요. 뭐 이렇게 모르는 게 많나 싶어서요. 2년째에는 애들도 제법 하네 싶더니 3년째에는 자기가 뒤처지는 걸 느꼈답니다. 4년째가 되자 차이가 완연하더랍니다. 그 이유가 뭐겠습니까? 그 친구들은 스스로 질문하는데 자기는 묻지를 못하더라는 겁니다. 이건 우리 학계의 문제이기도 하죠. 그분 말씀이 자연과학계에서는 〈네이처〉나 〈사이언스〉에 제1저자로 이름을 두 번 올리면 평생을 먹고산대요. 하지만 한국에서는 제1저자로 이름을 두 번 올린 사람이 아직 한 사람도 없답니다. 제1저자로 이름을 올릴 때 필요한 조건이 무엇인가 하면 지금까지 아무도 하지 않은 질문을 던지는 거래요. 그런데 우리는 그렇게 묻는 걸 못한다는 거죠.

제가 독일에 유학 갔을 때, 동료 유학생들이 처음 묻는 게 "지도 교수 정했어요?"였어요. 그 다음엔 "주제 받았어요?"라고 물어요. 정말 모욕적이었습니다. 눈에 쌍심지를 켜고는 대꾸했죠. "그걸 왜 선생한테 받아요? 내가 쓰고 싶은 걸 써야지." 자기가 묻고 싶은 게 있어서, 맺힌 게 있어서 공부하는 거잖아요. 인생에 대해, 존재에 대해 무언가 미칠 것 같은 물음이 있어서 공부하는 거잖아요. 다른 사람이 주는 주제로 공부한다는 게 말이 돼요? 무슨 하청업자도 아니고요.

그런데 사실 우리는 다 이렇게 공부하고 있거든요. 질문을 못 던져요. 외국 학생들은 자기가 알아서 문제를 만들어 오는데, 우리만 그래요. 제가 이번 학기에 베트남 사회과학원 출신인 유학생을 한 사람 받았어요. 20대 중반의 박사과정 학생인데, 아직 한국어도 제대로 못해요. 그런데 얼마나 당당한지 몰라요. "교수님, 제가 논문 학기 보내면서 이런 공부를 하려고 준비했습니다." 하면서 가져와요. 교수인 저는 그걸 보고는 되면 된다, 안 되면 안 된다, 내 의견은 이렇다, 이건 좋은데 잘하기 위해서는 이렇게 하는 게 좋다는 등의 이야기를 하죠. 이렇게 서로 주고받는 게 공부지, 어떻게 선생이라고 학생한테 이거 공부해라, 저거 공부해라 합니까?

우리 현실은 정반대죠. 묻지 못한다는 게 단지 학계만의 문제가 아니라 사회 전체의 문제예요. 모든 종류의 불합리와 불편함과 불의가 질문하지 않는 데서부터 시작되거든요. "어, 그거 이상한데요?" 하고 한 사람이라도 되물었다면 그렇게 일사천리로 가지 않았을 문제가 얼마나 많습니까? 흔히 우리가 시민의 무관심을 이야기하잖아요. 하지만 그건 미국 얘기고, 한국 사회의 더 근본적인 문제는 '질문하지 않는 것'입니다. 질문하지 않고 가만 있다가 지적이라도 받게 되면 발끈하는 사회라고요. 이래서 사회적 비용이 많아지는 거예요.

물어야 해요. 물을 줄 모르게 만든다는 게 바로 시험의 '문제'입니다. 주관식, 객관식 가릴 것 없어요. 주관식도 마찬가지입니다. 질문을 주고 쓰라고 하는 것도 그 자체가 목적이 되면 모범답안이 나오게 되어 있습니다. 특히 수험생 입장에선 토씨 하나 함부로 못 써요. 자기검열 때문에 천편일률적인 대답만 하게 되어 있습니다. 실제로 논술 채점자들이 이구동성으로 하는 말이에요. 어쩌면 그렇게 1,000명의 답안지가 똑같은지 놀랍다는 거죠. 논술학원에서 준 모범답안에서 벗어나지 못하는 거죠.

그런데도 우리는 모두 시험 콤플렉스를 가지고 있죠. 시험을 잘 친 사람은 그것 때문에 우쭐하고, 못 친 사람은 또 그것 때문에 열등감을 가지죠. 하지만 시험은 어떤 경우에도 현실이 아닙니다. 추상화된 공간 속에서 일어나는 일이에요. 운전면허시험에서 일등 한다고 베스트

드라이버 됩니까? 다른 것도 마찬가지입니다. 사법시험과 의사고시는 안 그럴 것 같습니까? 다 똑같습니다. 예컨대 사법개혁 같은 이야기가 그 보수적인 데서도 나올 수밖에 없는 까닭이 이겁니다. 시험공부밖에 못한 사람들이 인생에 대해 뭘 알겠어요? 정의감은 나중 문제거든요. 그런데 제가 봤을 때 심각한 문제 중 하나가 외교예요. 시험을 쳐서 외교관을 만들고 있으니 이 일을 어쩌면 좋습니까? 솔직히 어떤 사람이 외교관이 되어야 합니까? 거짓말 잘하고 배짱 좋고 임기응변 능한 사람이어야 하거든요. 그런데 그건 시험 선수들이 할 수 있는 일이 아닙니다. 시험으로는 그걸 판가름할 수가 없어요. 한국 사회의 불행이 이런 걸 판단할 수 있는 눈이 없는 거라니까요.

시험은 소극적인 기준으로만 사용해야 합니다. 예를 들어 영어 시험을 보면 실력이 바닥인데 대학 가서 영문학을 공부하고 싶다고 하는 학생이 있으면 말려야지요. 시험성적은 그런 때 참고하는 거지요. 그런데 우리 사회는 영어가 100점이면 1등 영문학자, 99점이면 2등 영문학자라고 합니다. 이렇게 되면 시험의 미신이 되는 거지요. 제발 시험의 신화에서 벗어나야 합니다.

제가 있는 전남대 철학과에서도 좋은 학생을 뽑으려고 궁리합니다. 저희 과 정원이 30명 정도인데, 그 중 3명인 10퍼센트를 대안학교 출신들로만 수시를 통해 뽑기로 했어요. 이번에 전형을 하면서 수능 등급을 평가 기준에서 없애려고 했어요. 우리는 그런 거 필요 없거든요. "나 철학 공부하고 싶어서 미치겠습니다" 하는 학생은 어떻게든 하게 되어 있어요. 결국 수능 등급 평가를 다 없애지는 못했지만 아무 과목에서나 몇 등급 이상이면 되는 걸로 타협을 봤어요. 이런 우여곡절 끝에 면접을 보는데, 검정고시 출신이 제일 낫더라고요. 학교를 아예 안

다녔으니까 제일 낫죠. 그 다음이 멀리 강화도에 있는 대안학교 학생이었는데, 대안학교 지원자 중에 최고였어요. 물론 우열을 가리는 게 우습지만, 준비가 더 되어 있었다는 의미예요. 그리고 오후에는 일반학교 학생들을 면접했는데, 참을 수가 없었어요. 대답이 한결같이 똑같은 데다 너무나 기회주의적이었죠. 원래 갈등적인 문제를 제시하잖아요. 그런데 그들은 어느 쪽에도 치우치지 않는 대답만 하더라 이겁니다. 들으나 마나 한 이야기죠.

대학평준화만이 학벌문제를 해결한다

학벌 문제를 해결할 길은 '대학평준화'뿐입니다. 다른 방법이 없어요. 우선 국립대학부터 학생들이 1지망, 2지망, 3지망 쓰고 추첨으로 입학할 수 있게 평준화해야 합니다. 교수들도 순환보직제를 실시해야 합니다. 법관, 판검사, 공무원도 다 그러는데 무엇 때문에 교수들은 지루하게 한 학교에 붙박이처럼 있나요? 5년에 한 번씩 돌아야죠. 그리고 교수가 돌 때 학생도 따라 돌 수 있게 해야 합니다. 대학원생들은 특히 그래야 해요.

이런 방식으로 문중화된 대학 장벽을 헐어버려야 합니다. 그리고 장기적으로는 대학 자체를 공영화하고 민주화해서 학교 운영에 관한 한 국가가 똑같이 지원하면서 국립과 사립의 장벽을 없애야 해요. 이건 예산과 무관한 일이니까 그냥 바로 실시하면 됩니다. 그러면 "그나마 하나 있는 일등 대학을 하향평준화하면 어쩌느냐? 그거라도 남겨둬야지." 하고 말하는 사람들이 있을 거예요. 하지만 그런 의미의 일등 대학은 차라리 없는 것보다 못하지 않을까요?

이제는 결단해야 합니다. 한국의 교육 시스템이 상위 10퍼센트, 아니 실제로는 아무리 많이 잡아도 3퍼센트밖에 안 되는 계층을 위해 전체를 희생시켜선 안 돼요. 대학평준화를 하자고 하면, 서울대 없으면 한국 망한다고 다들 이야기해요. 예전에는 박정희 없으면 한국 망한다고들 했습니다. 10월유신 이후에 계속 그랬어요. 특권계급의 이익이 국가 전체의 이익이라고 강변하면서 그 특권계급이 망하면 우리 사회가 전부 망한다고 끊임없이 우리를 협박해온 게 지금까지 계속되고 있어요. 재벌도 마찬가지고, 과거 군부독재 때도 그랬고, 현재는 학벌도 그러고 있습니다.

여기서 그 신화를 깨지 않으면 안 돼요. 그래서 대학을 평준화하지 않으면 안 됩니다. 대학평준화를 위한 길은 여러 가지인데, 우선 국립대학을 통합해야 합니다. 파리의 제8대학처럼 다양한 종류의 성인 교육이 이뤄질 수 있어요. 예컨대 노동자를 위한 야간대학 같은 것……. 하지만 세계적 수준의 대학과 견주어도 손색없는 새로운 교육 시스템을 상상하거나 만들어낼 수도 있습니다. 그러면서 고등학교 학력으로도 충분한 직업을 국가가 책임지고 만들어놔야 해요. 9급 공무원, 7급 공무원 시험을 보기 위해 꼭 대학을 나와야 하나요? 안 나와도 되거든요. 고등학교 때부터 학생들이 다양한 가능성을 선택할 수 있게 열어줘야 하고요. 이러니저러니 해도 한국 사회는 권력독점 사회이기 때문에 모든 문제가 거기서 시작됩니다. 그러므로 설령 사법시험 같은 고시 제도를 계속 유지하더라도 무조건 인구 비례로 지역 할당을 해버려야 합니다. 복잡하게 생각할 거 없어요. 다른 나라에서 다 하는 거예요. 이를테면 의사자격증은 지방자치단체장이 주잖아요? 그런데 사법시험이 뭐라고 국가가 관리합니까? 그럴 필요 없어요.

냉정하게 이야기해서, 노무현 정부가 못한 일 중 하나가 '로스쿨' 정책이에요. 시민사회에서 얼마나 힘들게 '로스쿨 법안'을 만들어 올렸는지 모르실 거예요. 그게 애초의 원칙대로 30개 학교에 150명씩 눈 딱 감고 나눠주면, 한국이라는 학벌 사회의 큰 축이 무너지는 거였습니다. 그런데 청와대 묵인 아래 교육부에서 그걸 어떻게 만들어놓았습니까? 서울대 150명, 서울의 몇몇 대학 120명, 지방 거점 대학 몇 개에 120명…… 점점 학생 숫자를 줄입니다. 어디는 40명까지 있어요. 40명 등록금으로는 그 많은 강좌를 개설할 수가 없어요. 그렇게 힘들게 여야와 법조계를 다 설득해서 만들어놓았는데 결국 마지막에 청와대에서 이런 식으로 망쳐놓은 거예요.

내리막길만 남은 학벌경쟁에서 뛰쳐나와야 할 때

대학평준화가 하루아침에 이뤄지는 일은 아닙니다. 그렇다면 이제 우리가 해야 할 일이 무엇일까요? 현재 차원에서 할 일이 몇 가지 있는데, 일단 지금 상황과 정세를 간단히 말씀드리겠습니다. 그간 학벌경쟁이 점점 더 심화돼왔어요. 지금이 임계점을 지나 내리막길로 들어선 때예요. 모두가 학벌경쟁에 매달렸다가 '이거 내가 할 수 있는 일이 아닌가 보다'라고 생각하는 사람이 점점 많아지면서 조금씩 경쟁이 약화되고 있는 추세입니다. 뭘 보고 그렇게 이야기할 수 있습니까?

원래 한국의 학생운동은 고등학생 운동입니다. 2·28 대구의 경북고등학교, 3·15 마산고등학교, 마산상고, 그 다음에 서울로 올라와서 4월 18일에 고려대학교, 그 뒤 4·19도 고등학생이 시작한 거예요. 서울에서만 대학생들이 나선 거예요. 그리고 맨 마지막에 교수들이 "학생들의 피에 보답해라" 하니까 대통령이 하야했죠. 그런데 4·19혁명 이후 한국 사회를 바꾼 대규모 봉기 또는 항쟁에서 중고등학생이 불씨를 당긴 적이 한 번도 없어요. 왜 못 당겼겠습니까? 진도 나가야 되기 때문이죠. 밖으로 나가려고 하면 교사가 불러요. "내일모레가 시험인데, 지금 나가서 어쩌게? 너 똑똑한 거 알고 정의감 있는 것도 아는데, 지금 나가면 삼류 대학밖에 못 간다. 대학 가서 해. 서울대만 들어가라. 서울대 가서 시위를 하든 감옥에 가든 안 말릴게." (청중 웃음) 서울대만 가면 시위하다가 감옥 갔다 와서 국회의원이 되는 거니까요. 거기도 학벌이에요. 그게 얼마나 한국 정치계를 부패시키는지 아세요? 인맥으로, 너무 쉽게 정치계에 들어간다는 거요.

그런데 이게 언제 깨졌습니까? '촛불시위'로 깨진 겁니다. 제가 볼 때는 4·19혁명 이후 처음 있는 일이에요. 아주 놀라운 변화입니다. 그것도 수천 명이 우르르 몰려나왔잖아요. 이게 학벌경쟁이 내리막이구나 하는 걸 말해줘요. 그때가 5월 1일이었잖아요. 중간고사 직전이에요. 촛불 들고 나가려고 할 때 "너 지금 나가면 낙오된단 말이야" 하고 선생님이 말렸을 거예요. 제 상상으로는 아마 학생이 〈여고괴담〉에 나오는 것처럼 휙 돌아서면서 싸늘하게 "아직도 모르셨어요? 우리 이미 낙오한 거."라고 대답했을 것 같아요. (청중 웃음)

광주에 있다 보니 이런 걸 훨씬 절실히 느끼게 됩니다. 학생들 중 3분의 1은 이미 그 게임에 못 들어가요. '하면 된다'가 아닙니다. 그리고 중위권의 3분의 1은 아직 희망을 갖고 있죠. 한국의 부모들은 참 놀라워요. 3학년 2학기 때까지도 포기를 안 해요. "우리 집 애가 머리는 있는데……"라고 말해요. 누가 모릅니까? 저도 알아요. 자제분 머리 있는 거. 그런데 미안하게도 남의 집 자제도 똑같이 그 '머리'가 있어요. 그런데 서울대는 3,000명밖에 안 뽑아요. 그래서 기를 쓰고 둘이 벌어 하나만 잘 키우려는 거예요.

한국의 부모들은 자식의 일이라면 피눈물 흘리죠. 그런데 아무리 노력해도 안 된단 말이죠. 그때가 되면 교육 문제가 계급투쟁의 진원지가 될 겁니다. 노자의 '반자도지동反者道之動'이라는 말처럼 때가 되면 질문하게 됩니다. 끝까지 가면 돌아오는 것이 도의 원리니까 결국 한국 사회에서 불평등의 가장 핵심인 학벌 문제가 백일하에 드러나고 그것에 대해 질문하는 때가 10년 안에 올 거예요.

학교는 학교대로 못 견딜 겁니다. 가끔 선생님들과 만나면 이런 이야기들을 하세요. "아이고, 선생님. 한 10년 전만 해도 '저 뒤에 있는 대여섯 놈, 열 놈만 나가면 우리 반이 참 좋아질 텐데'라고 생각했는데, 지금은 '이 앞줄에 있는 요놈만 남겨두고 다 나갔으면 좋겠다' 하는 상황입니다." 이젠 학교가 우범지대이다 보니 학부모들에게 제시할 수 있는 대안은 딱 하나입니다. 학교에서 나오게 하세요. 홈스쿨링을 하거나 대안학교에 보내면 됩니다. 그리고 요즘 식으로 말하면, 그냥 전일제 학원에 다니게 하면 돼요. 저는 교육운동이 별 게 아니다, 그냥 학원에서 아무런 억압 없이 공부시키면 된다는 상상력이 지금의 우리에게 필요하다고 생각합니다. 쉽게 말해 모든 종류의 가능한 대안교육을 시키면 됩니다. 그게 야학이든 전일제 학원이든 검정고시든 상관없어요. 똘똘한 놈들은 그렇게 다 클 수 있습니다.

진정 우리 아이들에게 필요한 능력

다만 세 가지가 필요합니다. 상투적인 이야기지만, 첫 번째는 책 읽는 아이로 키워주시길 바랍니다. 바보가 되지 않으려면 우선 '시험공부'를 그만두어야 합니다. 하지만 배움 자체가 나쁜 것은 아니에요. 배우지 못하면 아무것도 할 수 없고, 결국 노예가 됩니다. 그런데 '배움'이란 시험문제를 푸는 것이 아닙니다. 배움은 삶과 세계를 더 깊이 이해하는 것이고, 그것은 곧 어떤 일을 전체적인 연관 관계에서 아는 것, 그것을 자기와의 관계에서 아는 것을 의미합니다. 따라서 책을 가까이 해야 해요. 가장 좋은 방법은 부모가 같이 읽는 겁니다. 그래서 글을 읽는 즐거움을 키워주는 훈련이 필요합니다. 다만 뭘 읽는지 검열하시면 안 돼요. 좋은 책 나쁜 책 따로 없습니다. 일주일에 한 번씩 책방에 함께 가서 마음대로 책을 고르게 하세요.

두 번째로는 예술적 감수성이 중요합니다. 이것은 혼자 있는 시간을 위해서예요. 사람이 아무리 힘들어도 미적 아우라 속에 있을 때, 인간이 누릴 수 있는 최고이자 최상의 쾌락을 느낄 수 있다고 저는 생각합니다. 그러니까 저처럼 나이 오십 다 돼서 피아노를 시작하게 하지 마시라는 겁니다. 할 수 있다면 어렸을 때 그런 가능성을 만들어주세요.

마지막으로 인간의 고통에 대한 감수성이 필요합니다. 어느덧 우리가 그런 감수성을 많이 잃어버렸는데, 이게 심각한 문제입니다. 삶의 고통에 대한 감수성, 인간이 겪는 보편적 고통에 대한 감수성이야말로 진정한 열정의 뿌리입니다. 제가 철학과에 들어오는 학생들에게 맨 먼저 하는 질문이 "훌륭한 철학자가 되는 데 가장 중요한 소질이 뭘까요? 어떤 재능이 필요할까요?"입니다. 그건 분노입니다. 마음속의 미칠 것 같은 분노 때문에 공부할 때에만 그게 진짜 공부입니다. 그 분노란 개인에 대한 증오가 아니라 인간의 보편적 고통에 대한 감수성에서 나온 것일 때 진짜입니다. 이것은 어릴 적부터 자연스럽게 함양되어야 합니다. 이런 감수성은 '자기만 아는 사람'한테서는 찾아보기 어려운 거거든요.

　이 세 가지가 필요하고, 무조건 학교에서 나오는 게 중요합니다. 10년 후에는 한국 사회에서도 본격적으로 새로운 교육에 대한 진지한 물음이 제기될 것이고, 그렇게 해서 그 다음으로 넘어갈 발판도 마련될 겁니다.

한국 민주주의를
묻고
답하다

청중 1 전 아이들 가르치는 일을 하는데, 교수님 강의를 듣고 나니 범죄자가 된 것만 같아서 우울합니다. 현재 공교육이 아이들을 탈정치화·탈이념화한다고 말씀하셨는데, 제 경우엔 아이들에게 얼마나 구조적 불평등 속에 살고 있는지, 어떻게 주체적으로 살지에 대해 자주 이야기합니다. 그런데 아이들이 그런 이야기는 흘려듣거든요. 경제적으로 부유해지고 부모의 교육 수준이 높아지면서 자식이 부족함을 느끼기 전에 모든 것을 충족시켜주니까 아이들이 자기 인생을 개척하려는 의지도 없고, 또 한편으로는 사회가 너무 정교하게 구조화된 탓에 스스로 뭔가를 만들어보겠다는 개념이 없어지는 게 아닐까요?

김상봉 학생들의 삶의 조건이 달라졌기 때문이란 말씀은 몇 가지 의미에서 조금 유보되어야 한다고 봅니다. 지금 밥 굶는 학생이 많은 거 아시죠? 우리의 현실이 생각보다 그리 부유하지 않습니다. 서울이나 수도권에 계신 분들이 가진, 한국 사회에 대한 인식 층위가 의외로 제한되어 있어요. 그걸 고려하셔야 합니다. 그래서 경제적 부유함 때문에 지금 아이들이 삶의 어려움을 모르고 투지가 없다는 건 한국의 현재, 점점 더 급속히 진행되고 있는 양극화와 거기서 파생되는 열악한 경제 사정을 생각하면 옳지 않습니다. 지금 아슬아슬하게 견디고 있는 가정이 많거든요. 제가 광주에서 국립대 부교수로 월급 받은 지가 5년

째인데, 단 한 번도 내 자식에게 수백만 원 하는 등록금을 편하게 줘본 적이 없습니다. 분납 아니면 학자금 대출이었어요. 한국 사회가 지금 그렇게 녹록한 상황이 아닙니다. 그런데 그렇게 안 보이는 까닭은 부모들이 자식 앞에서 교육 문제에 대해 아쉬운 소리를 하지 않으려고 애쓰기 때문이죠.

두 번째로 요즘 아이들이 공부만 하니까 탈정치적이 되어간다는 말씀은 맞아요. 그런데 그게 양쪽에 다 책임이 있잖아요. 학부모는 학부모대로, 학교는 학교대로 공부만 시켜요. 그 외에 다른 여지가 없잖아요. 현재 한국의 학교는 교사들의 개인적 선의와 무관하게 정치적 공간이 아닙니다. 그리고 그건 선생님들이 개인적으로 죄책감을 느낄 일이 아니고, 억울하다고 생각할 일도 아니에요. 제가 학교에 계신 선생님들께 드리고 싶은 말씀은 내부에서 저항하라는 겁니다. 그런데 정작 교사들이 그런 저항을 잘 안 해요. 예를 들어 전남대 철학과에서 '청소년을 위한 철학 교실'을 하겠다고 아이들을 보내달라고 해도 교사들이 안 내보내줍니다. 지역의 문화를 바꾸고 교육에 새로운 바람을 넣기 위해 뭔가 해보겠다는데 그걸 막는 첫 번째 걸림돌이 교사들이에요. 지금의 학교는 완벽하게 수용소입니다. 그런 의미에서 현재의 학교는 가면 안 되는 곳이죠.

제가 딸 셋을 키웠는데, 본의 아니게 거리의 철학자가 되었으니 무슨 벌이가 있었겠어요. 싫으나 좋으나 학교는 보내야 했는데, 셋 다 중도에 학교를 관뒀어요. 첫째는 자기 성질이 워낙 더러워서 견딜 수 있었다고 해요. 둘째는 상업고등학교에 가서 채 한 학기를 못 견디더라고요. "아빠, 나 학교 안 다녀도 돼?" 하기에 "좋다, 네 맘대로 해. 아빠는 그런 거 신경 안 써. 인생은 어차피 불행한 거니까."라고 대답했어요. 그렇다고 집에서 마냥 놀 수는 없잖아요. 그래서 주경야독 검정고시 학원에서 공부했어요. 그곳에는 억압하는 사람이 없으니까 훨씬 더 행복해했습니다. 대학도 가고, 지금은 직장 들어가서 잘 삽니다. 스스로 열등감을 극복하면서요. 막내아이는 내버려둬도 공부를 꽤 잘했는데, 자유인처럼 굴더니 복장, 신발, 두발 이런 걸로 선생님들과 부딪치다가 결국 2학년 2학기 중간고사 끝날 무렵에 자퇴했어요. 강남에 시험 치고 들어가는 학원 종합반이 있기에 간신히 보냈어요. 없는 살림에 본의 아니게 진짜 돈 많이 썼죠. 전들 그러고 싶었겠어요? 그런데 거기가 아침 8시 반에 시작해서 3시 반에 딱 끝나요. 그 다음은 자기들 마음대로 해도 되더라고요. 이 녀석이 토요일에는 홍대 클럽에 가서 춤추고, 보라색 매니큐어도 발라요. 한 달이 지났더니 누가 안 깨워도 자기가 알아서 하더라고요. 어느 날 "아빠, 나 혼자 이렇게 행복해도 돼?"라고 하더군요. 제가 햇수로 10년간 교육운동을 했잖아요. 학교에서 나와야 한다는 이야기는 입으로만 하는 얘기가 아니라 제 생활이 묻어 있는 거죠.

청중 2 학교를 나오라는 선생님 말씀에 한편 수긍이 되면서도 모두가 나올 수는 없지 않나, 학교 안에서는 어떤 변화를 준비해야 하는가 하는 생각이 듭니다.

김상봉 저는 그동안 계속 제도를 개선해야 한다고 주장해왔습니다. 처음 교육 운동을 시작할 때는 계급적인 관점에서 가난한 학생들 때문에라도 공교육을 혁신해야 된다는 생각이었습니다. 그런데 그것이 어느 선을 지나면서, 언제 이루어질지 모르는 제도를 바꾸기 위해서 공포에 질려 있는 학부모들에게 그냥 학교에 보내라고 말할 수는 없는 거더라고요.

학생의 10분의 1만 학교에서 나오면 균열이 생기게 되어 있습니다. 밖에서 흔들어줘야 돼요. 그래야 학교에도 변화가 가능하다는 얘기입니다. 한국 사회의 문제는 다른 선택지가 없기 때문에 생깁니다. 그리고 정말로 나쁜 건 저 같은 중산층의 사람들, 공부깨나 했다는 사람들이 다들 말은 번지르르 잘하는데 자기 자식 문제에 있어서는 다르다는 거죠. 이른바 일류 대학을 나온 부모들은 자기 자식이 자기 수준의 대학에 못 들어갈 수도 있다는 걸 상상도 못 하더라고요. 자식이 일류 대학에 못 가면 어쩔 거냐고 물으면 "독일에서 유학하다 왔으니 자식이 독일어도 좀 할 줄 알고, 그냥 독일으로 보낼까 해요."라고 대답합니다. 이게 한국의 지식인들입니다. 부딪쳐서 싸울 생각을 하지 않아요. 그럴 돈이 있으면 이제는 내부로 망명하자는 겁니다. 이제는 망명지가 밖에 없어요. 내부로 망명해서 스스로 낙오자가 되면, 그 낙오자가 바로 선구자가 됩니다.

그럼 학교에서는 뭘 해야 되나? 저항하고 끊임없이 문제를 제기해야 합니다. 학생뿐만 아니라 교사가 문제를 제기해야 됩니다. 지금의 학교가 심각한 인권침해, 반교육적인 조건 속에 있기 때문에 정의로운 교사라면 거기에 부딪칠 수밖에 없어요. 띠 두르고 나와서 투쟁하기 이전에 교실 안에서 학생들을 바꾸세요. 그 아이들이 3년 지나고 5년 지나면 유권자가 됩니다. 그들과 함께 대학평준화를 주장하는 진보정당에 표를 찍을 수 있어야 합니다. 그러기 위해서 학벌 사회가 얼마나 나쁜 것인지 확실하게 알려주세요. 공부 잘한다고 우쭐대지 말고 공부 못한다고 주눅들지 말라고 가르쳐주세요. "학원에 못 가는 학생들은 앞으로 나오고, 학원 가서 선행학습을 한 학생들은 그냥 다른 거 하세요. 이거 여러분이 다 아는 거니까 다른 책을 읽든 잠을 자든 마음대로 하고, 떠들지만 마세요." 하고 선생님은 학원에 못 가는 학생들을 위해 수업하시는 거예요. 교실 내에서 약자와 연대를 보여야 돼요. 그런 것들이 지금 우리가 고민해야 하는 부분입니다. 무작정 이데올로기적으로 공교육이 중요하다고 이야기할 때는 이미 지났습니다.

청중 3 경쟁에서 이긴 사람한테 지나치게 많은 돈과 지위와 권력과 명예를 몰아주는 도박판 같은 심리가 사회 전반에 깊숙이 침투해 있는 것 같습니다. 불법이든 부정부패든 어떤 수단을 동원해서라도 경쟁에서 이기려는 것으로 이어지는 듯 보이고요. 이런 심성이 우리 사회에 깊이 뿌리박힌 연원은 어디에 있다고 보십니까?

김상봉 이건 철학적인 질문이기 때문에 한없이 길게 말할 수 있는데, 그럴 수는 없으니까 간단히 말씀을 드릴게요. 경쟁심이란 건 아까 말씀드린 대로 내적 주체성이 확립되지 못한 사람들의 특징입니다. 남의 인정을 받아야만 자기가 쓸모 있는 사람이라고 생각하는 거죠. 물론 인간 내면의 절반은 모두 남이기 때문에 이해할 수는 있죠. 그러나 그게 절대로 전부일 수 없거든요. 그런데 오직 경쟁만 하게 되는 건 그게 전부일 때 그렇습니다. 그러니까 "그래, 나 꼴찌다. 어쩔래? 네가 나한테 보태준 거 있냐?"라고 말할 수 있는 사람들이 많아져야 합니다.

제 오랜 기억 중에 이런 게 있습니다. 초등학교 3학년쯤에 성적표를 받아온 날 집에서 자고 있는데 아버지가 물으셨습니다. "몇 등 했냐?" 그래서 제가 "2등 했어요" 했더니, "너는 2등 하고도 잠이 오냐?" 하셨어요. 제가 이 세상에 태어나서 들었던 가장 불합리한 질문이었습니다. 아무리 어린 나이지만 그런 생각이 드는 거예요. '다른 때는 저분이 훌륭한 분인 줄 알았는데, 황당하다. 전혀 비논리적이다. 2등 하면 왜 잠이 오면 안 되나?' 잠자던 저는 아버지 등쌀에 자리에서 일어났어요. 어머니가 옆에 있다가 좀 민망했던지 밥 먹으라고 하시더군요. 그래서 숟가락을 드는데 아버지가 확인사살을 하시더라고요. "야, 너는 2등 하고도 밥이 넘어가냐?"

인간이 살아가면서 가져야 할 유일한 열등감은 도덕적 열등감뿐입니다. 그런 괴로움만이 인간에게 정당하고 마땅하죠. 그리고 그때 느끼는 열등감은 당연한 겁니다. 스스로를 짓밟는 게 아니라 고양시키는 열등감이에요. 그런데 내가 2등이라서 부끄럽다는 게 무슨 '의미 있는 부끄러움'입니까? 아무것도 아니에요.

주체성이 굳건하게 형성되어 있지 않을 때 우리는 외부의 평가 기준에 따라 좌우되는 거예요. 당신 교수입니까, 당신 강사입니까, 당신 어느 대학 나왔습니까…… 같은 것으로요. 제가 자식을 키우면서 늘 좌우명처럼 하는 말이 "인생은 어차피 불행하다. 절대로 행복하게 살 생각 하지 마라. 다만 신나게 살아야 한다."입니다. 행복한 인생? 그런 거 없어요. 자아가 없으니 늘 불안하고, 공허한 탐욕만 남아요. 우리가 너무나 위축된 정신세계에 살다 보니까 맹자를 인용하자면 "호연지기의 결핍"이 되는 거예요. 다 즐겁자고 하는 거 아니에요? 한 번 왔다 가는 인생인데 신나게 살아야지, 쓸데없이 아득바득 사는 거 다 부질없는 겁니다.

제6강

오늘 헌법을 읽으면
내일 생활이 달라진다

김종철

사회자의 날선 진행으로 유명했던 토론 프로그램의 단골 토론자임에도 출연할 때마다 영 낯선 이가 있다. 시골 이장님처럼 사람 좋은 웃음을 웃는 연세대학교 법학전문대학원 교수 김종철. 하지만 본격적인 토론이 시작되면 누구보다도 치밀하게 자기 주장을 편다. 논리 전개가 하도 촘촘해서 듣는 사람이 미처 숨을 돌릴 틈이 없다. 사회에 중요한 사안이 발생할 때마다 헌법을 준거로 오목조목 따진다. 헌법재판소가 사형제도를 합헌으로 인정했을 때, 선거관리위원회가 무상급식 운동을 금지시키고 한나라당이 미디어 법안을 강행 통과시켰을 때 등. 수업시간이라고 해서 예외는 아닌가 보다. 학생들 사이에서 살인적인 분량의 숙제로 악명이 높으니 말이다. 이런 그의 긍정적인 깐깐함은 꼭 우리의 가장 기본적인 생존을 지키는 헌법을 닮았다.

함께 지은 책으로는 《로스쿨과 법학교육》《헌법과 미래》《법·정치와 현실》 등이 있다.

자유와 자유의 관계를 조정하는 헌법

한국의 민주주의는 법, 특히 헌법을 빼고는 도저히 생각할 수 없습니다. 그런데 우리의 인식 속에 과연 민주주의와 법 또는 헌법을 얼마나 연계시키고 있는지 생각하면 조금은 회의적인 것이 사실입니다. 법에 관한 대중강연을 보면 자발적 청중이 적은 것이 다반사입니다. 또 '법이 그렇다는데 왜 평소에 몰랐던가?' 이렇게 말씀하시는 분들도 의외로 많습니다. 사실 법 또는 헌법과 민주주의의 연계성을 배우지 않는 건 아닙니다. 의무교육의 교과과정에 다 들어 있어요. 다만 생활 속에서 법을 이해하는 게 아니라 입시 위주의 교육에서 시험의 대상으로 달달 외우는 데 급급했기 때문에 법에 대한 이해가 매우 부족하게 된 측면이 있습니다. 오늘 제가 한국의 민주주의를 이해하고 실천하는 데 핵심적 요소인 헌법에 대해서 기본적인 인식을 전달해줄 수 있다면 저에게 주어진 소임은 다하는 것이 아닌가 생각합니다.

우리는 헌법을 이야기할 때 주로 조문에 대해서만 언급하지만, 사실 헌법은 인간의 본질과 관련이 있는 것입니다. 헌법은 인간이 존엄성을 가진 존재라는 것에서부터 출발합니다. 우리가 태어날 때부터 자유롭고 평등한 존재라는 것은 누구도 부정할 수 없는 사실입니다. 문제는 그 점이 헌법과 어떻게 관계되는가 하는 것입니다. 우리는 태어날 때부터 자유롭고 독립된 개인이지만, 필연적으로 다른 사람과 함께 공동생활을 합니다. 우리의 경우 대한민국이라는 국가공동체에 속해 있습니다. 그리고 우리는 자신의 자유를 좀 더 안정된 틀 속에서 최대한 실현하기 위해서 국가라는 것을 만들었다고 이야기합니다. 국가는 수단일 뿐 그 자체가 목적일 수 없다는 거죠.

인간이라는 존재가 공동생활을 떠날 수 없다는 사실을 받아들인다면, 우리의 궁극적인 목적인 자유는 또 다른 시련을 준비해야 합니다. 공동생활 자체가 우리가 갖고 있는 자유를 일부 양보해야만 안정적으로 유지될 수 있기 때문입니다. 예를 들어 저는 알아주는 음치입니다. 제가 노래를 부르면 제 가족은 거의 기겁을 합니다. (청중 웃음) 가족과 공동생활을 함으로써 노래를 부르고자 하는 저의 자유는 제약이 뒤따릅니다. 제가 노래 부를 자유를 제대로 실현하고자 하면 우리 가족은 듣기 싫은 노래를 듣지 않고자 하는 자유를 침해받게 된다는 거죠. 제가 노래를 계속 부르고 살려면 가족을 떠나야 합니다. 하지만 가족은 제가 떠나는 것을 원하지 않기에 제 노래를 어느 정도 들어줄 수밖에 없을 것입니다.

결국 자유는 또 다른 자유에 의해서 제한될 수밖에 없습니다. 우리는 태어날 때부터 자유롭지만, 공동생활을 해야 하기 때문에 그 자유를 일정 부분 양보할 수밖에 없다는 것입니다. 그렇다면 얼마만큼 어떻게 양보해야 되느냐 하는 것이 우리의 과제일 것이고, 바로 그 점을 핵심적으로 밝혀놓고 있는 게 헌법입니다. 헌법에서 기준을 제시하고, 그 기준에 따라서 자유와 자유 사이의 관계를 조정하는 거죠.

그렇다면 원래부터 헌법에 의해서 자유의 조정이 이루어진 것일까요? 그렇지 않습니다. 인류의 역사를 돌아보면 민주주의가 발달했던 그리스에서조차 민주주의와 자유의 혜택을 누렸던 사람들은 자유민 남성들뿐이었고, 여성이나 노예들은 전혀 향유하지 못했습니다. 영국의 〈대헌장〉이 최초의 헌법이라고 볼 수도 있지만, 그것도 봉건영주와 왕의 관계에서만 자유를 허용해주는 것이었죠. 서양사에서 근대의 시작으로 일컬어지는 프랑스혁명에서 '인간과 시민의 권리에 대한 선언'이 선포됨으로써 헌법을 통해서 자유와 자유의 관계를 조정하는 것이 일반화되었습니다. 근대사회에 들어와서 우리가 천부적으로 가지고 있는 자유와 자유의 관계를 어떻게 헌법을 통해서 공동생활 속에서 조정할 것인가 하는 인식이 지배적이었습니다. 그것을 '헌법주의' 또는 '입헌주의'라고 부르죠. 정치학자들은 '헌정주의'라고도 합니다. 이를 통해 인간관계의 질서를 유지하는 체제가 일반화되었고, 우리나라의 경우에는 1948년 정부 수립과 제헌헌법을 만들면서 일반화되었습니다.

그렇다면 헌법은 과연 법일까요? 국회에서 만들든 헌법제정회의에서 만들든 성문화한 헌법을 일종의 법이라 할 수 있습니다. 그것을 편의상 '법적 형식의 헌법'이라고 부르겠습니다. 우리가 가지고 있는 헌법에서부터 그것을 구체화한 국회법, 법원조직법, 정부조직법, 집회 및 시위에 관한 법률 등 각종 법률이 법적 형식의 헌법입니다. 좁은 의미에서는 이것만 헌법이라고 해서 논의할 수 있지만, 실제로 그것만으로는 논의에 한계가 있습니다.

2009년에 사회적 논란이 일었던 현안 가운데 미디어 관련법에 관한 헌법재판소의 결정이 있었습니다. 판결 이후에도 국회 파행의 원인이 되었는데, 거기에 적용되는 법이 국회법이죠. 일사부재의 一事不再議의 원칙이라든지 국회의원들이 심의하고 표결하는 것과 관련한 절차를 정해놓은 법입니다. 그런데 국회의 의사는 국회법만으로 이루어질 수 없지요. 그 국회법을 해석하고 운용하기 위해 많은 관행들이 있습니다. 사실 그런 부분들도 헌법의 내용을 이룹니다. 이런 것은 정치과정에 참여하는 사람들의 합의와 관행에 대한 존중을 토대로 이루어지기 때문에 '정치도덕적 형식의 헌법'이라고 할 수 있습니다.

헌법이나 법률이 모든 관계를 구체적으로 다 해결할 수 있도록 규정되어 있지는 않습니다. 핵심 부분만 정해져 있고, 나머지 부분들은 상황에 따라서 운용할 여지가 있다는 거죠. 법으로 문자화된 것을 보충하는 것, 그것들이 계속 관행이 되고 굳어지는 것, 그것도 헌법이에요. 이 두 가지 형식의 규범, 즉 법률로 문서화되어 있는 것과 정치적 합의들이 결합되어서 헌법이라는, 정치사회생활에 필요한 기준의 실체를 행사한다는 것이죠. 우리가 눈에 보이는 것만, 문서화된 것만 법이라고 본다면 헌법의 한 단면만 보는 겁니다.

법적 형식의 헌법만으로 헌법생활이 가능하다면 인간세상에서 정치는 필요가 없게 됩니다. 극단적으로 말하면, 국회는 필요없고 헌법재판소와 법원만 있으면 되죠. 플라톤이 말했던 철인정치哲人政治라는 게 다른 게 아닙니다. 모든 사항들을 잘 아는 한 사람이 법도 만들고 집행도 하면 훨씬 더 효율적이고 좋겠죠. 그런데 사람은 신이 아닙니다. 절대 권력은 부패할 수밖에 없고요. 결국은 여러 사람이 모여서 의논하고 합의하는 것이 불가피한데, 그게 바로 정치입니다. 정치에 의해 법을 운용하는 또 다른 규범 혹은 정치라는 게임의 법칙이 형성되는데, 그것도 헌법의 한 축을 이룬다는 말입니다. 결국 헌법에는 정치적 측면과 법적 측면이 있습니다. 법적 측면을 강조하는 국가작용이 법원이나 헌법재판소 같은 것들이고, 정치적 측면이 강조되는 것은 입법부 같은 정치과정입니다. 이 두 가지 국가작용을 통한 헌법의 실현이 균형을 이루어야 그 공동체가 잘 굴러가는 겁니다.

왜 인권과 민주주의는 헌법을 필요로 하는가

사실 우리는 헌법이라는 것을 통해서 공동체를 선택한 겁니다. 사회계약을 한 거죠. 앞서서 '우리는 날 때부터 자유로운 존재다, 인간으로서 자유를 가지고 있다.'고 전제했죠? 그 헌법의 내용이 바로 기본권입니다. 정치사회학적으로는 인권이라고 부르는 것이죠. 우리가 일상생활에서 하는 모든 행동은 사실 기본권에 의해 보호받고 있습니다. 그렇다고 모든 자유를 무제한 인정하면 어떻게 되겠습니까? 로빈슨 크루소처럼 무인도에 사는 사람이 아닌 한, 누군가에 의해서 그 자유를 제약할 수밖에 없어요. 그것은 사실상 헌법적인 계약을 맺은 것이고, 헌법이 실현된 겁니다. 우리는 그것이 헌법이라고 인식하지는 않지만, 자유라는 인권의 실현이란 그런 것입니다.

이런 점을 사회생활로 확대시켜볼까요? 예를 들어 집회를 살펴봅시다. 누군가는 서울광장에 가서 자기의 정치적 주장을 이야기하고자 합니다. 대한민국 헌법 제21조는 그런 집회의 자유를 보장하고 있습니다. 그런데 집회를 하게 되면 서울광장의 잔디가 죽습니다. 그 잔디는 시민이 낸 세금으로 만든 거니까 그것도 하나의 부작용입니다. 2008년 촛불시위 때 서울광장에서 100여 일 동안 대규모 집회가 이루어짐으로써 그 주변 상권이 영향을 받았을 겁니다. 그래서 상인들이 소송을 제기하기도 했죠. 또한 광장 주변으로 출퇴근하는 사람들도 교통체증 때문에 영향을 받았습니다. 자기가 가지고 있는 재산권이나 이동의 자유에 불이익을 받았다는 것이죠.

헌법은 집회의 자유만 보장하는 게 아니라 재산권이나 이동의 자유도 보장하고 있습니다. 결국 이들 자유는 조정을 필요로 하고, 그 조정을 누가 하느냐가 문제가 되는 것입니다. 그런 조정은 헌법에 정해놓은 틀대로 해야 되고, 그 조정을 실현하는 주체가 국가라는 놈이죠. 혹시 〈좋은 놈, 나쁜 놈, 이상한 놈〉이라는 영화를 보셨나요? 비유하자면 국가라는 것이 이 제목에 딱 들어맞는 존재입니다. 국가는 기본적으로 '좋은 놈'입니다. 국가가 없으면 집회의 자유든 이동의 자유든 경제활동을 할 자유든 보장되지 않을 수 있습니다. 그런데 국가는 동시에 '나쁜 놈'이기도 해요. 누군가에게는 자유를 억제하도록 요구하게 된다는 거예요. 그래야 조정이 될 테니까요. 집회의 자유나 이동의 자유는 그런 면에서 조정이 필요한 관계에 있습니다. 국가는 이동하려는 사람들에게 집회를 위해서 불편해도 참으라고 요구해요. 한편 집회를 무단으로 할 수 없도록 규제하기도 합니다. 그러다 보니 경우에 따라서는 이상한 놈도 되는 겁니다. 그걸 보통 필요악 necessary evil이라고 합니다. 필요는 좋은 놈이고, 악은 나쁜 놈이라는 것이죠. 필요악이니까 '암수한몸'처럼 이상한 놈이 되는 것이죠.

한 가지 더 강조할 것은, 인권이란 태어날 때부터 가지고 있는 것인데, 그걸 헌법화한다는 것은 그것들을 보장해야 한다고 헌법이 확인하는 겁니다. 그걸 대한민국 헌법 제10조에서 이렇게 밝히고 있습니다. "모든 국민은 인간으로서의 존엄과 가치를 가지며, 행복을 추구할 권리를 가진다. 국가는 개인이 가지는 불가침의 기본적 인권을 확인하고 이를 보장할 의무를 진다." 즉 국가가 우리에게 자유를 주는 게 아니라 우리가 원래 가지고 있는 것을 확인한다는 거죠. 그리고 높은 수준에서 제대로 실행될 수 있도록 해주어야 한다는 겁니다. 국가가 존재하는 이유는 바로 그것입니다. 그래서 국가는 우리의 자유를 실행함에 있어서 기본적으로 수단일 수밖에 없죠. 우리가 법을 통해서 헌법생활을 생각해야 하고 민주주의를 논해야 하는 이유가 여기서 나오는 겁니다. 우리는 태어날 때부터 자유를 가지고 있는데, 그것을 국가를 통해서 확인하도록 헌법화함으로써 그것들을 안정적으로, 최대한 실현할 수 있는, 그리고 골고루 실현할 수 있는 체제를 가지게 된 거예요.

국가는 대통령이나 국회, 대법원 등 여러 가지 것들로 상징되기는 하지만 실존하는 것은 아니지요. 그것은 우리 관념 속에 있는 허깨비입니다. 그것을 담당하는 사람은 우리 가운데 한 사람이고, 그게 바로 민주적으로 국가가 운영되는 모습입니다. 국가 운영에서 최고 결정을 할 수 있는 존재가 바로 주권자입니다. 주권자는 체제에 따라 다릅니다. 대한민국에서는 헌법 제1조 제2항에서 말하는 대로 주권을 국민이 가집니다. 우리가 바로 국가의 최종적 의사를 결정하는 것이죠.

국민이라는 주권자에 의해서 그 밑에 있는 국가기관을 구성하는 겁니다. 그리고 선거를 통해서 국회의원과 대통령을 뽑습니다. 법관도 우리가 뽑는 것과 마찬가집니다. 우리 대표인 대통령이나 국회를 통해서 뽑는 거니까요. 그리고 그 국가기관을 통해서 자유와 자유의 관계를 조정하는 겁니다. 그리고 우리는 끊임없이 국가에 어떻게 하라고 요구하게 됩니다. 그게 모두 우리의 정치적 활동이 되는 거예요. 그렇게 해야만 우리가 헌법을 만들고 국가를 만들었던 이유대로 우리의 자유를 최대한 안정적으로 실현할 수 있는 구조가 되는 거죠. 이게 바로 민주주의입니다. 이런 일들을 가능하게 하는 것이 바로 헌법이고요.

헌법의 한 축은 모든 국민이 원래 가지고 있던 자유를 확인하는 것입니다. 그리고 누군가가 그것들을 조정해야 되는데, 그 역할을 국가가 하는 것입니다. 그런데 그 역할을 잘난 사람들이 독점하게 되면 다 종잇조각에 불과하게 되는 것이죠. 결국 스스로가 스스로를 제한하는 시스템, 즉 자기지배self-government 체제로 가야 하는 겁니다.

여러분은 헌법을 의식하지 않고도 먹고 자고 쉬고 일하고 계셨지만, 사실 그 모든 것들이 헌법의 손바닥 안에서 이루어지고 있는 겁니다. 우리는 법, 특히 헌법을 의식하지 못하지만, 우리의 모든 생활은 그 나라의 헌법 속에 있고, 우리의 일거수일투족은 헌법적으로 규정된다는 겁니다. 그런데 문제는 제대로 하고 있느냐는 것이죠. 제대로 하기 위해서는 무엇이 필요할까요? 헌법에 생명을 불어넣기 위해 필요한 것 중 하나는 인간은 원래 자유로운 존재이고, 헌법이 그것을 보장하고 국가는 그것을 실행하기 위해 존재한다는 것을 자각하고, 그것들이 잘못되었을 때 바로잡기 위한 노력입니다. 또한 우리가 자유를 가지고 있을 뿐만 아니라 그것을 실현하기 위해 국가라는 놈을 만들었고, 그놈이 민주적으로 운영되는지 아닌지에 대해서 우리가 얼마나 관심을 가지고 있고, 그것들을 시정하기 위해서 노력을 했느냐는 거예요.

우리가 인식하지 못하는 또 하나의 사실은 우리 헌법생활이 다른 사람들에 의해서 불공정하게 규정당하고 있다는 겁니다. 이것은 결국 우리의 삶, 헌법생활이 아주 낮은 수준에 있다는 것을 의미합니다. 우리 삶의 질을 높이고 국가를 민주적으로 운영하기 위해서는 국가기관을 철저히 감시하고 감독해야 합니다. 우리가 헌법을 잘 이해해야 그것들을 실현할 수 있다는 겁니다. 사실은 이 부분이 제가 여러분께 드리고 싶은 말씀의 핵심입니다. 헌법을 통해 민주주의를 실현하는 것 혹은 민주주의는 헌법을 통해서만 제대로 실현될 수 있다는 것에 대해 국민의 이해를 높이는 것이 제 강연의 주목적입니다. 그 과정에 무엇이 필요한지를 하나씩 점검해가겠습니다.

어떤 민주주의를 선택할 것인가

민주주의의 개념은 워낙 다양하지만, 저는 그중에서 두 가지만 말씀드리겠습니다. 우리가 스스로를 지배하는 것에 최고의 가치를 두고, 나머지에 대해서는 하위의 가치로 두는 것을 생각해볼 수 있습니다. 민주주의의 결정 방식에는 만장일치와 다수결이 있습니다. 만장일치는 현실적으로 불가능합니다. 그래서 결국 다수결이 될 텐데, 다수결이라는 건 소수가 있다는 뜻이죠. 이런 순수한 의미의 민주주의는 결국 다수에 의한 지배를 의미합니다. 다수와 다른 생각을 가지고 있는 소수는 더 많은 자유를 양보해야 되죠. 이것이 바람직한 것일까요? 유감스럽게도 그렇지 않습니다. 다수의 독재로 흐를 수 있으니까요. 전체주의와 다름없다는 거죠. 그래서 우리는 일인의 지배나 한 정치 세력이 다수라는 이유로 모든 것을 전담하는 체제는 어떤 민주적인 외향을 띤다 하더라도 수용할 수 없습니다. 그럴 때 민주주의의 개념은 조금은 순치가 필요하게 됩니다.

다수에 의한 지배를 말할 때 소수가 누구냐? 이게 참 정하기가 쉽지는 않아요. 지금 우리는 자본주의라는 경제체제에 살고 있는데, 자본주의의 핵심은 생산수단의 소유 여부에 있습니다. 이때 생산수단을 가지고 있지 않은 사람이 다수입니다. 그런데 다수인 노동자계급이 독재를 하게 되면 자본주의는 어떻게 됩니까? 그래서 재산권은 다수결로 함부로 박탈할 수 없다는 것을 최고의 가치로 삼는 민주주의 개념이 가능하게 됩니다. 그것을 편의상 자유주의적 민주주의라고 합니다.

그것의 대척점에 있는 게 사회주의적 민주주의죠. 이것은 살아가기 위해 필요한 최소한의 물적 조건을 매우 중요시합니다. 인간이라면 가져야 할 최소한의 교육, 질병이나 궁핍으로부터 최소한의 자유를 누리는 상황을 한번 보여주자는 겁니다. 그런데 생산수단을 가지지 못한 사람들은 노동의 기회를 통해서만 그것들을 실현할 수 있습니다. 그들은 수적으로는 많을지 모르지만 힘의 관계에서는 소수입니다. 그 그룹에게 희생을 강요하지 않도록 보장해주는 것을 중요한 가치로 삼는 민주주의, 일부 경제활동의 자유, 재산권의 규제는 수용되어야 한다는 생각을 허용하는 민주주의가 사회주의적 민주주의입니다. 이 두 가지가 경쟁하는 관계에 있는데, 어느 게 더 옳은지 판단하기는 힘들죠. 현실에는 이것들의 조합에 의한 많은 변형들이 있습니다.

대한민국 헌법에서는 '자유민주적 기본질서'라는 표현을 쓰고 있습니다. 헌법 전문에도 "자유민주적 기본질서를 더욱 확고히 하여"라는 표현이 있습니다. 그리고 헌법 제4조에서 국가에 평화통일정책의 추진 의무를 부여하면서 그 조건 중 하나로 '자유민주적 기본질서'를 들고 있습니다. 헌법 제10조에서 "개인이 가지는 불가침의 기본적 인권을 확인하고 보장할 의무"가 국가에 있다고 하는 것은 바로 자유는 어떤 경우에도, 아무리 다수결로 결정한다고 하더라도 그 핵심은 포기할 수 없다는 겁니다. 이에 대해 헌법 제37조 제2항에서 "국민의 모든 자유와 권리는 국가안전보장, 질서유지 또는 공공복리를 위하여 필요한 경우에 한하여 법률로써 제한할 수 있으며"라고 밝히고 있습니다. 이 말은 국가안전보장, 질서유지, 공공복리를 위해서 국가가 법률로써 우리가 가지고 있는 자유를 제한할 수 있다는 겁니다. 집회를 어느 때고 무조건 다 할 수 있는 게 아님을 정할 수 있다는 것이죠. 그런데 거기서 끝나는 게 아니에요. 헌법 제37조 제2항의 뒷부분에 "제한하는 경우에도 자유와 권리의 본질적 내용을 침해할 수 없다."고 되어 있습니다

다. 즉 집회를 원천봉쇄하는 것은 본질적으로 어느 경우 어느 장소에서도 있을 수 없지만, 어느 정도까지가 본질적인 것인지는 우리의 능력에 맡겨져 있는 겁니다. 우리가 헌법을 어떻게 이해하고 실천하느냐에 따라서 자유의 공간은 늘어날 수도 줄어들 수도 있는 것입니다.

그 외에도 헌법에는 민주주의와 관련된 조항이 많습니다. 그런 것들까지 종합하면 '자유민주적 기본질서'라는 하나의 용어가 되는데, 그것이 앞서 말한 두 가지 민주주의 가운데 어디에 해당할까요? 헌법재판소의 해석 등을 따르면 두 가지 모두를 채택할 수 있습니다. 즉 헌법에서는 경제적 소수를 근원적으로 박탈하는 것은 용납하지 않습니다. 또한 우리가 인간다운 생활을 할 권리를 쟁취하기 위해서 필요한 노동자들의 단결권, 단체교섭권, 단체행동권도 보장하고 있습니다. 헌법은 매우 포용적이기 때문에 우리가 무엇을 실현할 것인지는 우리의 정치적인 결정에 달려 있습니다. 우리가 좀 더 경제적 자유주의를 중심으로 한 민주주의를 실현할 것인지, 아니면 사회민주주의적인 민주주의를 실현할 것인지는 우리가 그때그때 정치적으로 결정할 수 있는 것이지, 헌법에 정해져 있는 것은 아니라는 게 바람직한 이해라고 봅니다.

헌법적 감수성을 잃을 때 민주주의는 무너진다

어떤 것이든 다 선택할 수 있을 때 보장되어야 할 것은 바로 정치적 자유주의입니다. 그런 선택권은 어떤 경우에도 침해받아서는 안 된다는 겁니다. 우리가 자유주의적 민주주의를 추구할 것인가, 사회주의적 민주주의를 추구할 것인가 하는 선택권은 주권자인 우리에게 있고, 우리의 선택권 자체를 실현하는 데 필요한 표현의 자유, 선거권, 공무담임권 등은 최대한 보장되어야 한다는 거죠. 그것을 제한하려는 시도는 일단 민주주의의 적으로 의심을 받을 수 있는 겁니다. 거기에 대해선 저항해야 하는 것이죠. 그래서 제가 지지하는 민주주의는 기본적으로 다수결의 절대성을 인정하는 '순수' 민주주의는 아닙니다. 다수의 독재를 의미하게 되면 일단 배제해야죠. 그렇다면 나머지 부분들은 가치적인 면에서 매우 열려 있는 겁니다. 열려 있으되 양보할 수 없는 핵심은 정치적 선택권과 관련된 부분들입니다. 그것들은 어떤 경우에도 함부로 제한되어서는 안 된다는 것이죠. 바로 여기에 집회의 자유의 중요성이 있는 겁니다.

집회의 자유에는 비용이 필요합니다. 교통혼잡의 비용, 주변 상가의 영업손실비용이 필요합니다. 그런 비용을 당연히 전제하고 있는 게 집회죠. 헌법에서 집회의 자유를 '원칙적으로 자유'라고 선언해놓은 것은 집회에 필연적으로 수반되는 일정 수준의 비용은 감내해야 한다는 뜻입니다. 단순히 타인의 권리나 자유에 불이익을 준다는 이유만으로 집회의 자유를 함부로 규제해서는 안 되는 이유가 여기에 있습니다.

집회 중에서도 정치적 집회는 최대한 보장되어야 합니다. 정치적 표현의 자유는 바로 공동체의 민주적 운용, 그로 인하여 얻게 될 인권 간의 합리적 조정을 가장 적정한 수준에서 이루기 위해서 꼭 필요하기 때문입니다. 예를 들면 집회 장소 주변의 상가들은 모두 경제정책의 영향을 받습니다. 대형 슈퍼마켓을 활성화하는 경제정책을 쓸 것인가, 소규모 자영업자들을 우대하는 경제정책을 쓸 것인가, 이건 우리의 선택에 달려 있어요. 그것을 결정하는 것은 우리의 대표자들이 모인 국회입니다. 그걸 집행하는 자는 대통령이나 정부이죠. 집회의 자유를 제대로 보장하지 않으면 주변 상가들의 운명을 좌우할 수 있는 것들이

다 영향을 받게 되는 겁니다. 당장은 집회 때문에 영업이 안 된다는 것만 고민하고 있지만, 그 집회를 제대로 보장하지 않게 될 때, 그래서 경제적 기득권을 가진 계층에서 재벌 친화적 경제정책 일변도로 가게 될 때 소규모 상권들은 다 죽어버리게 된다는 거죠. 눈에 안 보이지만 자기가 의식하지 못하는 사이에 생존권의 기반이 무너지고 있는 겁니다. 그런데 정작 그들은 국회(국회의원, 여당)가 아니라 오히려 자기편이 되어줄 수 있는 집회 참가자들을 상대로 소송을 걸었죠. 당장 눈앞에 보이는 이익이나 손실만 보기 때문이에요.

바로 이게 문제입니다. 법이나 헌법이 우리 삶의 근거를 구성하고 있는데도 눈에 안 보이고 당장 피부에 와 닿지 않기 때문에 소홀하기 쉽고, 그래서 우리는 낮은 수준의 생활을 할 수밖에 없는 겁니다. 나치가 유대인들을 학살할 때 유대인이 아니었던 나머지 독일 국민은 자기 일이 아니니까 다 눈감았습니다. 그 결과는 갈수록 독재의 희생자들이 늘어났죠. 당장 내 일이 아니라도, 자신은 집회에 참가하지 않더라도 집회가 원천봉쇄되는 것을 분개해야 하는 이유가 여기에 있습니다.

우리는 1987년 이후 지속적으로 자유와 민주화가 향상되어왔습니다. 그런데 이명박 정부가 들어선 지 1년 만에 그것들이 엄청나게 후퇴하고 있죠. 연대감을 상실하기 때문에 그런 거예요. 우리는 헌법적 감수성과 자유에 대한 감수성을 가지지 않고, 헌법을 제대로 이해해서 방비하고 경계하지 않는 그 순간부터 토대가 약한 빈껍데기 민주주의에 살고 있는 겁니다.

헌법재판, 헌법과 민주주의의 교차로

헌법의 핵심 가운데 하나는 우리가 자유롭다는 것입니다. 우리 생활이 모두 헌법에 보장되어 있고, 우리가 그것들을 높은 수준으로 자각해서 실천하지 않는 한, 낮은 수준의 헌법생활을 할 수밖에 없습니다. 민주주의도 마찬가지입니다. 똑같이 헌법의 중요한 내용 가운데 하나이지만, 헌법에 대한 이해가 높지 못해서 민주주의를 제대로 실현하지 못하면 결국 낮은 단계의 민주주의밖에 실현될 수 없습니다.

그런 상황을 치유하기 위해서 만든 것이 헌법재판이라는 제도입니다. 헌법 제37조 제2항은 법률에 근거하지 않고는 우리의 자유와 권리를 제한할 수 없음을 밝히고 있습니다. 집회를 원천봉쇄할 수 있는 것도 악법 조항이지만, 그 법에 따라 남용하든 그렇지 않든 근거조항이 없으면 할 수가 없다는 것이죠. 집시법(집회 및 시위에 관한 법률)이 없으면 집회를 원천봉쇄할 수가 없다는 겁니다. 그런데 그 법률을 누가 만듭니까? 우리의 대표들이 만드는 것이고, 궁극적으로는 우리 스스로가 만드는 것과 같습니다. '우리 스스로 만들고, 우리 대표들이 만들기 때문에 결국 좋은 것일 것이다.' 이게 민주주의의 기본 전제였어요. 순진한 생각이죠. 그들은 우리의 대표이지만 사익을 추구할 수 있다는 점을 가볍게 생각한 겁니다. 그리고 인류의 경험은 대표의 자리에 가면 대개가 부패하기 마련이라는 것을 알려주고 있습니다.

그러므로 법률이 힘세고, 돈 있고, 권력 있는 사람들에게 유리하게 작동하지 않도록 감시하고 감독해야 합니다. 그래서 생각해낸 제도가 헌법소원제도입니다. 알다시피 우리 생활의 모든 것은 규제를 받고 있습니다. 수돗물의 관리나 생수의 관리 등만 해도 다 국가작용에 의해서 이루어집니다. 여러분이 사시는 집만 해도 건축법의 규제를 받고 있죠. 법을 어떻게 만드느냐에 따라서 여러분의 재산이 왔다 갔다 할 수 있는 겁니다. 그런데 법률이 우리의 일상생활을 지나치게 규제할 때 그것을 바로잡을 수 있도록 한 제도가 헌법소원제도입니다. 다만 여러 법이 정해놓은 요건들을 갖추어야만 합니다. 그래도 그런 제도가 있다는 것은 매우 중요하죠. 헌법재판을 통해서 우리의 자유와 민주가 좀 더 높은 수준에서 보장될 수 있기 때문입니다.

헌법재판에는 부정적인 측면도 있습니다. 나쁜 법은 당연히 걸러내야 하지만 무엇이 나쁜 법이고 무엇이 좋은 법인지 판단하기가 쉽지 않고, 그것을 전부 헌법재판소(이하 '헌재'로 약칭)에 가서 결정하기 시작하면 국회가 유명무실해집니다. 그것을 '정치의 사법화'라고 하죠. 최근 논란이 되었던 미디어 관련법의 경우를 예로 들어보겠습니다. 헌재가 이 법의 운명에 영향을 미칠 수 있는 지위에 있게 된 것은 본질적으로 그 법의 내용과는 관계가 없습니다. 신문과 방송의 교차소유를 하는 것이 옳으냐 아니냐를 판단한 것이 아니라는 겁니다. 헌재의 판단 대상이 된 것은 그 법의 의결 과정이 헌법과 법률에 따른 절차와 요건을 준수하였느냐죠. 이런 부분들은 사실 정치적 타협을 통해서 해결하는 게 우리 헌법이 추구하는 것입니다. 법률이 지나치게 국민의 자유를 규제할 때 그것이 헌법에 위배됨을 밝힘으로써 그 자유의 폭을 더 넓혀주는 것이 헌재의 역할인데, 그 내용을 정하는 과정에서 발생한 잘못을 다루게 된 것이 문제입니다.

여하튼 헌재에 온 이상 올바른 판단을 해주어야 하고, 제가 보기에는 헌재가 원칙적으로는 옳은 판단을 했습니다. 그 절차에 있어서 국회의원들의 심의표결권이 침해되었다고 인정한 거죠. 야당이 승소한 겁니다. 그럼 국회는 침해된 상태를 회복시켜줘야 되는데 안 한다 이 말이에요. 권한쟁의 심판, 헌법재판제도를 둔 취지에 정면으로 배치되는 겁니다. 일부 국민은 그런 과정보다는 절차에 문제가 있으니까 법 자체를 무효로 했어야 되는 거 아니냐고 해요. 여기에서는 입법 과정이 문제였기에 민주정치의 정치적 자율성을 고려해야 합니다. 헌재가 미디어 관련법의 개정 절차가 불법이라는 판단만 하고 그 내용에 대해서 국회에서 스스로 해결하도록 한 것을 민주주의라는 큰 틀에서 본다면 나무랄 것은 아니라고 생각합니다. 오히려 헌재의 판결이 내려졌는데도 국회의장이나 여당이 헌재의 결정을 무시하는 것은 매우 위험한 것이죠. 즉 정치과정을 통해서 합의되는 것이 기본적으로 맞지만, 그 정치과정도 헌법이 정해놓은 틀 속에서 이루어져야 하는데, 헌재에서도 확인된 그 위반을 해소하려고 하지 않는 것은 헌법의 수준과 민주주의의 수준을 매우 낮은 단계로 만들어버리는 것입니다.

헌법재판은 입법과 정치의 균형을 맞추는 게 매우 중요합니다. 자기가 할 수 있다고 해서 헌재가 법률 또는 공권력 작용들에 대해서 위헌을 선언해버리면 국회 입법권이나 행정의 자생력, 자율성이 줄어들 수밖에 없습니다. 특히 헌법재판을 하는 사람들이 항상 올바르게 재판을 하느냐, 원래의 취지에 따라서 소수를 보호하는 재판을 하는가 하는 점도 문제죠. 물론 헌재가 정치적으로 해결하기 어려운 재판을 해내기도 했습니다. 동성동본금혼 조항의 헌법 불일치 판결, 혼인빙자간음 조항의 위헌 결정, 야간옥외집회허가제에 대한 헌법 불합치 판결의 경우가 그렇습니다. 동성동본금혼 조항의 경우, 국회 입법에서는 여러 번 논의되었지만 개정이 쉽지 않았죠. 헌법이 추구하는 개인의 기본적 인권을 고려하면, 불분명한 조상을 이유로 본인이 원하는 배우자와의 결혼을 금지한다는 것은 인권의 본질을 침해하는 것입니다. 하지만 정치과정에서는 쉽게 해소하기 어렵습니다. 관습상 폐지를 원치 않은 사람이 다수였던 거죠. 헌재가 소수 보호를 지지했기에 그런 결과가 있었고, 헌재가 아니었다면 훨씬 오랜 기간이 걸렸을 겁니다.

민주주의에 대한 절차적 통제도 중요합니다. 이전 선거법에서는 전국구 비례대표 국회의원의 의석을 배분할 때 지역구 투표에서 표를 얻은 정당의 득표율로 의석을 배분했습니다. 그런데 무소속을 지지한 사람들의 표는 전국구 비례대표에 배분을 안 하는 거예요. 정치적 선택권과 관련해 특별한 경우가 아니면 그런 제한을 할 수 없는데 말이에요. 이에 대해 헌재가 위헌 결정을 했습니다. 이것도 매우 중요한 헌재의 긍정적인 기능이 될 것입니다. 앞서 예를 들었던 미디어 관련법에 대한 권한쟁의도 사실은 헌재가 절차적 민주주의를 실현하기 위한 획기적인 판결을 한 겁니다. 정치권이 이것을 수용하지 않고 있어서 지금 헌법적 공백 상태, 헌법의 위기 상태를 만든 것이죠.

미디어 관련법 결정과는 달리 헌재가 정치과정에 지나치게 개입해서 문제를 해결하기는커녕 복잡하게 만들어버린 대표적인 예가 신행정수도건설 특별법의 위헌 결정입니다. 지금 세종시 논란에서 핵심은 행정부처를 이원화하는 것이 비효율적이냐가 아닙니다. 원래 그 법을 만들었던 이유는 국토의 균형 있는 개발과 전체적인 분권화입니다. 수도권 집중이 초래하는 엄청난 불평등 구조를 고치는 하나의 방법이었죠. 그런 문제는 온데간데없고, 정부를 쪼개놓는 게 좋은 것이냐 아니냐 하는 아주 좁은 단계에만 머물러 있는데, 그런 상황을 초래한 게 무엇입니까? 바로 행정부를 다 옮기는 것은 위헌이라고 했기 때문이죠. 만일 그러지 않았다면 지금 세종시 논란은 다른 각도에서 다루어지고 있겠죠. 그리고 현 정부가 함부로 논의를 제기하기가 쉽지 않았을 겁니다. 그게 바람직한가 아닌가가 문제가 아니라, 그런 상황을 왜 헌재가 개입해서 헝클어놓았느냐 이 말이에요. 국민이 뽑은 국회가 해놓았는데. 국회가 잘못했을 수도 있죠. 그럼 원래 취지였던 분권할 것이냐 말 것이냐, 균형개발을 할 것이냐 말 것이냐 하는 점이 논의되어야 하는데, 지금처럼 주객이 전도되도록 만들어버렸다는 거죠.

신행정수도 관련 결정의 더 큰 문제는 헌법을 통해서 민주주의를 실현하고 자유를 실현하게 하는 메커니즘에 배치되는 논리를 사용했다는 점입니다. 여러분이 잘 아시는 관습헌법론이라는 게 그것입니다. 수도가 서울이라는 것은 성문헌법에 없는데도, 성문헌법과 똑같은 지위를 가지는 것이 관습헌법이라고 하고, 그 관습헌법에 의해서 국민의 대표자들이 법률로 만들어놓은 정치적 결정을 번복시키는 결정을 해버린 겁니다. 그것은 헌재가 하지 말았어야 할, 설령 그런 권한이 있더라도 최대한 자제했어야 할 대표적인 경우고, 그것이 헌재에게 원래 허용되었던 취지를 벗어나는 부분입니다.

헌재가 자제력을 발휘함으로써 주어진 소임을 제대로 수행한 대표적인 예는 바로 노무현 대통령 탄핵 기각 결정입니다. 그 결정의 핵심은 주권자인 국민이 결정하는 게 옳은 태도이고, 임기 말의 국회가 함부로 결정할 사안이 아닌데도 했다는 것입니다. 적극적으로 개입하지 않겠다, 국민에게 맡긴다고 한 겁니다. 이것은 헌재가 자신의 권력을 자제한 것이죠. 공교롭게도 똑같은 해에 두 가지가 결정됐습니다. 하나는 너무 앞서갔고, 또 하나는 적절히 자제함으로써 헌재의 위상을 잘 보여주었던 예라고 할 수 있습니다.

헌재를 둔 이유는 정치과정을 보완하기 위해서입니다. 정치·입법·

행정 과정이 헌법이 정해놓은 틀을 넘어설 때 조정해주는 게 헌법재판인 거예요. 입법이 해야 될 일, 행정이 해야 될 일까지 결정하는 것은 헌법재판의 역할이 아니라는 것입니다.

시민행동, 헌법과 민주주의의 버팀목

우리 헌법재판의 과제는 민주주의의 안정적인 발전을 위해 필요한 만큼만 제대로 기능하는 것입니다. 소수의 자유가 본질을 침해하는 경우에 적극적으로 막아주는 작용, 정치적 자유주의에 의해서 국민의 선택권이 최대한 자유롭게 실현되어야 하는데 그것들을 막고 있는 장치들을 제거시켜주는 작용, 그런 것에 초점을 두어야 하는 것이지, 헌재가 나서서 이게 옳다 그르다를 결정해서는 안 된다는 이야기입니다.

그러기 위해서 우리에게 필요한 것이 몇 가지 있습니다. 우선 헌재가 매우 민주적으로 구성되어야 합니다. 국민이 직접 선출하지 않고, 국민에 대한 책임을 지지 않는 9명의 재판관들이 그런 중대한 결정을 하게 한다는 건 엄청난 일이거든요. 그런데 여러분은 헌재 재판관들의 임명에 대해서 얼마나 많은 관심을 가졌습니까? 여러분의 무관심 속에서 여러분의 자유와 민주주의가 이런 수준이 된 겁니다. 그렇다고 헌재 재판관 임명에 관해 1인 시위를 하라는 건 아니에요. 많은 분들이 그런 중요성을 인식하고 자신의 활동 공간 속에서, 인터넷 댓글을 하나 다는 방식으로라도, 여론만 모아져도 바뀔 수 있다는 겁니다.

두 번째는 헌재 재판관들이 재판을 통해서 정치적 결정을 하는 것이기 때문에 거기에 필요한 덕목이 있어요. 즉 논리적인 엄정성이 있어야 됩니다. 상식을 포함해야 된다는 거죠. 관습헌법론 같은 것은 사실 설득력이 약하고 상식도 포함하지 않는 논리예요. 그런 논리는 함부로 사용해서는 안 됩니다. 그래야만 헌재가 자리를 잡는 것이죠. 아니면 헌재를 따로 둘 이유가 없다는 논의가 나오게 됩니다. 더 중요한 것은 권한이 있다고 해서 무한대로 행사되는 것이 아니고, 자기의 기능을 최대화할 수 있고 순기능을 할 수 있는 데서는 적극적으로 나서고, 그렇지 않은 데서는 적절히 자제하는 미덕을 발휘해야 한다는 겁니다. 모든 국가권력에 필요한 점이지만, 헌법재판에 특히 필요합니다.

세 번째로 최후의 보루는 누가 뭐래도 국민입니다. 국가권력을 행사하는 자들을 누가 그 자리에 가게 합니까? 국민입니다. 또 그 사람들이 결정하는 것에 대해서 침묵하거나 회피함으로써 마음대로 할 수 있게 해준 사람들이 바로 우리 시민입니다. 시민이 헌법의 수호자이고, 그 수호자들이 헌법에 대해서 각성을 하고, 낮은 단계든 높은 단계든 헌법생활에 대해서 감수성을 가지고 끊임없이 인증하면서 자기 나름의 실천을 해나가야만 한다는 것입니다. 거창하게 말하면 시민행동입니다. 우선 국가권력을 선택하고 그 작용들에 대해서 통제하는 작업을 게을리해서는 안 됩니다. 헌재도 마찬가지입니다. 헌재의 판결에 대해서 관심을 가지고 판단을 해줘야 해요. 국회도 마찬가지입니다. 시민들이 국가권력의 활동에 대해 비판을 해야 민주주의가 삽니다.

또 정치적 의사 형성과 실현에 적극적으로 참여해야 합니다. 눈에 불을 켜고 선거에 참여하세요. 정치적 탄압에 대해서는 공분을 표시할 수 있어야 하고, 우리의 일상생활이 정치에 의해서 영향을 받고 있다는 것을 알아야 합니다. 아파트 관리비 투쟁도 사실은 헌법 투쟁라 할 수 있습니다. 일상의 작은 것부터 정치화하면서 자연스레 정치적 눈을 가지게 되면 더 큰 것들도 볼 수 있게 됩니다. 그래서 시민행동이 필요합니다. 시민행동은 헌법적 의식화가 전제되어야 제 기능을 수행할 수 있겠지요.

헌법은 바꾸는 것보다 실천하는 게 더 중요하다

지금 다양한 이유로 개헌론이 주장되고 있습니다. 긍정적인 개헌론과 함께 부정적인 개헌론도 있습니다. 부정적인 개헌론은 특히 국회를 주축으로 하는 개헌론입니다. 민주주의는 국민의, 국민에 의한, 국민을 위한 정치여야 하는데, 지금 국회의원들이 추구하는 개헌론의 골자는 국회의, 국회에 의한, 국회를 위한 정치를 하고자 하는 뜻이 매우 강합니다. 일면 대의민주주의 체제에서 긍정적인 측면이 있지만, 가만히 들여다보면 대통령제의 문제점을 이야기하는 듯하면서 사실은 국회의원의 기득권을 강화하려는 측면이 있습니다.

개헌과 관련해서 고려해야 될 두 가지가 있습니다. 하나는 우리 헌법 자체가 완전무결한 것은 아니지만 장점도 많다는 점과 헌법은 그 안정성이 매우 중요하다는 점을 유의해야 합니다. 20년 전만 하더라도 사실 헌법이 장식일 뿐이었죠. 지금은 헌법이 우리 생활의 중심이 되어가는 시대가 만들어지고 있어요. 우리가 자꾸 헌법적인 논쟁에 접하게 되는 것 자체가 정상이에요. 워낙 그런 것들이 무시되는 상황이 정상인 것처럼 되다 보니까 뭔가 잘못된 방향으로 가고 있는 것처럼 생각하는데, 그렇지 않습니다. 반복해서 말씀드리지만 우리의 모든 생활은 헌법생활이고, 헌법적인 논쟁이 많을수록 우리의 헌법생활과 민주주의의 수준은 높아집니다.

두 번째는 개헌의 원인으로 언급되는 대통령제의 문제점이나 권한의 남용 등은 헌법을 바꾼다고 해서 쉽게 해결되지 않습니다. 오히려 법률을 바꾸면 충분히 해결될 수 있습니다. 선거법을 바꾸고 각종 법률을 만듦으로써 해결할 수 있죠. 그건 헌법을 바꾼다고 되는 문제가 아니에요. 궁극적으로는 우리의 정치문화를 바꿔야 합니다. 대통령에게만 기대는 정치문화는 안 된다는 거죠. 지금은 우리가 원하면 법률을 통해서 충분히 대통령을 견제할 수 있는 체제에 있습니다.

그리고 우리가 원하는 진짜 중요한 것은 일자리입니다. 그거 다 법률로 만든다는 것이죠. 복지도 다 법률로 만든다는 겁니다. 헌법 제34조 제1항에 인간다운 생활을 할 권리가 적혀 있다고 해서 우리 생활이 담보되지는 않습니다. 현실적으로 그걸 담보해주는 것은 국민기초생활보장법을 얼마나 만드느냐, 얼마나 낮은 요건으로도 그것들을 실현해낼 수 있느냐 하는 것이죠. 제가 말씀드리는 헌법 실천이란 바로 그 점이에요. 우리 생활에 진짜 필요한 것들이 결국 법률에 의해서 영향을 받고 있으므로 그 법률의 틀을 바꾸려는 노력이 필요하지요. 그러려면 그 법률을 만드는 사람에 대해서 끊임없이 관심을 가지고 있어야 합니다. 그뿐만 아니라 그 사람들이 만드는 법 하나하나에 대해서, 특히 우리와 관계되는 것들에 대해서 관심을 가져야 합니다. 그래서 우리나라의 헌법, 그리고 헌법을 통해서 민주주의를 실천할 때 가장 중요한 것은 헌법을 바꾸는 게 아니고 헌법에 대해서 잘 알고 그것을 제대로 실천하려는 각성입니다.

헌법과 한국 민주주의의 미래

민주주의는 오늘날 헌법을 통해서만 실현될 수 있습니다. 헌법 없는 민주주의는 생각할 수 없습니다. 우리가 알고 있는 여러 분야의 민주주의를 궁극적으로 실현할 수 있는 것, 그것들을 묶을 수 있는 것이 바로 헌법이죠. 그렇다면 우리가 해야 할 일은 아주 자명합니다. 헌법을 제대로 알아야 한다는 겁니다. 대한민국 헌법을 한번 펼쳐보십시오. 그 헌법에 우리의 생활이 다 들어 있습니다. 어떤 조문에 우리의 생활이 어떻게 구현되어 있는가? 그리고 정치가 어떻게 구현되어 있는가? 그것을 아는 순간 우리는 가장 중요한 무기를 가진 셈입니다. 그 무기가 우리의 삶을 경제적으로 당장 윤택하게 해주지는 않겠지만, 장기적으로 윤택하게 해줄 수 있습니다. 우리의 일자리, 우리의 자유를 담보해줄 수 있는 내용이 거기에 다 들어 있다는 겁니다.

달리 말하면, 우리가 가지고 있는 자유와 인권을 최대한 높은 수준에서 실현하기 위해서는, 민주주의를 실현하기 위해서는 헌법을 알아야 합니다. 노무현 대통령이 이렇게 말했죠. "민주주의 최후의 보루는 깨어 있는 시민의 조직된 힘이다." 깨어 있음의 의미가 무엇이겠습니까? 여러 분야의 민주주의를 생각할 수 있지만, 무엇보다도 헌법적으로 깨어 있어야 합니다. 자기의 자유와 권리가 무엇이고, 우리의 민주주의가 어떤 수준에서 이해되어야 하는지에 대해서 깨어 있지 않으면 우리의 민주주의는 요원합니다. 또 그 깨어 있는 시민들은 조직화, 정치화되어야 합니다. 그러기 위해서는 헌법 교육이 필요합니다.

한국의 민주주의는 우리가 헌법에 대한 인식을 높일 때 다가옵니다. 그리고 그것은 주어지는 것이 아니라 만들어내는 것입니다. 따라서 여러분께 제가 말하고자 하는 핵심은 헌법 공부를 해주십사 하는 것입니다. 헌법을 여러분 생활에 가까이 두고 하루에 한 조문씩 읽어나가면 많은 도움이 될 거라고 생각합니다.

한국 민주주의를
묻고
답하다

청중 1 직접민주주의를 하기 어려운 상황에서 대의민주주의가 나왔고, 선출된 권력이 권력을 행사할 때 정당성을 획득하는 게 또 하나의 민주주의 과정인데, 헌재는 그 권한에 비해서 선출되지 않은 권력이라는 데에 상당한 문제가 있다고 생각합니다. 그런 딜레마는 어떻게 바라봐야 되는 건가요?

김종철 국민이 직접 선출하지 않은 헌재의 재판관 9명이 가진 결정권이 지나치게 크다면, 거꾸로 선거제를 도입했다고 생각해봅시다. 헌재 재판관들을 선거로 뽑는다고 지금보다 훨씬 나은 헌재를 가질 수 있을까요? 우리는 지금 가장 정치적인 대의기구인 국회를 국민이 직접 뽑고 있습니다. 대통령도 직접 뽑고 있죠. 그런데 대통령을 잘 뽑으셨나요? 국회의원들을 잘 뽑으셨나요? 헌재 재판관을 여러분이 뽑는다면 잘 뽑을 자신이 있으신가요?

저는 대의민주주의와 직접민주주의의 관계를 한쪽이 우월한 관계로 보는 것은 위험하다고 생각합니다. 저는 민주주의자이고 국민의 주권주의가 훨씬 더 활성화되어야 한다고 말씀드리지만, 직접민주주의로 모든 걸 결정해야 한다고 생각하지는 않습니다. 다만 민주적으로 선출해야 한다는 점은 옳습니다. 국민이 직접 선출하는 것도 민주적으로 구성하는 방법이긴 하지만, 헌재를 완전히 정치적으로 선출하게 되면 국회를 하나 더 두는 것과 마찬가지인 셈이거든요. 헌재에서도 정치적인 부분에 대한 결정을 해야 하지만, 다른 방식으로, 다른 자세로 해야 한다는 겁니다. 가능하면 소수의 자유를 본질적으로 보장하는 데 치중하라는 거죠. 그 이외에 국회에서 결정해야 될 실체적 내용에 개입하는 것은 자제하라는 겁니다.

지금은 대통령이 3명을 독자적으로 임명하고, 대법원장이 3명을 지명하고, 국회에서 3명을 선출하는데, 저는 국회에서 모두 선출하는 방식이 지금보다는 좀 더 다양화된, 또는 헌재의 기능에 좀 더 부합할 수 있는 헌재를 구성하는 방법이라고 생각합니다. 국회의장 자문기구인 헌법연구자문위원회에서 제안한 것도 국회에서 전원 선출하는 안이었습니다. 여기서 관건은 소수의 인권에 더 민감하고, 절차적 민주주의 보장에 더 민감한 재판관들을 좀 더 많이 헌재에 보낼 수 있는 방법입니다. 그런 사람들이 다 장악하는 데 목표를 두는 건 현실적으로 힘들 것입니다. 특히 우리의 정치현실이나 사회현실을 볼 때 지금 우리의 진보 세력이 추구해야 할 것은 헌재를 장악하는 게 아니고, 어떻게 하면 헌재를 다수의 횡포를 막을 수 있는 버팀목으로 확보하느냐, 이게 매우 중요하다는 겁니다.

청중 2 헌법이 그렇게 중요하다면 지금처럼 대학생이 관련 학과에 들어가야 배울 수 있는 대신 좀 더 일찍, 최소한 고등학교 때부터는 배워야 되는 건 아닌가요? 배울 기회가 없기 때문에 민주주의가 더 퇴보하는 게 아닌가요?

김종철 그 질문을 해주셔서 정말 감사합니다. 여러분이 초등학교 때부터 배운 걸 반추해보시길 바랍니다. 사실은 중요하기 때문에 초등학교 때부터 헌법 교육을 했지만, 그것을 '헌법 교육'이라는 이름으로 안 했을 뿐이죠. 예를 들어 저희 세대만 하더라도 초등학교 때 도덕이라는 과목을 배웠어요. 사실 그게 헌법 교육입니다. 공중도덕이라는 게 뭡니까? 다른 사람한테 피해 안 주면서 자기의 자유를 누리는 거 아닙니까? 이게 자유와 자유의 관계 조정, 즉 헌법의 역할입니다. 법을 적용하기 전에 스스로 자제함으로써 자유의 조정을 실현하는 것이 도덕입니다. 헌법의 가장 높은 단계는 스스로 실현하는 것이죠. 여러분 속에 들어 있는 도덕과 관련된 생각들, 남한테 피해 안 줘야겠다는 생각이 헌법의 가장 핵심적인 교육입니다.

그 단계가 잘 되면 공권력이 발동되는 부분들이 적어지잖아요. 그만큼 높은 수준이 되는 것인데, 그건 쉽지 않잖아요. 그래서 법적 측면, 공권력이 발동되는 측면에 대해서 잘 알아야 돼요. 왜냐하면 실제로 우리 공권력은 좋은 놈보다 나쁜 놈의 역할을 더 많이 했거든요. 자기가 해야 될 조정의 범위를 넘어서서 자기에게 유리하거나 자기와 관계에 있거나 경제적 이익을 위해서 몰아주기를 했다는 것이죠. 집회의 자유를 규제하는 것도 그런 측면이 있습니다. 그건 헌법이 추구하는 것이 아니었거든요.

중·고등학교에 가면 정치, 경제, 사회문화 같은 과목들을 통해서 공권력에 대해서 배웁니다. 그게 헌법 교육입니다. 그런데 그것을 내면화하지 못했다는 거예요. 시험을 위해서 공부했을 뿐이지 자신의 삶을 윤택하게 하기 위해서나 인간으로서 제대로 된 삶을 유지하기 위해서 공부한 것은 아니었죠. 대학에서 배우는 건 그 다음 단계, 전문가가 배우는 교육입니다. 일반인들이 전문가 수준의 이해를 하기는 힘들 뿐만 아니라 모두가 법률가가 될 필요는 없잖아요.

제가 말하는 법 교육의 수준이라는 것은 일반 시민으로서 자기가 맡은 몫을 할 때 필요한 최소한의 헌법적 이해입니다. 아주 간단한 내용이에요. 우리가 원래 자유를 가지고 있다는 거예요. 먹고 자고 쉬고 집회하고……. 이게 원래 자유였다는 말이에요. 그 자유와 자유의 관계를 조정하기 위해서 일부 예외적으로 규제하는 것인데, 우리는 거꾸로 규제가 당연한 것이고 우리가 누리는 자유는 부가적인 혜택을 받는 것처럼 여기는 가치관 속에 있다는 겁니다. 그래서 내가 옳은 것을 주장하는 것인데도 심적 부담을 가지는 거예요. 우리가 당연하게 물어야 되는 것인데도 억압되어 있는 거예요. 어떻게 보면 미개한 상태인 거죠. 그래서 감히 계몽을 이야기합니다. 우리의 민주주의 수준이 이 정도인 것은 우리가 그만큼 많이 미개하기 때문이라는 겁니다. 여러분이 헌법 조문을 한번 읽어보고 '아, 이게 이런 거구나, 이 조문에 있구나.' 이런 느낌을 받게 되면 세상을 보는 차원이 달라질 겁니다.

청중 3 보통 대법원에서는 전원합의체라는 형식으로 해서 판결이 나오잖아요. 그래서 사회 일각에서는 대법원으로도 헌재의 역할을 충분히 할 수 있다는 의견이 있습니다. 저도 헌재가 굳이 있어야 할 필요성을 못 느끼고요. 그것에 대해서 교수님의 생각을 듣고 싶습니다.

김종철 표면적으로는 충분히 있을 수 있는 의견입니다. 일본이나 미국은 법원이 헌법재판을 합니다. 물론 우리 헌재에서 하는 걸 다 하는 건 아닙니다. 미국의 경우에는 상원에서 탄핵 심판을 하거든요. 법원은 주로 일반 재판을 하면서 위헌법률심판을 합니다. 제도적으로 보면 일장일단이 있습니다. 우리나라는 제헌헌법 때부터 헌법재판이 있었습니다. 유신헌법 전인 제3공화국 때는 법원이 미국처럼 위헌 심사권을 가지고 있었습니다.

1971년에 제1차 사법파동이 있었는데, 그때 대법원에서 헌법재판을 했습니다. 현행 헌법 제29조 제2항에 국가배상청구권이라는 게 있습니다. 국가가 불법행위를 한 경우에는 국가에 대해서 손해배상을 받아내는 것인데, 그런 일이 많이 발생할 수 있는 특수 공무원들의 경우에는 그걸 막아놨다는 말이에요. 당시에는 이게 헌법이 아니라 국가배상법에 있었습니다. 이걸 대법원에서 위헌이라고 결정해버린 거죠. 그러자 박정희 대통령이 노발대발해서 유신헌법을 만들면서 헌법에 못 박아버린 거죠.

그럼 굳이 지금의 헌재가 왜 필요하냐? 독립성도 없어 보이고 잘못된 결정도 하는 것 같은데……. 그건 대법원의 숙원 사업 중 하나입니다. 대법원에 여러 부가 있는데, 그중에 하나로 헌법재판부를 두면 되는데, 왜 독립된 기관으로 만들어서 국민의 세금을 낭비하느냐? 이런 논의를 주로 대법원 쪽에서 합니다.

그러나 우리의 헌정사가 그런 주장에 반론을 제기하고 있습니다. 1971년에 사법파동이 있긴 했지만, 그 이후 우리의 법원은 급속도로 정치적 굴종의 길을 걸어왔습니다. 특히 1980년 헌법 체제에서는 헌법위원회를 두고 대법원이 위헌법률에 대한 사전 심사권을 가졌습니다. 그때 헌법위원회로 간 것은 한 건도 없었습니다. 1980년대에 악법이 없었겠습니까? 1987년에 헌재가 생긴 이후 1980년대의 수많은 악법들이 위헌이라고 선언되었죠. 법원은 결국 소극적으로 흐를 수밖에 없어서 위헌 심판을 감당할 능력을 발휘하지 못했다는 게 우리의 역사적 경험이에요. 헌재의 결정이 일부 만족스럽지 못하지만, 시민행동을 통해서 그런 부분들에 대해서 끊임없이 비판하고 교정함으로써 지금 어느 정도 활성화된 법 재판을 하게 된 것이 역사적으로 볼 때 여전히 의의가 있지 않나 생각합니다.

제7강

시민참여 저널리즘, 주류 미디어에 도전하다

오연호

2000년, 새로운 매체가 탄생되었다. '모든 시민은 기자다', 〈오마이뉴스〉! 인터넷이 시공간의 제약을 뛰어넘었듯, 인터넷 신문은 목에 힘준 기존 저널리즘의 일방향성을 거부했다. 종이신문의 독자투고란에 갇혀 있던 시민이 '뉴스게릴라', 시민기자로 변신했다. 그들이 서로 소통하자 굳어버린 기사의 공식들이 파괴되면서 진짜 사람 사는 이야기가 시작되었다. "우리 동네에도 첫눈이 내렸습니다", 새벽 4시 30분에 일어나서 첫눈을 밟겠다는 욕심으로 집을 나섰으나 우유배달 아주머니와 신문배달 아저씨와 환경미화원이 이미 다녀갔더라는 한 시민기자의 기사. 일기예보면 족했을 첫눈에서 부지런함과 동심과 정겨움이 묻어난다. '무모한' 사내, 오연호의 도전은 이렇듯 세상을 바꾸었다. 그의 다음 무모는 또 어떤 혁명을 도모하고 있을까?

지은 책으로는 〈노무현, 마지막 인터뷰〉〈대한민국 특산품 오마이뉴스〉〈노근리 그 후〉 등이 있다.

말다운 말이 필요했던 시대

저는 오늘 미디어 영역에서 어떻게 민주주의를 이어나갈 것인가에 대해서 말씀을 드리고자 합니다. 1인 미디어를 포함해서 여러분이 참여하는 시민참여 저널리즘이 그동안 전통 언론이나 보수 언론이 장악하고 있는 한국의 언론 사회를 과연 어떻게 바꿀 수 있을지, 그것은 과연 가능한 일인지, 왜 바꾸어야만 하는지에 대해서 함께 이야기하는 자리가 되었으면 합니다.

특히 최근에 민주주의가 후퇴하는 경향이 나타나고 있기 때문에 시민참여 저널리즘의 강화는 매우 소중한 것이 되었습니다. 저는 제가 그동안 언론에 몸담아오면서, 특히 〈말〉과 〈오마이뉴스〉에서 일하면서 느낀 시민참여 저널리즘의 어제와 오늘, 그리고 내일에 대해 이야기를 나눠보고자 합니다.

제가 기자 생활을 처음 시작한 것은 월간 〈말〉지를 통해서였습니다. 그때가 1988년이었는데, 지금은 아쉽게도 폐간이 되었죠. 사실 저는 글을 쓰는 것으로 사회봉사를 하고 싶었는데, 그 가운데 특히 소설을 쓰기 위해 국문과에 들어갔습니다. 그런데 대학에 입학하던 해인 1983년은 전두환 정권이 집권하던 혹독한 시절이었습니다. 대학 생활 한 달 만에 소설을 쓰는 것은 정말 한가로운 일이라는 생각이 들더군요. 현실이 너무 소설 같았거든요. 너무 처절한 현실들이 지천에 널려 있었고, 언론에는 제대로 보도도 안 되는 상황이었습니다. 있는 사실도 제대로 보도가 안 되는 마당에 내가 어떻게 이야기를 꾸며낼 수 있겠는가 하는 회의가 들었습니다. 그래서 먼저 사실을 기록하는 일을 하기로 마음먹었습니다.

이런 작심을 하고 난 이후부터는 제가 쓴 글들이 자연스럽게 유인물이 되고 대자보가 되어버렸습니다. 그 유인물 덕분에 1년 동안 감옥에서 살았는데, 감옥에서 또 한 번 고민했습니다. 기자가 되어야겠다는 생각은 계속 가지고 있었는데, 갑자기 소설의 힘이 엄청나다는 것을 느끼게 되었거든요. 감옥에 있을 때인 1986년에 조정래의 《태백산맥》 첫 권이 나왔지요. 감옥에서 잡범들과 함께 있으면서 세상을 이해시켜 주겠다고 사회과학 책 강독도 했는데, 아무 반응이 없었어요. 그런데 제가 읽고 던져두었던 《태백산맥》을 한 명, 두 명 읽더니 자기들끼리 우리 역사가 이러니저러니 하면서 이야기하고 토론하고, 소설에 나오는 염상구의 사투리도 흉내를 냈어요. 그걸 보면서 헷갈렸어요. 제 꿈인 소설가의 길을 다시 갈 것인지 고민했죠. 하지만 이런 생각이 들었습니다. '아무리 생각해봐도 아직 우리나라에는 언론의 자유가 없다. 언론다운 언론이 없다. 소설은 나중에 써도 된다. 우선 언론을 제대로 만드는 게 필요하다.'

감옥에서 출소를 앞두고 곰곰이 생각해봤습니다. '내가 갈 수 있는 언론사가 어디일까?' 그때는 〈한겨레〉도 없었고, 〈경향신문〉도 지금과는 달랐습니다. 게다가 감옥에 갔다 온 사람을 받아줄 언론사는 없었죠. 하지만 갈 수 있는 곳이 딱 하나 있었습니다. 그곳이 가장 마음에 들었던 이유는 언론의 자유가 없는 상황에서 말다운 말을 할 수 있다는 점이었습니다. 두 번째는 감옥에 갔다 온 사람도 받아준다는 것이었습니다. 감옥을 한 번씩은 갔다 온 사람들도 참여해 만드는 잡지였으니까요. 그것이 바로 월간 〈말〉지였습니다.

〈말〉지는 제가 대학생 때 흠모하던 잡지였습니다. 1985년에 창간했는데, 〈말〉지가 보도했던 보도지침 사건은 당시 제게 무척 충격을 주었습니다. 대한민국에서 어떻게 이런 일이 일어날 수 있는지 믿기지 않았습니다. 권력과 언론의 음모인 보도지침. 대한민국 언론사 100년을 통틀어서 가장 큰 특종 하나만 뽑으라면 저는 이 보도지침 사건을 뽑을 것입니다. 보도지침이란 전두환 정권이 매일매일 모든 언론사 편집국에 지침을 내리는 것이었습니다. 이건 이렇게 보도해라, 저건 저렇게 보도해라 하는 것이었죠. 만약 요즘 그런 일이 있다면 여러분은 어떻게 하실 건가요? 2008년처럼 광화문 네거리에 다 몰려가겠지요. 1985년 10월 19일자 보도지침을 하나 들어볼까요?

> 김영삼·이민우, 민추협 사무실에서 기자회견. 송건호 씨 등 재야인사 가택연금. 이 회견과 관련한 미 국무성 논평. 이상 세 건은 일체 보도하지 말 것.
>
> 북한 부주석 박성철 유엔에서 연설. ※한국 특파원들과 일문일답 내용도 보도하지 말 것.

이런 식이었습니다. 이렇게 보도되지 않은 것들이 많은 시대에 소설을 쓰느니 언론을 하겠다고 결심했죠. 그래서 들어간 곳이 〈말〉지였습니다. 대학생 때 유인물을 통해 언론활동을 했던 저와 궁합이 맞는 곳이었다고나 할까요. 〈오마이뉴스〉를 만들기 직전까지 무려 12년 동안 그곳에서 일했습니다.

언론, 그들은 민주적인가

막상 언론계에 들어가 봤더니 제가 밖에서 비판했던 것보다 훨씬 더 언론의 자유가 없었습니다. 그뿐만 아니라 언론계의 문화도 비민주적이었습니다. 언론의 자유나 민주주의에 대해 여러 가지 이야기가 나올 수 있겠지만, 무엇보다도 우리 사회에는 표현의 자유가 없었습니다. 예를 들면 민주주의의 요소 가운데 가장 중요한 것이 사상의 자유잖아요. 자신이 자유민주주의 사회에 살고 있다 하더라도 공산주의가 좋은 점이 있다고 말할 수 있어야 합니다. 이런 게 사상의 자유입니다. 그래서 일본에도, 유럽 대부분의 국가에도 공산당이 있잖아요. 그런데 우리는 어떤가요? 한마디로 표현의 자유가 없었습니다. 우리 뇌가 생각할 수 있는 것을 딱 반으로 나누어서 반쪽은 생각할 수 없는 것이지요. 북한과 미국에 대한 우리의 인식이 거의 반쪽이었던 것입니다.

두 번째로는 그런 생각을 전달할 매체가 드물었습니다. 요즘 같은 인터넷 세상에서는 매체가 다양하지만, 그때는 열 손가락으로 꼽으라면 다 꼽을 수 있을 정도로 별로 없었습니다. 세 번째로는 그나마 있는 매체들도 보도지침을 따를 수밖에 없는 현실이었습니다. 그러다 보니 기자다운 기자가 나오지 않지요. 소설에 비유해서 이야기해볼까요? 일반적으로 소설, 시 부문에는 작가론이라는 게 있습니다. 염상섭론, 나도향론 따위가 있지 않습니까? 심지어 살아 있는 사람에 대한 작가론까지 있습니다. 김지하, 공지영, 김훈 같은 작가에 대한 것도 있잖아요. 그런데 왜 기자의 세계에는 이런 평론이 없을까요? 혹시 '기자론'을 읽어본 적 있나요? 학자들은 회갑이 되면 회갑 기념 논문집을 냅니다. 그런데 왜 기자들은 회갑을 맞아 기사 모음집 같은 것을 내지 않을

까요? 주변에서 이런 거 냈다고 들어보신 분 있나요? (청중 웃음)

우리가 민주주의를, 언론의 영역에서 자유를 누린 것이 굉장히 오래된 것 같지만, 사실은 아주 짧습니다. 정부가 준 보도지침을 그대로 따를 수밖에 없었던 시대가 불과 25년 전입니다. 그리고 그 뿌리인 5·18 광주민주화운동이 1980년에 있었습니다. 그때 모든 언론이 제 역할을 하지 못했습니다. 언론이 제대로 된 역할을 해야만 그것이 기사가 되고, 글쟁이다운 글쟁이가 될 수 있는데, 그렇게 하지를 못했다는 것입니다. 그러니 기자론이 없는 것이지요.

게다가 그나마 있는 언론계의 문화가 철저히 비민주적이었고 특권화되어 있었습니다. 그 상징이 바로 출입기자실입니다. 제가 〈말〉지의 기자였을 때 가장 아쉬웠던 점은 사람들이 〈말〉지를 몰라주는 것이었습니다. 취재를 나가서 "저는 〈말〉지 기잡니다" 하면 운동권이나 시민단체에서나 알아줬지, 나머지는 잘 몰랐습니다. 심지어 경마잡지이냐, 새마을운동본부에서 나왔느냐고 묻기도 했습니다. (청중 웃음) 그거야 모르는 사람이 있을 수도 있다고 할 만한 문제였습니다.

그런데 검찰청의 출입기자실 문 앞에는 '출입기자실'과 '잡상인 출입금지'라고 적힌 팻말이 붙어 있습니다. 출입기자실에 들어갈 수 있는 사람은 조·중·동을 포함한 중앙 일간지와 방송사 기자뿐이었습니다. 저 같은 사람은 기자가 아니라 잡상인이었죠. 월간지나 주간지 기자는 기자가 아니고, 군소 매체의 기자도 기자가 아니었습니다. 전 그게 몹시 이상했어요.

헌법에는 국민의 알 권리와 평등권이 보장되어 있습니다. 그리고 기자는 언론사가 기자증을 주는 거지 정부에서 주관하는 언론 고시를 통해서 채용되는 것이 아닙니다. 그래서 누구나 취재원에 접근할 수 있어야 합니다. 저는 개인적인 호기심 때문에 그곳에 간 것이 아니라 헌법에서 보장한, 〈말〉지 독자의 알 권리를 대리해서 가 있는 것이기 때문입니다. 그런데도 기자들이 막는 것도 아니라 출입기자들의 심부름을 하는 여직원이 저 같은 사람은 들어오면 안 된다고 막았습니다. "저도 기자입니다." "어디요?" "〈말〉지." "〈말〉지가 뭔데요?" 똑같은 질문에 똑같은 답변이 계속 반복되었습니다.

여러분이라면 이런 상황에서 자신 있게 반복할 수 있습니까? 저는 몇 번이고 그런 경우를 당해도 사명감을 가지고 당당하게 이야기했습니다. 그들은 보도지침에 따라 쓰고 있지만, 저는 그들이 따르고 있는 보도지침을 폭로하고 있으니 당당할 수밖에 없었습니다. 그래서 저는 〈말〉지는 1970년대 후반과 1980년에 조선, 동아 등에서 쫓겨나 감옥에 갔다 온 사람들이 사회에 기여하기 위해서, 말다운 말을 하기 위해서 만든 매체라고 선전했습니다.

그렇게 당당히 선전했지만, 열 번 중에 세 번은 그럴 수가 없었습니다. 귀찮고 지겹고 창피했으며, 혹은 대학 동기가 지켜보는 그 상황을 피하고 싶어서였습니다. 그때 제 자신이 부끄러웠습니다. '왜 내가 이래야 되는가? 내가 이렇게 한 번 두 번 타협한다면 나는 말다운 말을 못할 것이다. 자기 매체 하나 떳떳하게 홍보하지 못하는데, 말다운 말을 어떻게 할 수 있겠는가?' 하는 생각이 들었습니다.

저는 스스로 철저히 무장해야겠다고 결심을 했습니다. 그래서 나온 게 '모든 시민은 기자'라는 슬로건입니다. 이 슬로건은 2000년에 〈오마이뉴스〉를 만들 때도 내걸었지만, 사실 이 슬로건을 만든 것은 1989년입니다. 제가 1988년에 기자가 됐으니까 1년 만에 만든 것이지요. 저는 날마다 '모든 시민은 기자다'라는 주문을 외면서 취재를 다녔습니다. 열 번 가운데 세 번쯤 생기는 타협에 대한 불안감 때문에 그럴 수밖에 없었죠.

젊은 기자나 학생들과 토론하고 공부하는 모임인 '오연호의 기자 만들기'가 있습니다. 그 모임의 1회 때부터 학생들에게 늘 똑같은 질문을 했습니다. "여러분은 왜 자본주의 최후의 시궁창으로 들어오려 하십니까?" 그러면 학생들이 왜 언론계가 최후의 시궁창이냐고 되묻습니다. 그에 대한 대답으로 '그 당시 우리 사회는 무척 부패했다. 그런데 언론은 보도지침을 따를 정도로 자기도 썩었으면서도 겉으로는 항상 사회를 향해서 옳은 이야기만 했다. 언론은 그야말로 이중인격자들의 집합소가 되어버렸다. 이것이 바로 자본주의 최후의 시궁창이다.'라는 이야기를 했습니다. 그리고 그 시궁창을 조금이라도 정화시키라고 이야기하죠.

어쨌든 저는 그곳에서 기자 생활을 하면서 무시당한 적도 많고 아쉬운 것도 있었습니다. 밖에서는 경마 잡지 취급을 받고, 안에서는 아무도 기사 쓰는 방법을 가르쳐주지 않았거든요. 〈말〉지는 편집장을 포함해서 기자가 10명밖에 안 되었습니다. 게다가 초창기에는 불법 매체여서 매달 편집장이 바뀌었습니다. 한 호, 한 호 발행될 때마다 편집장이 감옥에 가느라 돌아가면서 편집장을 했거든요. 선배들 처지가 그러했으니 기사 쓰는 방법을 어떻게 차분히 가르쳐줄 수 있었겠습니까. 후배들은 각자 알아서 생존해야 했지요.

그래도 그 모든 것은 서럽지 않았는데, 특종을 썼는데도 세상에 널리 알려지지 않는다는 것만은 서러웠습니다. 영화 〈어거스트 러쉬〉에서 남자 주인공이 열정적으로 기타를 치면서 부르는 노래의 가사 중에 '내가 이렇게 열심히 노래를 부르면 뭐해. 들어줄 사람이 없는데'라는 구절이 있습니다. 이 노랫말처럼 여러분도 열심히 일해도 세상이 알아주지 않을 때 불공평하다고 느끼지 않나요? 기회가 충분히 평등하다면 제가 쓴 기사가, 제 노동력이 제대로 평가받을 수 있을 거라는 생각이 들더군요.

저는 1994년 7월에 일명 '노근리 사건'을 〈말〉지 표지기사로 썼습니다. 한국전쟁 때 참전한 미군이 충북 영동의 양민 300여 명을 사살한 사건이었죠. 원고지 100매 분량의 기사에 사상자 명단까지 밝혔습니다. 그러나 〈한겨레〉를 제외한 대한민국의 그 어떤 매체도 관련 보도를 하지 않았습니다. 그 후에 미국 AP통신 기자가 저를 찾아온 데 이어 MBC 〈PD수첩〉에서도 보도를 하더군요.

1999년에 미국 AP통신이 그 사건을 심층 취재해 미국 국립문서보관소에서 관련 문서도 찾아내고, 양민에게 총을 쏴 죽인 미군도 알아내는 등 추가 취재를 해서 보도했습니다. 제가 처음 보도했을 때는 가만히 있더니, 미국 AP통신이 보도하니까 국내의 방송 3사를 포함한 모든 매체가 보도를 했습니다. 그 결과, 집단 취재를 했던 미국 AP통신 기자들은 미국 언론에서 가장 권위가 있다는 퓰리처상을 수상했습니다. 저는 아무런 상도 받지 못했고, 기사도 독자 몇 분이 읽었을 뿐이었습니다. 이것은 극단적 예에 불과합니다.

저는 12년 동안 기사를 쓰면서 우리가 문제를 제기한 것들이 더 많은 사람들에게 읽힌다면 얼마나 좋을까 하는 생각을 했습니다. 그렇게 된다면 세상은 더 빨리, 더 완벽하게 바뀔 수 있을 테니까요. 그래서 저는 항상 KBS가 제게 30분을 제공한다면, 〈말〉지에서 취재한 핵심만 모아 30분짜리 다큐멘터리를 만들어 방영하는 것이 소원이었습니다.

적은 월급도, 기사 쓰는 방법을 가르쳐주지 않는 것도, 출입기자실에 들어가지 못해도 견딜 수 있었습니다. 그러나 참을 수 없는 한 가지가 있었습니다. 세상에 알려져야만 하는 귀중한 기사인데, 세상이 이것을 막고 있다는 것이었습니다. 그래서 '모든 시민은 기자다'라는 슬로건과 더불어 기사를 오직 그 기사의 질로만 평가할 수 있는 시스템은 없을까 하는 고민을 했습니다. 즉 학보사, 언론사, 주간지 또는 개개인을 따지지 않고 누가 썼든 간에 오직 기사의 질로만 평가받는 것이지요. 그래서 '모든 시민은 기자'라는 생각을 구체화하게 되고, 언젠가는 그런 매체를 만들어봐야겠다고 생각했습니다.

인터넷의 등장, 기존의 표준을 흔들다

그런데 만만치 않은 새로운 벽을 맞닥뜨리게 되었습니다. '언론만 민주화되면, 제대로 된 매체만 있으면 좋겠다. 내가 〈말〉지에 쓴 기사를 더 퍼트릴 수 있으면 좋겠다. 언론 판도에 변화가 있었으면 좋겠다.'라는 생각을 하고 있었는데, 어느덧 7, 8년쯤 지나니 또 다른 벽이 제게 다가오고 있는 게 느껴지더군요. 여러분에게도 다가오고 있는 그 벽은 바로 세계화와 정보화입니다. 제가 〈말〉지에 들어간 1988년에는 그런 것이 없었습니다. 이제는 언론의 자유만 필요한 것이 아니라 세계화, 정보화 시대에 어떻게 대응해야 하는지도 중요해졌습니다. 우리 사회에 굉장한 난제들이 등장하기 시작했던 것이지요.

그런데 저는 한 달에 한 번 발행하는 월간지 기자였습니다. 정보화 시대에는 생활의 리듬이 굉장히 빨라집니다. 세계화 시대에는 온 세상이 무대가 됩니다. 일간지나 주간지 기자로 있는 친구들은 발 빠르게 보도를 하고 있는데, 월간지 기자인 저는 계속 심층 취재를 하고 있었던 거예요. 어떤 때는 굉장히 중요한 이슈를 심층 취재해서 불화살을 날렸는데 피식 하고 꺼져버리는 때도 있었습니다. 왜냐하면 기사가 인쇄소에 넘어가고 제본을 거쳐 독자에게 배달될 때까지 일주일이 걸리는데, 그 사이에 이슈가 바뀌어버리는 겁니다.

저는 〈말〉지 초창기에 주로 한미관계를 취재했습니다. 7년 동안 안 가본 미군기지가 없었죠. 그런데 세계화 시대가 왔는데도 미국을 가본 적이 없었습니다. 한국 속의 미국만 취재했던 거예요. '한국 속의 미국'을 취재하다 보니 소련도, 동유럽 사회주의권도 무너졌는데 미국만 망하지 않은 이유가 궁금해졌습니다. 그래서 미국에 가보긴 해야 하는데 영어가 안 되는 거예요. 정보화 시대에 저만의 무기가 없었던 겁니다. 말다운 말을 해보겠다고, 언론운동다운 언론운동을 해보겠다고, 사회를 바꿔보겠다고 〈말〉지에 들어갔는데, 제 무기는 녹슬었다는 생각이 들었습니다. 이를 해결하기 위해서는 저의 무기를 현대화해야 했습니다. 그래서 사장님을 찾아가 워싱턴 특파원으로 보내달라고 했어요. 그때 월간지에는 워싱턴 특파원이란 제도가 없었습니다. 심지어 〈월간조선〉과 〈신동아〉에도 없었죠. 다른 언론사 월급의 7분의 1밖에 못 주는 〈말〉지 형편에 어떻게 특파원으로 보낼 수 있었겠어요.

사장님의 반응을 예상하고 미리 계약서를 써 가지고 갔습니다. '제1항 오연호를 워싱턴 특파원으로 파견한다.' '제7항 여기에 드는 모든 비용은 오연호 개인이 부담한다.' 이를 받아들이지 않으면 퇴사하려고 했습니다. 결국 무작정 상경이라는 말처럼 가족을 데리고 무작정 미국행을 감행했습니다.

미국이 망하지 않는 이유를 연구하기 위해서, 세계화·정보화 시대의 기자로서 저의 무기를 현대화하기 위해서 미국으로 간 제게 선배가 공부를 하라고 했습니다. 선배의 권유도 있고 해서 대학원에서 매체 창간론을 공부했죠. 대학원 숙제 중에 '당신은 어떤 매체를 창간할 것인가'가 있었습니다. 전 〈오마이뉴스〉를 제안했습니다. 물론 그때 제호는 없었지만 이 콘셉트를 제출했죠. 다행히 교수가 점수를 잘 주어서 나중에 꼭 만들어봐야겠다는 생각은 늘 가지고 있었습니다.

미국에 있을 때 누군가 제 취미를 물으면 '매체 창간'이라고 했습니다. 사실 〈말〉지에 들어간 이후 머릿속에서 수십 개의 매체를 창간했다 지우기를 반복했습니다. 어떻게 하면 모든 시민은 기자라는 것을 구현할 수 있을지 고민했거든요. 저는 기자 생활을 하면서 늘 '최고의 언론운동은 무엇인가?'라는 생각을 했습니다. 언론사 노조를 만든다든가 기사다운 기사를 쓰는 것도 세상을 밝게 만드는 언론운동이지만, 대안매체를 만드는 것이 가장 중요한 운동이라고 생각합니다. 예전에 MBC의 손석희 씨가 노조 파업과 관련하여 구속되었을 때 저는 MBC의 민주화도 중요하지만, 노조 가운데 일부는 MBC를 나와서 민주방송국을 만들어보라고 말한 적이 있습니다. 그것이 언론운동의 핵심이라고 생각했기 때문입니다.

대안매체를 생각하면서 저는 인터넷에 주목했습니다. 인터넷은 특성상 민주주의를 내포하고 있으며, 시공간의 제약이 없습니다. 여러분은 지금 이곳에서 강의를 듣고 있지만, '우리가 지금 이곳을 점유하고 있기 때문에 다른 강의는 여기서 못 한다'는 것은 아날로그 시대의 공간 개념입니다. 디지털 시대의 공간 개념은 누군가 어떠한 공간을 차지하고 있더라도 그 옆에 또 다른 공간을 만들 수 있다는 것입니다. 인터넷이라는 공간에서는 누구나 박지성이 될 수 있습니다. 운동장에서 박지성보다 더 나은 실력을 보여준다면 국가대표가 될 수 있다고 관중이 인정해주는 것, 시공간의 제약이 없기 때문에 새로운 플레이어들이 엄청나게 참여할 수 있는 것입니다. 인터넷을 이용하면 여러분 한 사람 한 사람이 스스로 미디어가 될 수 있습니다. 대안매체를 만들 수 있습니다. 그래서 지금 〈오마이뉴스〉에는 6만 명의 시민기자들이 참여하고 있습니다.

시민기자들은 '모든 시민은 기자'라는 명제에 동의해 기사를 써왔습니다. 〈오마이뉴스〉 홈페이지를 보면 기자들의 이름이 올라 있는 '시민기자의 숲'이 있습니다. 그중 '명예의 숲'에는 머리기사를 100개 이상 혹은 일반 기사를 1,000개 이상 쓴 사람들이 올라 있습니다. 일반 기사를 1,000개 이상 쓴다는 것은 쉽지 않은 일이죠.

시민기자들은 교사나 외국에 사시는 분, 자영업자 등 매우 다양합니다. 인천의 고등학교 국어선생님이신 심재철 씨는 매일 축구 이야기만 쓰십니다. 이분의 경우 어떤 때는 기사 입력 시간이 오전 7시예요. 새벽에 프리미어리그를 보고 기사를 작성한 후 학교로 출근하셨다는 이야기죠. 무려 1,608개의 기사가 대부분 축구 기사입니다. 이분의 기사는 제가 인정하는 대한민국 최고의 축구 기사입니다. 이분은 아마추어 골키퍼이기도 합니다.

이런 분들이 숱하게 많은 것은 새로운 플레이어가 계속 등장하기 때문입니다. 새로운 플레이어들이 등장하면서 기존의 보수 언론이 만들어놓은 저널리즘의 표준이 바뀌지요. 누가 기자인가, 무엇이 기사인가 하는 표준이 바뀌는 것입니다. 보수 언론들이 보기에는 이런 것도 기사냐고 할 수도 있겠지만, 제 눈에는 아주 훌륭합니다. 그들은 국어선생이 무슨 기자냐고 하겠지만, 저는 기자라고 부릅니다. 그리고 어떻게 쓸 것인지, 어떻게 취재할 것인지도 바뀝니다. 예전에 저를 문전박

대했던 출입기자실에 지금은 '나는 왜 못 가는데?'라며 시민들이 가고 있습니다. 이러한 표준들이 급격히 변하고 있습니다.

시민이 참여하면서 기존의 언론 권력이 바뀌고 있습니다. 제가 〈오마이뉴스〉에 대해서 쓴 책 《대한민국 특산품 오마이뉴스》의 뒤쪽을 보면 〈오마이뉴스〉의 창간 기획서가 있습니다. 혹시 매체를 창간하고 싶은 분은 읽어보세요. 거기에 〈오마이뉴스〉 창간의 언론운동적 의의를 이렇게 밝혔습니다.

① 뉴스의 공급·수요 문화의 민주주의를 이룩한다. 〈오마이뉴스〉는 출발부터 대한민국의 봉건적인 뉴스 공급과 수요의 문화를 실천적으로 혁파해나가겠다.
② 뉴스 연대를 만든다. 참여연대가 시민운동가들의 연대라면 뉴스 연대는 언론운동가들의 연대다.
③ 언론 권력을 교체한다. 뉴스 연대 등을 통해 〈조선일보〉, 〈중앙일보〉, 〈동아일보〉 등의 보수연합을 능가하는 언론 권력을 만든다. 우리나라 언론의 영향력은 보수와 진보가 8 대 2 정도다. 그것이 5 대 5가 되는 세상을 만드는 것이 언론 권력의 교체다.

제가 왜 인터넷을 통해서 이것을 하려고 했느냐고요? 시공간의 한계가 없는 인터넷의 혁명적 요소들로 인해 시민이 주체가 될 가능성이 많아졌기 때문입니다. 그것을 상호작용성 혹은 쌍방향성이라고 합니다. 전통적 미디어는 일방향적이었습니다. 그러나 새로운 미디어는 쌍방향적인데, 그 핵심은 독자들끼리도 소통한다는 것입니다. 2008년 촛불시위 때 아고라의 광장에서 독자들은 댓글을 통해서 소통했습니다. 이처럼 쌍방향적인 요소는 가히 혁명적이며 민주주의의 확장에 기여합니다.

시민기자, 블로그, UCC, 웹 2.0, 트위터 등 새로운 단어들이 등장했습니다. 그러한 단어들의 밑바탕에 깔린 공통의 핵심은 시민 참여입니다. 2000년 〈오마이뉴스〉와 함께 등장한 시민기자, 2004년 블로거 열풍, 2005년 UCC, 웹 2.0, 요즘의 트위터, 소셜 미디어 등이 새로운 시민참여의 방법을 이야기합니다. 이것이 바로 민주주의로, 인터넷에서는 쌍방향성 때문에 이러한 것들이 가능합니다.

미디어의 진화는 계속된다

그렇다면 미디어의 전체 역사에서 볼 때 인터넷은 얼마나 새로운 것일까요? 종이신문의 등장에 이어 라디오, 텔레비전, 인터넷, 테크놀로지 미디어의 발전은 끊임없이 시간에 비례하여 발전합니다. 그것은 테크놀로지의 발전(그림의 T)과 인간의 표현욕구(그림의 F)가 결합해서 만들어낸 것입니다. 또 하나의 선(그림의 IA)은 뉴스의 생산과 소비에 있어 시민이 얼마나 직접적으로 참여하느냐 하는 것을 말합니다. 저는 이것을 상호작용곡선 혹은 쌍방향곡선이라 부릅니다.

재미있는 것은 뉴스의 생산과 소비가 교차하는 부분입니다. 1830년 무렵 종이신문이 등장하기 전까지는 시민 누구나 뉴스의 생산과 전달에 참여해 상호작용성이 높았는데, 그 후로는 독자와 기자가 구분되기 시작하고, 직업기자가 생겼습니다. 이처럼 직업기자가 등장한 것은 200년이 채 안 됩니다. 종이신문 이후 텔레비전과 라디오가 등장했지만 시민참여는 줄어들고 직업기자들이 주요한 역할을 했습니다. 그림

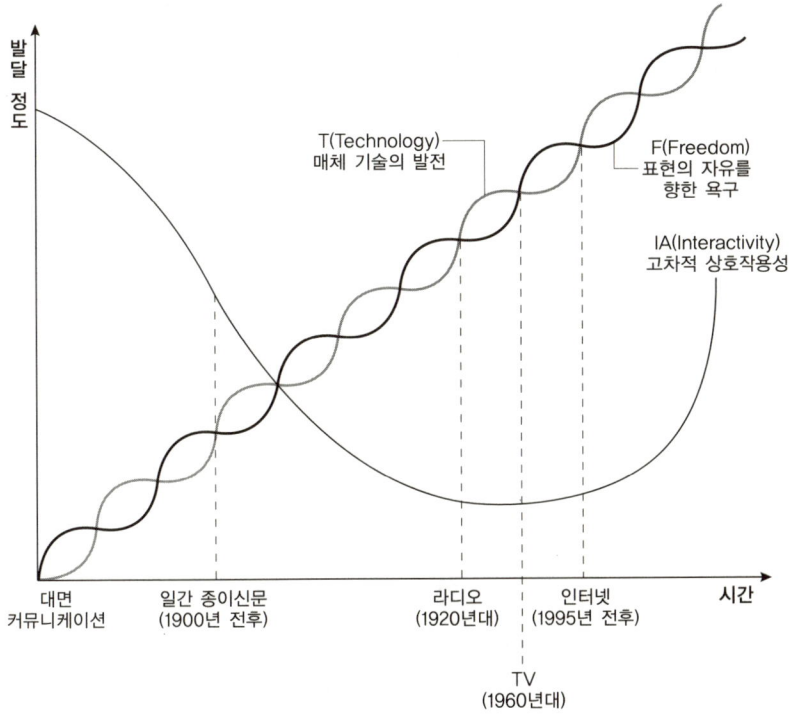

미디어의 발전과 상호작용성 복원의 곡선

처럼 쌍방향곡선은 계속 내리막길이었죠. 그런데 인터넷이 등장하면서 시민참여가 높아지게 되었습니다. 그림처럼 쌍방향곡선이 확 올라가지요? 앞서 말씀드린 축구 기사 많이 쓰는 국어선생님의 경우는 시민이 직접 참여하면서 엄청난 반향을 불러일으킨 사례입니다.

그러면 직업기자가 등장하기 전에는 누가 기자였을까요? 모든 시민은 기자라는 〈오마이뉴스〉의 모토나 시민이 기자가 되어 뉴스 생산에 참여하는 현상은 새로운 것이 아닙니다. 그것은 복원이요, 재발견일 뿐입니다. 종이신문이 없었을 때에는 사람들이 어떻게 소통을 했을까요? 그리고 뉴스를 어떻게 소비했을까요? 이것은 시골에 가면 알 수 있습니다. 제 부모님은 50가구밖에 안 되는 작은 마을의 소식을 꿰차고 있습니다. 거기에는 온갖 종류의 뉴스가 있어요. 스트레이트 뉴스, 분석기사, 스포츠 뉴스, 긴급 브레이크 뉴스 등이 다 있습니다. 빨래터의 아주머니, 사랑방의 아저씨들이 다 기자입니다. 즉 저희는 이 시대를 다시 불러온 것입니다.

이것은 무엇을 의미하겠습니까? 우리에게는 한때 소중했던 것을 복원시키려는 욕망이 있습니다. 그래서 소식을 전달하는 데 내가 직접 참여한다는 소중함을 복원시켰던 것입니다. 동네 회의 풍경을 보면 모든 동네 사람들이 직접 민주주의를 통해 참여하고 있습니다. 위대한 커뮤니케이션의 시대였죠. 직업기자도 없었고 동네 매체도 없었지만 뉴스가 잘 전달되었습니다. 업데이트도 잘되었습니다.

단점이 있다면 한꺼번에 널리 퍼트리지 못한다는 점이었습니다. 직접 참여했지만 한 번에 퍼트리지 못했던 거죠. 그러나 인터넷은 직접 참여할 뿐만 아니라 한 번에 퍼트릴 수 있는 매스미디어의 기능도 가지고 있습니다. 인터넷은 쌍방향성, 매스미디어의 기능, 시공간의 한계로부터 벗어나는 자유, 기존 미디어를 흡수하는 능력이 뛰어나기 때문에 우리에게 새로운 민주주의의 가능성을 보여주고 있습니다. 인터넷의 이러한 특성 때문에 기존의 미디어, 좁게 이야기하면 조·중·동에 의해 지배되는 언론 권력을 바꿀 수 있는 새로운 환경이 등장했다고 볼 수 있습니다.

그것이 종이 매체든 인터넷 매체든, 수많은 매체가 진화하는 속성을 이해할 수 있는 개념 중 하나가 바로 '매개자의 숙명'입니다. 미디어는 현실을 매개할 뿐, 현실 그 자체가 아닙니다. 그런 점에서 숙명적 한계가 있지요. 매개자의 숙명이란 어떤 매체든 현실을 완벽하게 반영할 수는 없다는 것입니다. 그래서 완벽한 선발주자는 없습니다. 네이버나 다음처럼 포털 사이트의 1, 2위를 달리고 있다고 할지라도, 〈오마이뉴스〉처럼 독립형 인터넷 시민참여 저널리즘의 1등을 달리는 매체라 할지라도 완벽한 매체는 없다는 것입니다. 그래서 선발주자는 두 가지 역할을 합니다. 매력을 전파함과 동시에 한계를 드러냅니다. 그래서 그곳에는 항상 틈새가 있고, 그곳에서 기회의 창이 열리고, 그곳에서 새로운 미디어가 등장하게 되는 것이지요.

〈오마이뉴스〉도 사실 그러한 틈새 속에서 등장했습니다. 조·중·동의 매력과 한계를 보고 우리 방식으로 뭔가 해보려고 한 거죠. 〈오마이뉴스〉를 보고 〈프레시안〉도 등장했고, 보수매체인 〈데일리안〉도 등장했습니다. 그 틈새의 틈새에서 또 다른 틈새가 등장한 것이라고 할 수 있습니다. 여러분도 할 수 있습니다. 최후의 틈새는 여러분 개인이 블로그를 갖는 것일 테니까요. 그것은 그 누구도 장악할 수 없는 최후의 틈새입니다.

매개자의 숙명 때문에 미디어 시장은 역동적일 수밖에 없습니다. 틈새에서 약자로 등장한 비주류 매체는 주류에게 싸움을 걸기도 하고, 성장해서 주류와 크게 싸워보기도 하고, 사라지기도 합니다. 그 속에서 〈오마이뉴스〉나 개개인의 블로그들은 자기 나름의 역할을 하기 위해 노력합니다.

인터넷 공간이 민주주의에 기여하려면

이렇게 〈오마이뉴스〉는 매개자의 숙명에 의해서, 역동적인 언론판에 의해서 새로운 미디어로 등장했고, 보수와 진보 언론의 영향력 구조를 8 대 2에서 5 대 5로 만들기 위해서 노력하고 있는데, 이렇게 열린 새로운 공간이 정말 민주주의에 기여할 수 있을까요? 간단하지 않은 질문입니다.

과연 더 많은 참여, 더 많은 정보가 민주주의를 보장할 수 있을까요? 예를 들면 다섯 명이 토론하면 딱 좋을 것 같은데, 30명이 토론하면 배가 산으로 올라갈 수도 있고, 또 어떤 사람은 토론 자체에 집중하기보다 비본질적인 것을 가지고 설왕설래해서 분위기가 흐트러지고, 익명으로 할 것인지 실명으로 할 것인지를 놓고 카페지기들이 싸우고들 하잖아요. 이렇듯 더 많은 참여가 더 많은 민주주의적 공론의 장을 만들어주는 것은 아닙니다. 그리고 더 많은 정보가 더 많은 행복을 주지도 않습니다. 그렇기 때문에 참여를 하되, 믿을 수 있는 참여가 중요합니다.

〈오마이뉴스〉의 경우 시민기자가 쓴 기사를 모두 검토하는데, 그에 필요한 인력으로 15명을 고용하고 있습니다. 만약 우리가 일반 블로그처럼 운영한다면 그 15명을 고용하지 않고 비용을 절감할 수도 있습니다. 그런데도 모든 기사를 검토하는 이유는 믿을 수 있는 참여가 중요하다고 생각하기 때문입니다. 책임 있는 참여, 연대하는 참여, 대안 있는 참여가 중요합니다. 나의 참여가 하나의 소음으로 그치지 않고 더 좋은 민주주의에 도움이 되려면 참여 자체보다는 의미 있는 참여가 중요합니다.

인터넷과 시민참여 저널리즘은 민주주의의 진전에 반드시 필요한 무거운 질문들에 어느 정도 대답할 수 있어야 한다고 생각합니다. 세계화나 양극화, 비정규직, 저출산, 남북통일, 기후 변화 등에 대해 기사를 써서 네이버나 다음에 올리면 클릭 수가 얼마나 나올까요? 아마 연예인 자살 관련 기사의 50분의 1 정도 나올 겁니다. 포털 사이트들이 연예 뉴스에만 집중한다는 지적을 받으니까 면피하기 위해서 남북통일 같은 이슈를 굵은 글씨로 만들어 주요 공간 여러 곳에 배치했다고 합니다. 그런데도 클릭 수는 연예인 연애 기사의 20분의 1도 안 나왔답니다. 인터넷 공간은 이처럼 재미와 속보, 생생함, 아기자기함 등이 통하는 곳입니다. 그러니 그 너머에 있는 심각한 문제들에 대답할 수 있을까요?

저는 2009년 11월 초에 아프리카 나이지리아에 다녀왔습니다. 사흘이라는 짧은 시간 동안 머물면서 그 도시의 참상을 보았습니다. 우리나라 1970년대 이전 수준으로 살고 있는 그곳 사람들의 이야기를 써야 하는데 죄책감 때문에 못 쓰고 있습니다. 단 사흘만 보고 내가 이 사람들에 대해서 쓸 자격이 있을까, 더 공부하고 써야 하지 않을까 하고 고민했습니다. 그런데 이런 기사를 쓰면 사람들이 재미없어합니다. 우리가 전통적 미디어에 대해 냄비 언론이네, 중요 현안이 너무 빠르게 바뀌네 하는데, 과연 인터넷 공간은 그 대안이 될 수 있을까요?

신천지인 인터넷 공간은 새로운 세력을 만들어낼까요, 아니면 기존의 정치·경제 권력에 포섭되어 그들을 강화시켜줄까요? 한 나라를 움직이는 권력은 정치·경제·언론 권력입니다. 노무현 정권 시대에는 경제 권력과 언론 권력은 협력했으나 이들이 정치 권력과 불화하며 엄청 싸웠는데, 지금은 3자가 완전 짝짜꿍입니다. 그 대표적인 것이 미디어법 개정과 조·중·동 방송 만들기입니다. 정치 권력은 미디어법 개정에 앞장서고 있고, 경제 권력은 재벌과 대기업이 그것의 물적토대가 되어주면서 언론 참여를 독려하고 있고, 언론 권력은 조·중·동 언론 권력의 시대로 빠르게 가고 있습니다.

그래서 언론이 권력과 자본으로부터 독립하려면 어떻게 해야 하는지가 굉장히 중요한 문제입니다. 〈오마이뉴스〉는 2009년 7월부터 '10만인클럽' 회원을 모집하고 있습니다. 유료 독자를 확보해서 독자와 콘텐츠를 기반으로 독립성을 갖자는 취지입니다. 민주주의 세력과 민주언론은 서로 신명을 주고받을 수 있어야 합니다. 모든 미디어가 신명이 없으면 독자들을 끌고 갈 수 없습니다. 따라서 민주세력과 미디어는 상호연관이 깊다고 할 수 있습니다. 2004년에 친일 인명사전을 만들자고 주동했을 때는 불과 11일 만에 5억 원이 모였습니다. 그 성과로 《친일인명사전》이 발간되었죠. 2008년에는 동영상으로 촛불시위를 중계했는데, 2주 만에 서버 비용을 대겠다고 3억 원이 모였습니다. 이것은 신명의 교감 때문에 가능했던 것입니다.

그렇다면 신명은 어디에서 나오는 것일까요? 반대에서 나오는 신명은 그 생명이 짧습니다. 예를 들면 2002년 대통령 선거를 앞두고 노무현 후보를 발견하고, 노무현을 통해서 정치 경험을 해보자고 누군가가 제안하고, 많은 사람들이 스스로 보좌관을 하겠다고 나서는 등 신명들이 서로를 전염시켰습니다. 그렇게 대안을 만들어냈을 때 그 신명은 길게 갈 것입니다. 대안은 공부를 통해 나오는 것입니다. 〈오마이뉴스〉가 10만인클럽의 회원을 모으면서 세운 목표는 단순히 1만 원씩 내는 사람들을 만드는 것이 아니라 공부하는 10만인을 만드는 것입니다. 공부를 해야 대안을 만들어낼 수 있습니다.

작은 승리를 축적해야 합니다. 그리고 작은 승리를 전염시켜야 합니다. 세 사람이 마음이 맞아 술집이나 카페에서 토론을 나누는 것도 작은 승리입니다. 경기도 교육감 선거에서도 마음을 모으는 시도를 해보지 않았습니까? 부족한 대로 동지가 되는 것입니다. 연대의 힘이 중요하잖아요.

'보수언론 5 대 진보언론 5' 구도는 가능할까

제가 창간 기획서에서 이야기했던 언론의 영향력 구조 바꾸기가 가능할까요? 영향력의 구조가 5 대 5가 되는 세상이 가능하기 위해서는 먼저 언론 기관으로서의 진보 언론들을 생각해보아야 합니다. 〈경향신문〉이나 〈한겨레〉, 〈오마이뉴스〉, 〈프레시안〉, 〈시사인〉 등은 10만인클럽에 가입해달라, 잡지를 정기 구독해달라, 기자들이 받는 월급이 100만 원도 안 된다 하며 죽는 소리를 합니다. 이에 대한 나름의 발전 전략을 세우고 있지만, 혼자서 해결하기에는 한계가 있습니다. 그리고 이들은 이들의 관성이 있고 몸집이 있죠. 자신의 몸집을 건사하는 것도 중요합니다. 그런데 지금 이명박 정부는 치밀한 계획을 짜서 하는지 이심전심으로 하는지는 모르겠으나, 진보 언론들의 목을 조이고 있습니다.

지금 진보 언론들은 건강한 현상 유지를 하면서 실력을 길러야 합니다. 그리고 실핏줄 언론이 희망입니다. 동네 신문, 지역 소식지, 개인 블로그, 온라인 카페 등 온라인과 오프라인에서 한 명이나 다섯 명 정도가 의도적 혹은 비의도적으로 운영하는 아주 작은 규모의 언론이 실핏줄 언론입니다. 이들의 입이, 여러분이 곧 미디어입니다.

특히 이들이 인터넷 공간을 활용하게 되면, 그 입소문이 만들어내는 영향력의 총합은 전통적 미디어나 인터넷 언론 기관의 힘을 능가할 때가 많습니다. 실제로 우리는 출판이나 영화, 스포츠 시장에서 입소문의 영향력이 크다는 것을 경험하고 있습니다. 오늘날 우리는 영화를 고를 때 신문광고보다는 인터넷 티켓 예매율이나 20자평 등을 보고 고릅니다. 제가 최근에 쓴 책 중에 《노무현, 마지막 인터뷰》라는 책이 있습니다. 조·중·동에서는 이 책에 대해 단 한 줄도 다루지 않았습니다. 정치 분야에서 6주 동안 베스트셀러였고, 김대중 대통령이 추천사를 썼는데도 말입니다. 그러나 그 책은 입소문에 의해서 수만 권이 팔렸습니다. 또 이명박 정부의 서민 경제 정책이 거짓말이라는 사실을 밝힌 선대인의 《위험한 경제학》이라는 책도 조·중·동에서는 단 한 줄도 다루지 않았습니다. 하지만 입소문이 이 책의 판매에 큰 영향을 미쳤죠.

실핏줄 언론 그 자체는 희망이지만, 그들이 연대하면 희망을 넘어서서 승리도 할 수 있습니다. 실핏줄 언론이야말로 두 전직 대통령의 말씀처럼 '깨어 있는 시민'이며 '깨어 있는 양심'입니다. 실핏줄 언론끼리의 연대 또는 실핏줄 언론과 기존 언론과의 연대 등 크고 작은 다양한 연대를 만들어야 합니다. 그러면 현재 8 대 2인 언론의 영향력 구조가 5 대 5로 바뀌는 세상을 만들 수 있습니다.

미디어법이 통과되어 조·중·동이 방송을 장악한다 하더라도 여러분 개개인의 힘이 연대한다면 이길 수 있다고 봅니다. 우리는 촛불시위와 탄핵반대를 통해 그것을 경험하지 않았습니까? 그때 여러분은 무엇을 느끼셨나요? 조·중·동보다 여러분의 힘이 더 세다고 생각하지 않았습니까? 요즘은 조금 위축되어 있습니다만 그 힘이 어디 갔겠어요. 여러분 개개인이 미디어가 되어야 합니다. 블로그를 만들고, 카페에서 활동하고, 〈오마이뉴스〉의 시민기자가 되세요. 혼자서 생각만 하지 말고 연대하고 수많은 공간에서 개인 미디어가 되십시오.

우리는 10만인클럽을 만든 이후로 1,000명을 교육했습니다. 1,000명이 각각 열 명에게 영향을 미치고, 그 열 명이 또다시 각각 열 명에게 영향을 미치면 10만 명이 됩니다. 여러분이 미디어를 바꿀 수 있습니다. 기존 미디어에 의해서 답답했던 민주주의, 지난 10년간 민주정권 아래에서 조금 열렸지만 또다시 답답해져가는 언론 민주주의를 위해 여러분이 다시 돌파구를 찾아내기를 바랍니다.

한국 민주주의를
묻고
답하다

청중 1 실핏줄 언론의 연대가 승리를 가져온다고 했는데, 구체적으로 어떻게 연대할 수 있는지 말씀해주십시오.

오연호 충청북도 옥천에는 민주신문인 주간 〈옥천신문〉이 있습니다. 옥천에서만큼은 〈조선일보〉보다 독자 수가 많죠. 인터넷 카페가 아니더라도 동네마다 마을 소식지를 내는 사람들이 있습니다. 그들은 주민들 사이에서 접합제 역할을 하면서 중앙에서 나오는 〈한겨레〉나 〈경향신문〉보다 알게 모르게 영향력을 미치고 있습니다. 또한 우리가 블로그 활동을 하면, 연대하겠다고 선언하지 않아도 자연스럽게 엮이게 됩니다. 애초 나의 독자도 아니었는데 다른 블로그들을 거쳐서 오는 방법 등으로 네트워크를 확장하는 것이지요.

그런 식의 연대도 가능하지만, 조금은 의도적인 방법도 있습니다. 서울지역대학생연합, 동호회연합, 공부모임의 예처럼 다양한 방법도 생각해볼 수 있습니다. 요즘에는 자기들끼리 단행본을 내는 사람들도 많아졌습니다. 단행본도 일종의 미디어입니다. 판매부수가 비록 적더라도 그것에 의해 영향을 받는 사람은 많을 수 있습니다.

청중 2 모든 시민은 기자라는 슬로건은 좋지만, 기자가 되기 위해서는 역량이 필요하다고 봅니다. 현상을 정확하게 전달하는 것 또한 기자의 의무인데, 역량을 갖추지 못한 기자의 경우 사건 전달마저 왜곡시킬 수 있다고 봅니다. 그렇게 되면 〈오마이뉴스〉가 언론이라기보다는 시장 같다는 이미지가 생기진 않을까요? 〈오마이뉴스〉의 편집권은 어떤 원칙이나 철학에 의해 이루어지고 있는지 궁금합니다.

오연호 시민기자의 힘은 다양성에서 나온다고 생각합니다. 왜 자기가 사는 이야기를 여기에다 썼을까 하는 생각이 들 때도 있을 만큼 소재도 다양하고 수준도 다양할 수 있습니다. 사실fact에 대해서라면 심지어 초등학생도 쓸 수 있습니다. 또는 의사나 변호사, 교수이면서 각자 자신의 전문 분야에 대해서 쓰는 시민기자도 있고 상근기자도 있습니다. 상근기자와 시민기자의 환상적 결합을 꾀하는 것이 〈오마이뉴스〉입니다.

저는 새로운 소식을 가지고 있고, 그 소식을 남에게 전하고 싶은 건전한 시민은 다 기자라고 생각합니다. 기자의 개념은 시대에 따라 달라질 수 있어야 합니다. 종이매체의 시대에는 공간의 한계가 있기 때문에 거기에 맞게 기사를 작성할 수 있는 사람이 기자였습니다. 짧은 시간에 스트레이트 뉴스를 잘 쓰는 사람이 기자였죠. 그러나 지금은 시공간의 개념이 유연해지면서 이 시대에 맞는 기자의 개념이 필요합니다.

시민기자에게도 시민기자 윤리 강령이라는 게 있습니다. 반드시 사실만 써야 한다거나, 개인의 이익을 위해서 이야기를 과장하지 않아야 한다 등입니다. 우리가 완벽하지는 않지만 모든 기사를 훑어보는 것은 그러한 이유 때문입니다.

편집 방침은 독자들(시민)의 '추천' 기능을 참조하지만, 최종적인 것은 사람에게 의존합니다. 기술이 발달하면서 그것에 의존하는 것이 대세가 되어가고 있지만, 우리는 여전히 사람의 힘을 믿습니다. 왜냐하면 우리는 영혼이 있는 커뮤니케이션을 해야 하기 때문이죠.

시민기자의 다양함도 있지만, 시민기자는 시민기자대로 상근기자는 상근기자대로 어떻게 기사의 질을 높일 것인가도 중요하게 생각합니다. 상근기자들은 우리 사회의 주요 이슈를 겉핥기식이 아니라 심층 취재하고 대안을 제시하는 기사를 써야 한다고 생각합니다. 그러나 전문성 강화가 참여의 문턱을 높여서는 안 되죠. 전문성과 다양성이 조화를 이루도록 하는 것이 우리의 과제입니다.

청중 3 정보의 전달이나 소통도 중요하지만 구체적인 실천과 행동에 대해서도 고민해야 하지 않을까요? 시장 권력과 국가 권력이 합심해서 개인의 발언과 행동을 압박한다고 생각하는데, 개인의 행동을 독려하는 〈오마이뉴스〉가 행동하기를 두려워하는 개인에게 한마디 해주신다면?

오연호 이에 대해서는 돌아가신 김대중 대통령께서 정확히 말씀하셨습니다. "행동하는 양심이 되자. 행동하지 않는 양심은 악의 편이다." 저는 노무현 대통령과 마지막 인터뷰를 해서 책으로 냈는데, 김대중 대통령과의 인터뷰도 마지막이 되어버렸습니다. 김대중 대통령께서는 인터뷰하는 동안 아프셨는데도 마치 최후의 불꽃을 태우는 듯한 모습을 보여주셨습니다. 비서가 드리는 수박을 받아드는 것조차 힘들어하면서도 한 마디라도 더 전하려고 애쓰셨죠. "행동하지 않으면 악의 편"이라고 하시면서 "우리가 할 수 있는 일은 아주 많다. 투표 잘 해

라. 하다못해 담벼락에 대고 욕이라도 하라."고 하셨어요. 민주주의가 후퇴해가는 모습을 보면서 얼마나 답답하셨으면 그런 말씀을 하셨나 싶더라고요. 젊은 사람으로서 부끄러웠습니다.

실핏줄 언론이라고 하면 어렵게 생각할 수도 있지만, 다양한 차원에서 할 수 있습니다. 〈오마이뉴스〉의 시민기자가 되거나, 개인 블로그 활동을 하거나, 인터넷 카페에 회원으로 가입하거나, 작게는 게시판에 글을 남기는 등 다양합니다. 일기는 자신만 만족시키면 되지만, 앞으로는 다른 사람도 만족시키려는 정신을 가졌으면 합니다. 무엇인가에 대해 글을 쓸 때, 나 아닌 다른 사람에게 내가 배운 것을 잘 소화해서 그 사람이 받아들이기 편안한 방법으로 전달하도록 노력하세요. 이것이 바로 서비스 정신입니다. 배워서 남 줍시다.

제8강

미디어 패러다임에 서서
민주주의를 기획하다

진중권

경비행기를 좋아하는 그는 꼭 '경'비행기를 닮았다. 지상에 발을 디디고 있는 사람의 시야에서 사라지지 않을 정도로 알맞은 높이에서 표표히 날아다닌다. 가벼운 날갯짓은 너무 높지 않은 높이임에도 자유를 만끽하기에 충분하다. 지상에 부당한 일이 생기면 눈이 매서운 '날짐승'이 된다. 어김없이 문제제기를 한다. 누구보다도 '지금'을 사는 진중권, 사회문화적 논쟁의 중심에는 항상 그가 있다. 첨예한 갈등을 특유의 유쾌한 화법으로 풀어낸다. 날카롭지만 유려하다. 문학평론가, 지식인, 진보논객을 아우르지만 굳이 '미학자'라고 부르고 싶어진다. 그 자신도 스스로를 '공부하는 사람'이라고 규정한다. "미학자로서 좋은 책을 내는 것이 삶의 궁극적인 목표"라 말하는 그가 낯설지 않다. 당장의 현실을 묻고, 탐구하고, 스스로 답을 하는 모습이 아름다운 그는 진정 미학자다.

지은 책으로는 《미학 오디세이》(1~3) 《교수대 위의 까치》 《진중권의 이매진》 《호모 코레아니쿠스》 등이 있다.

우리 시대를 읽는 시각적 상징, '그의 머릿속엔 삽 한 자루'

저는 지금까지 썼던 책들 중에서 근대 이후부터 탈근대가 진행 중인 현재까지 급변하는 한국 사회를 돌아본 《호모 코레아니쿠스》와 인터넷 기반 사회의 상호소통성을 받아들이는 미학의 새로운 가치를 다룬 《미디어아트―예술의 최전선》의 주제를 결합시켜서 현실을 바라보는 시각이나 패러다임을 드러낼까 합니다.

보통 논객들은 복잡한 이야기를 안 합니다. 대신 시각적 상징으로 요약해서 한마디 던지죠. 사람들로 하여금 사물을 바라보는 시각을 조직하는 것이 목적이기 때문에 여기를 보라든가 저기를 보라는 등의 특정 방향만 지시하지, 왜 그래야 되는지를 설명하지 않습니다. 그래서 막말을 한다는 둥 표현이 선정적이라는 둥의 이야기들을 많이 듣습니다. 하지만 실제로는 특정한 이야기를 할 때 그 바탕에는 논리가 깔려 있죠. 예를 들어 제가 이명박 대통령을 가리켜 '그의 머릿속엔 삽 한 자루'라고 하는 것도 딱 한 마디만 하는 것이 굉장히 효율적이거든요. 이게 사태의 본질을 정확하게 요약하는 것이고. 그렇게 몇 번 쓰다 보면 정치권이나 언론에서도 다 그 표현을 인용하더라고요. MB 현상을 바라보는 패러다임 자체를 은연중에 확대시키는 효과가 있어요. 오늘 제가 하려는 이야기는 '그의 머릿속엔 삽 한 자루'라는 표현이 도대체 어디서 나왔는지에 대한 것입니다. 그것이 현재 우리 사회가 처해 있는 상황들을 가장 잘 보여준다고 생각합니다.

제가 요즘 매체철학을 하고 있는데, 먼저 미디어의 관점에서 접근해 보겠습니다. 인문학의 패러다임이 19세기까지는 의식 패러다임이었고, 20세기는 언어 패러다임이었다면, 21세기는 미디어 패러다임이거든요. 예전에는 세계가 인간의 의식에 의해 구성된다고 보았습니다. 하지만 20세기에는 세계가 언어적으로 구조화되어 있기 때문에 세계를 알기 위해서는 언어를 알아야 된다고 본 거죠. 요즘은 세계가 미디어에 의해서 만들어지기 때문에 세계를 알기 위해서는 미디어의 속성과 특성에 대해서 먼저 이해해야 된다고 보죠. 그런 관점에서 우리 현실을 어떻게 볼 것인가에 대해서 말씀드리도록 하겠습니다.

산업화를 거쳐 지식과 정보의 생산으로

전 세계에서 사실 우리나라처럼 압축적인 성장을 해온 나라가 많지 않아요. 대한민국은 아주 짧은 기간에 농경사회에서 산업사회를 거쳐 정보화 사회로 넘어왔습니다. 겨우 50년 만에 말이죠. 물론 한국의 근대화라는 게 어떻게 보면 대한제국 때부터 시작된 것일 수도 있어요. 조금 더 적극적인 의미에서는 일제강점기 때 식민정책의 일환으로 시작된 측면도 있죠. 하지만 아주 본격적인 의미에서는 1960년대 박정희 정권에 들어와서 시작된 거죠. 그러니까 사실은 50년 사이에 한국 사회가 완벽하게 산업화 사회가 된 겁니다. 그리고 요즘은 정보화 사회로 넘어왔습니다.

박정희 정권이 처음 등장했을 때 우리나라의 노동인구 중 90퍼센트가 농민이었어요. 그런데 현재 농민이 차지하는 비중은 10퍼센트밖에 안 됩니다. 나머지 80퍼센트는 노동자가 된 겁니다. 굉장히 놀라운 일이죠. 산업화 사회에서 정보화 사회로 넘어가는 기준은 전체 노동인구 중에서 직접적인 재화의 생산, 가공, 유통에 종사하는 사람보다 정보의 생산, 가공, 유통에 종사하는 사람이 더 많다는 것입니다. 쉽게 말하면 컨베이어 벨트 앞에서 일하는 사람보다 책상 앞에서 컴퓨터 갖고 일하는 사람들이 더 많은 현상이죠. 그럴 때 정보화 사회로 넘어간다고 이야기합니다. 또는 후기 산업화 사회로 넘어간다고 하죠. 저는 우리나라가 1990년대 후반부터 정보화 사회로 넘어갔다고 봅니다.

돌이켜보건대 한국 사회가 시대적 흐름에 나름 적응을 잘 해왔어요. 물론 쿠데타로 들어선 박정희 정권은 정치적·도덕적 정당성에 문제가 많습니다. 그렇지만 경제적 타당성과 적합성이 있었던 정권이에요. 그러나 그게 오래가지 못하고, 박정희는 1979년에 시해되고 맙니다. 한국 사회가 박정희를 원하지 않았는데 자기가 억지로 있으려고 했기 때문이죠.

당시 한국 사회의 대부분은 농민이었어요. 농민은 자연의 속도에 맞춰서 살아갈 수밖에 없습니다. 아무리 서둘러도 봄에 수확을 할 수는 없는 겁니다. 기다려야 돼요. 인간의 신체와 자연은 항상 기다려야 되죠. 인간의 신체도 자연적인 거잖아요. 자연과 자연이 만나서 생산이 이루어지는 게 바로 농경사회였다는 겁니다. 그런데 산업화 사회는 인간과 자연 사이에 기계가 끼어드는 거잖아요. 인간의 신체가 기계와 연결되어야 하고, 때문에 자연적 속도가 아니라 기계적 속도가 됩니다. 옛날에는 모든 게 자연의 속도였습니다. 사람이 걷는 속도나 기껏해야 말이 달리는 속도였어요. 그런데 이제는 기관차가 달리는 속도, 비행기가 날아다니는 속도가 되었죠. 그 속도에 우리의 몸을 뜯어 맞춰야 되는 상황이 온 겁니다.

당시 한국 사회에서 기계와 결합된 신체를 갖고 있었던 유일한 집단이 바로 군대였어요. 한국전쟁이라는 현대 전쟁을 치러봤던 그들은 기관총, 소총, 전차, 항공기, 전함 같은 것들과 결합된 신체를 갖고 있었죠. 또 기계라는 게 합리적으로 돌아가잖아요. 수학적으로 돌아가는 합리성을 유일하게 갖고 있었던 집단이 군대였습니다. 그래서 한국의 근대화 과정에서 군인이 일종의 엘리트 역할을 할 수 있었던 거예요. 산업화 초기에는 군사문화라는 게 나름 시대적 효율성이 있었던 겁니다.

산업화 초기에는 사람들의 몸을 기계에다 강제로 뜯어 맞춰야 됩니다. 이게 쉬운 과정이겠어요? "봄이면 씨앗 뿌려, 가을이면 풍년 들고, 겨울이면 행복하네." 뭐 이런 노래도 있듯이, 그렇게 살던 사람들이 고향을 떠나 구로공단에서 하루 18시간씩 미싱을 돌렸던 거예요. 누가 그런 생활을 하고 싶겠냐는 거죠. 안 하고 싶겠죠. 그러니까 강제로 농민들을 자연으로부터 뜯어내서 도시로 보내야 되는 겁니다. 그러려면 저곡가 정책 같은 것을 통해서 농사를 지어서는 도저히 못 살게끔 만들어버리는 거예요. 결국 농촌을 떠나 도시로 유입된 사람들을 기계와 결합시키는 과정이 박정희 군사정권 때 이루어졌어요.

박정희식 산업화의 문제점은 국가 주도 경제였다는 것입니다. 그럴 수밖에 없었죠. 보통 자본이라는 것의 정체는 이윤이거든요. 사람들이 기업에 투자를 해서 이윤이 남으면 그걸 재투자하잖아요. 그래서 점점 커지는 게 자본주의적 자본축적 방식이죠. 그런데 처음에는 자본이 없었기 때문에 한국은 최초의 자본축적 과정에서 국가가 나선 거예요. 원래 시장경제가 작동하기 시작하면 국가의 간섭이라는 게 필요 없게 되거든요. 시장의 원리라는 건 기본적으로 보이지 않는 손에 의해서 자율적으로 조절된다는 겁니다. 그런데 한국의 경제는 국가가 주도를 했죠. 게다가 어느 순간부터는 국가 스스로 이런 역할을 귀찮아하면서 비효율로 전환됩니다. 그때 박정희 정권이 무너집니다. 경제적 토대에서 필요가 발생하면 정치적 불안으로 나타날 수밖에 없어요.

그 다음에 전두환 정권이 들어섰는데, 전두환 정권도 나름 업적이 있어요. 우리가 알고 있는 것과는 다르게 경제 부분은 상당히 자유롭게 풀어주었어요. 기업가들에게 다 맡겨버린 거죠. 한국 경제가 국가 주도에서 민간 주도로 넘어갈 때 결정적인 역할을 했어요. 그런 식의 패러다임의 전환이 일어나는 게 전두환 정권 때부터입니다. 제가 보기에는 그 원인 중 하나가 무식함입니다. 그는 누구처럼 아는 척하지 않아요. (청중 웃음) 전두환은 자신이 모른다는 걸 알기 때문에 맡겨버린 겁니다. 토대는 굉장히 자유로웠던 반면 상부구조는 억압했죠. 즉 경제는 자유롭게 내버려두고 정치는 굉장히 억압했습니다. 결국 오래가지 못하고 폭발한 게 1987년 6월민주항쟁입니다. 재미있는 건 6월민주항쟁의 주역들은 산업 프롤레타리아가 아니라 학생과 넥타이 부대였다는 점입니다. 한국 경제는 6월민주항쟁을 거치면서 토대도 자유로워지고 상부구조도 자유로워지는 이른바 민주화 과정을 겪게 됩니다.

노태우 정권도 나름 한 일이 있습니다. 북방정책과 국민연금제 도입 등이 있었죠. 그 다음에 김영삼 정권도 굉장히 중요한 일을 했습니다. 하나는 금융실명제 실시로 인해 한국 경제가 투명해질 수 있었죠. 또 하나는 하나회 척결이에요. 그걸 통해서 민주화를 비가역적인 과정으로 만든 거예요. 다시 군사 독재가 들어설 위험성 자체를 아예 없애버렸다는 겁니다.

그리고 정보화 사회로 넘어가는 과정을 결정적으로 끌어낸 게 김대중 정권이었던 것 같아요. 김대중 대통령은 어떻게 보면 대단한 분이에요. 웬만한 민간 경제연구소가 해야 할 일을 다 독학으로 연구했죠. 지식기반사회, 지식기반경제라는 말을 많이 들어봤을 거예요. 옛날에는 물질적인 재화상품을 생산했는데 이제는 지식 생산, 정보 생산으로 넘어가는 시대가 된다는 겁니다. 즉 생산 자체의 성격이 비물질화되고 있다는 겁니다. 사실 한 편의 해프닝으로 끝났지만 '신지식인'이라는 게 있었잖아요. 그 의도 자체는 인정할 만한 겁니다. 왜냐하면 지식을 생산한다는 뜻이었거든요. 예컨대 우동을 하나 팔아도 남들과 다른 정보를 담고 있어야 된다는 의도가 있었던 거예요. 이제는 생산이라는 것 자체가 과거와는 달라졌다는 겁니다. 물질적인 생산이 아니라 비물질적인 것들, 즉 정보와 지식이 생산의 대상임을 인식한 거죠. 그러면서 한국 사회가 본격적으로 정보화 사회로 넘어가게 됩니다.

그 뒤를 이은 노무현 정권의 의미는 인터넷 시대에 맞는 커뮤니케이션 구조를 만들었다는 겁니다. 김대중 대통령만 해도 그런 비전들은 갖고 있었지만, 그분도 여전히 '카리스마'를 가지고 있었어요. 예전에 박정희에 대한 거의 종교적 숭배 비슷한 느낌이 있었듯이, 김대중도 숭상의 문화가 있습니다. 그가 한마디만 하면 모두가 따랐죠. 카리스마가 있다는 것은 위에서 아래로 꽂히는 거죠. 그것을 무너뜨린 게 노무현이었던 것 같아요. '계급장 떼고 토론하자'는 문화. 제가 방송에 출연했을 때 그 구조가 여기저기 퍼져나가는 것을 실제로 느낄 수 있었습니다. 거시구조의 변화는 미시구조의 변화를 가져오거든요. 회사나 기업, 조직 같은 데에서 커뮤니케이션 구조가 상당히 수평화돼요. 더불어 인터넷 문화가 확 퍼져나갔죠. 사실 노무현 대통령이 인터넷 대통령이잖아요. 인터넷을 통해서 대통령이 되었고, 또 한편으로는 인터넷에 의해서 대통령직을 유지할 수 있었던 세계 최초의 대통령이죠.

바로 그런 정보화 시대로 향하는 흐름이 지난 두 정권 사이에 있었던 겁니다.

다시, 과거로 돌아갈 것인가

이렇게 지난 정권들을 살펴보면 나름 한 일들이 있어요. 그런데 이명박 정권은 뭘 하는지 도대체 모르겠어요. 지금 논란이 되고 있는 사안이 세종시와 4대강 개발이잖아요. 그래서 그의 머릿속에 든 게 삽 한 자루밖에 없다는 겁니다. 산업화 초기로 돌아가자고 하는 거예요. 이 분이 하는 말을 잘 들어보면 이런 거예요. 예를 들어 내가 컴퓨터 앞에 앉아서 생각을 해요. 뭘 기획할까, 뭘 디자인할까, 이걸 어떻게 할까 곰곰이 생각하고 있는데 그분이 보시기엔 노는 거예요. 그래서 '요즘 젊은이들이 말이야, 고생을 안 하려고 한다. 에어컨 바람 나오는 데서만 일하려고 한다. 나가서 일하라.'는 겁니다. 4대강에 가서 땀을 뻘뻘 흘리며 삽질을 하면, 그제야 '아, 일을 하는구나.' 이런 사고방식입니다.

노무현 정권 때 우리나라의 IT 세계 경쟁력이 3위였는데 2008년에 8위로, 2009년에는 16위로 떨어졌어요. 이분은 IT가 고용창출을 못한다고 해요. 그 말은 맞아요. IT 분야의 일이 연구나 개발이잖아요. 고급 노동력이긴 하지만 거기서 많은 일자리가 창출되진 않죠. 이분이 생각하기에 그것보다는 삽질을 하면 일자리가 1만 개씩 나와요. 6개월 짜리 일자리라서 문제지만, 수치상으로는 취업률이 올라간다는 겁니다. 이런 사고방식이거든요. 사회 전반적으로 퇴행을 보이는 원인은 기본적으로 이명박 정권에 있어요. 비전 자체가 산업화 초기에 머물러 있으니 문제가 있을 수밖에 없죠.

사실 문제는 대통령 자신이 경제를 안다고 생각하는 거예요. 그가 경제를 아는 사람은 아니거든요. 단지 1970년대, 1980년대 초 건설 업계에 몸담았을 뿐이에요. 한때는 현대 경제에 입문을 하겠다면서 BBK를 설립하기도 했지만, 그것이 스스로 말한 대로 사기 당한 거였죠. 한마디로 금융에 대해서는 아무것도 모른다는 거죠. 두바이 경우도 마찬가지였죠. 언뜻 보니까 화려하잖아요. 번쩍번쩍 멋있거든요. 눈에 보이는 건 좋아요. '나도 저렇게 지을 수 있어!' 이런 거란 말이죠. 그런데 결국 두바이가 모라토리엄을 선언했잖아요. 그에게는 눈에 보이지 않는 것에 대한 개념이 없습니다. 이게 바로 산업화 시대의 사고라는 겁니다. 산업화 시대의 상품은 다 눈에 보였거든요. 그런데 지식과 정보는 눈에 안 보여요. 이에 대한 개념이 없다는 겁니다.

또 다른 예가 바로 '명텐도'였죠. 결국에는 웃음거리만 됐잖아요. 닌텐도가 어느 날 갑자기 나왔다고 생각하는 것 같아요. 물리적 구조를 만드는 건 어려운 게 아니에요. 프로그래밍하고 센서 하나 달면 되는 거예요. 문제는 닌텐도 위Wii가 나오기까지 수많은 실험이 있었다는 거예요. 미디어아티스트들의 수많은 인터페이스 실험이 있었어요. 예컨대 이게 그냥 손가락으로 키보드를 두드리는 게 아니잖아요. 온몸을 이용하는 촉각적인 인터페이스죠. 그런 다양한 실험이 20년 전부터 시도되었습니다. 또 콘텐츠가 제공되어야 하죠. 그 과정에서 많은 노력이 있었는데 그런 건 하나도 안 보고 무조건 이거 만들라는 거예요.

'project'라는 말은 앞을 향해서 던진다는 의미예요. 그런데 이분이 하는 건 'retrospect'입니다. 과거를 향해 던져요. 우리는 미래에 대한 전망을 가져야 되는데 이분이 가진 건 회고뿐이에요. 요즘에 계속 회고전, 옛날 것들이 나오잖아요. 얼마 전에 〈대한뉴스〉가 다시 나왔죠.

또 최근에는 KBS에서 옛날 드라마, 반공 드라마가 부활하고 있고요. 모든 분야에서 복고풍이 일고 있어요. '미리 쓴다'는 뜻을 지닌 라틴어에서 유래한 말이 'program'입니다. 이걸 해야 하는데, 지금의 정부는 'reprogram'을 하고 있다는 거예요. 과거로 쓰고 있다는 거예요. 이게 한국 사회의 현주소입니다.

이건 욕만 해서는 해결될 문제가 아니에요. 저 사람이 왜 저러는지 이해를 해야 합니다. 그분이 가진 게 CEO의 사고방식입니다. 사실 말이 CEO지, 과거에 그가 사장을 할 때는 CEO라는 개념이 없었거든요. 현장감독일 뿐이에요. 현장감독들, 이른바 경영자는 회사 내에서 독재자입니다. 저 하고 싶은 대로 다 해도 돼요. 하지만 국가를 운영하는 것은 기업 운영과 다릅니다. 그분은 그게 이해가 안 되는 겁니다. '아, 내가 경영자인데, 국민이란 이름의 사원들은 왜 내 말을 안 듣는 거야?' 하고 생각한다는 거죠. 대화를 왜 해야 하냐는 식이죠. 이분이 하는 대화라는 게 사실 계몽과 홍보와 세뇌잖아요. 박정희 정권 때에는 그렇게 해도 됐어요. 왜? 국민 대다수가 산업사회에 있었으니까요. 그런데 현 정권은 산업사회에 있는데 국민은 정보사회에 있다는 게 문제예요. 국민은 다 여기 있는데 대통령 혼자 뒤로 가서는 계몽하겠다는 둥 홍보하겠다는 둥 세뇌하겠다는 둥 하고 있어요. 시대착오적입니다. 박정희 흉내를 내고 있다고나 할까요. '박정희가 경부대운하 사업을 할 때 반대가 많았지. 그런데 해놓고 나니까 좋잖아. 나도 그런 적 있어. 청계천이 그렇잖아.' 이겁니다, 지금. 4대강 문제도 딱 그거예요. 낙동강과 한강을 잇지만 않는 거예요. 그건 다음 또는 다다음 정부에서 하면 된다는 생각이에요. 그 토대를 본인이 마련해놓았다고 자랑하고 싶은 거죠. 이러다 보니 정치도 과거로 돌아가는 거예요.

최고가 아니라 독특함을 보여주는 상상력의 시대

경제에 대한 이야기를 해볼까요? 한국 경제가 선진국이 되려면 전망 prospect을 가져야 되거든요. 하지만 기술 수준은 아직까지도 대부분 모방적 기술이에요. 남의 나라가 한 것을 그대로 따라하는 겁니다. 나무의 뿌리와 밑둥과 가지는 남의 것이고, 열매가 열리면 그것만 따오는 방식으로 경제를 발전시켰던 거죠. 한국 경제가 후발 개발도상국과 선진국 사이에 끼어 있는 상태에서는 이 방식이 어느 정도 효과적이었습니다. 하지만 문제는 항상 두 번째라는 것, 더 올라가지 못한다는 겁니다. 삼성, 엘지 제품을 한번 뜯어보세요. 그 부품과 소재는 다 일본 거예요. 우리나라에서 트리클 다운trickle down이 안 되는 이유가 바로 그겁니다. 트리클 다운은 일본이나 중국에서 된다는 겁니다.

가장 중요한 문제는 공정경쟁이거든요. 쉽게 말해서 중소기업이 기술개발을 하면 그 성과를 대기업이 차지해버립니다. 중소기업에 대해 회계감사를 하고는 '왜 너희가 이렇게 많이 먹었어?'라고 한 다음에 납품 단가를 깎아버려요. 중소기업에서 시간과 비용, 인력을 들여서 어렵게 기술을 개발했는데 그 이익이 자기한테 안 오면 기술에 투자할 필요도 연구개발을 할 필요도 없는 거예요. 단지 대기업에서 만들어달라는 것만 싼값에 만들어주면 됩니다. 그러려면 인건비를 깎아야겠죠. 고급인력은 고사하고 비정규직이 그 자리를 대신하다 보니 기술개발이 될 수가 없죠. 대기업 입장에서는 중소기업에서 갖다 쓸 기술이 없으니 중국이나 일본에서 갖다 쓰는 거예요. 예전에는 대기업 위주의 방식이 통했습니다. 기술개발이 'top-down' 방식이었거든요. 대기업이 주도하고 하청을 주는 방식이었죠. 그런데 미래에는 그렇게 안 됩니다. 'bottom-up'이 되어야 해요. 작은 기술들이 여기저기서 개발되고, 이것들이 얽혀서 신제품으로 나오는 거죠.

미래는 상상력이 생산이 되는 시대예요. 즉 미학이 경제학이 되는 시대입니다. 예를 들어 프라다 제품을 살 때 상품을 사는 게 아니라 프라다를 통해서 광고에서 연출되는 이미지와 내러티브를 사는 거예요. 산업혁명과 정보혁명은 생산방식 자체가 달라요. 거기에 맞는 사람들, 요구되는 노동력의 성격이 다릅니다. 산업화 단계에는 영어·수학 잘하는 사람들만 있으면 돼요. 'alphanumeric code', 알파벳과 숫자만 잘 다루면 됐거든요. 그런데 이제는 그게 아니라는 겁니다. 실리콘 밸리에서는 심지어 연구개발도 하청을 준다고 하더라고요. 그 하청 대상은 한국이나 중국, 인도예요. 영어·수학 잘하는 사람들이 많으니까요. 자기들은 뭘 개발해야 할지 상상을 하는 거예요. 뭘 해야 할지 디자인만 하는 겁니다. 프로그램도 직접 안 만들어요. 뭘 프로그래밍해야 하는지, 어떻게 해야 되는지만 디자인해요. 실제 프로그래밍은 하청을 주는 겁니다. 밑에는 영어·수학 잘하는 사람들이 있거든요.

그런데 지금 우리나라 교육은 또다시 서열화로 돌아가고 있죠. 얼마 전 세계지식포럼이 열렸는데, 발제의 핵심은 '이제는 최고best가 아니라 독특함unique이다'였습니다. '최고'는 점수를 통해 결정됩니다. 동일한 기준을 가지고 누가 점수를 많이 받았나를 측정하는 거죠. 지금 우리 사회에서는 모든 걸 서열화하고 있잖아요. 대학도 고등학교도 중학교도 서열화되겠죠. 하지만 세계는 이미 양적 경쟁이 아니라 질적 경쟁을 향해 가고 있습니다. '독특함'이라는 건 질적으로 다른 거예요. 비교할 수가 없어요. 그게 바로 상상력이거든요. 그런 식으로 인재를 키워야 하는데, 우리는 지금 교육도 완전히 거꾸로 돌아가고 있어요.

늘어나는 사교육비에 경쟁만 부추기고 있습니다. 이른바 레드오션 경쟁이에요. 이게 지금 한국 사회의 가장 큰 문제입니다.

산업혁명의 속도는 기계적 속도죠. 원래 문명화란 가속의 과정입니다. 모든 게 속도가 빨라져요. 자연적 속도에서 기계적 속도가 되잖아요. 그럼 정보화는 뭡니까? 기계적 속도에서 전기적 속도로 바뀌는 겁니다. 그런데 저 사람들은 몸을 빨리 굴리는 것만 생각하죠. 전기적 속도라는 건 몸을 빨리 굴리는 게 아니라 머리를 빨리 굴리는 거예요. 눈에 보이지 않게. 서구 사람들은 우리처럼 몸을 빨리 움직이지 않지만 일은 효율적으로 합니다. 머리가 돌아가고 있는 거예요. 머리를 안 쓸 땐 몸이 빨라져야 돼요. 이게 기계적 속도와 전기적 속도의 차이라는 겁니다. 또는 이렇게 말할 수 있어요. 폴 비릴리오Paul Virilio에 따르면 외연적 속도와 내포적 속도가 있답니다. 쉽게 말해서 산업화에서 정보화로 넘어갈 때는 외연적 속도를 내포적 속도로, 기계적 속도를 전기적 속도로, 눈에 보이는 신체의 속도를 눈에 보이지 않는 정신과 상상력의 속도로 바꿔야 하는 거예요. 그런데 우리는 아직까지도 전前 시대에 묶여 있다는 겁니다. 그나마 지난 두 정권에서는 앞으로 가는 듯했는데, 지금은 과거로 돌아가고 있으니 회복하는 데 얼마나 걸릴지 걱정됩니다.

정치로 넘어가게 되면 산업혁명 당시와 정보화 혁명 당시의 인터페이스는 다릅니다. 인터페이스 디자인의 원리가 달라요. 산업혁명 당시에는 기계가 상수입니다. 기계를 디자인한 후 인간을 거기에 뜯어 맞췄습니다. 그게 모든 인간의 모범이 되었죠. 군인적 인간형이 표준이 되는 군사문화죠. 그런데 정보혁명 시대가 되면 인간이 상수예요. 인간에 맞춰서 기계를 디자인해요. 햅틱폰 같은 촉각 인터페이스tactile interface가 바로 그 예입니다. 인간을 상수로 놓는 거거든요. 즉 정보화 시대에는 전 국민이 권력자를 따라 배우는 게 아니라 거꾸로 권력자가 국민한테 맞춰줘야 되는 겁니다. 그러자면 민주주의를 더 확대해야 하는 겁니다. 그런데 지금 거꾸로 가고 있잖아요. 이른바 법치를 주장하지만, 자신들은 법을 전혀 안 지켜요. 세종시법도 법인데 고치잖아요. 그러면서 국민은 도로에만 나가도 법 위반이라며 억압해요. 이래놓고서 이른바 법치라는 겁니다. 이런 것들이 시대착오적이라는 겁니다. 국민이 하는 대로 내버려둬야 해요. 무슨 짓을 하든지 다 내버려둬야 하는데 국민이 뭐 좀 하면 난리 치고 못하게 만들죠. 그 대표적인 것이 바로 인터넷 정책 같은 거예요.

가상과 현실이 뒤섞인 미래의 민주주의

인터넷 정책을 보면 마치 인터넷을 범죄구역처럼 대해요. 영화 〈디스트릭트 나인district 9〉 같죠. 거의 외계인들이 사는 동네처럼 취급해요. 그들이 보기에는 황당하다는 거예요. 그들이 뭘 착각하느냐 하면, 사실 네티즌들이 이명박 대통령을 싫어하는 것은 정치적인 이유 때문이 아니거든요. 촛불집회 때 네티즌들이 이명박 대통령에게 반감을 드러냈던 것은 정치이념을 학습한 좌파였기 때문이었을까요? 촛불집회에 나와서 'MB OUT'을 외친 사람들 중에는 하이힐에 미니스커트 차림을 한 여성들도 있고, 유모차를 끌고 나온 엄마들도 있고, 여중생들도 있었어요. 이들은 전통적 좌파도 운동권도 아닙니다.

인터넷이라는 매체의 운영원리는 평등이에요. 인터넷에서는 제 명칭이 '중권아'잖아요. '초딩'이나 할아버지나 기본적으로 '야야'거리는 곳입니다. 거기서 '그래도 내가 교수인데, 나이 먹었는데' 하면 바보가 되는 거죠. 그렇게 평등한 커뮤니케이션에 익숙한 사람들 앞에 갑자기 나타나서 자기 말을 들으라고 하니까, 네티즌들이 '쟤 뭐냐?'라고 하는 거예요. 마음에는 안 드는데 논리적으로 이유를 설명할 수가 없으니까 즉자적으로 표현하는 겁니다. '아, 재수 없어'라고요. 그런데 이명박은 거기에 화들짝 놀란 나머지 지나친 반응을 보인 거예요.

미래에는 가상과 현실이 뒤섞여버립니다. 우리가 가상현실이라고 하는 VR virtual reality와 증강현실이라는 AR augmented reality가 있습니다. 이런 개념은 어려운 게 아니에요. 여러분이 길을 가다가 휴대전화를 받는다면 현실이 증강된 겁니다. 현실에 지금 여기가 아닌 다른 것, 즉 정보가 얹힌 거죠. 안경을 끼고 가다가 어떤 건물을 보고 '저 건물이 뭐지?'라고 할 때 안경에 그 건물에 대한 정보가 뜨는 거예요. 지금은 그게 가능합니다. 컴퓨터가 점점 작아졌기 때문이죠. 방 한가득 차지하고 있다가 책상 위로 올라온 것이 바로 데스크톱이죠. 그 다음에 무릎으로 올라온 것이 랩톱 또는 노트북입니다. 그 후에는 손바닥 위로 올라와서 팜톱이 되었습니다. 이제는 웨어러블 wearable입니다. 옷에 컴퓨터를 심는 거죠. 언제 어디서라도 무선으로 가상세계에 접속해서 정보를 불러와 현실에 겹쳐놓을 수 있어요. 그게 바로 증강현실이에요.

또는 제가 지금 여기서 떠들고 있지만, 굳이 여기 올 필요가 없어요. 저는 집에서 이야기하고, 컴퓨터를 통해서 여러분의 얼굴을 보는 겁니다. 이곳에는 제 홀로그램이 나타나는 거예요. 지금 기술로도 가능합니다. 혼합현실 mixed reality이 되는 거죠. 그러니까 인터넷의 의미를 또 하나의 현실로 인정해야 합니다. 그런데 인정하기는커녕 실명을 밝히라고 합니다. 가상공간조차도 그 독자성이나 의의를 인정하는 게 아니라 일단 위험한 것으로 보고, 그걸 통제하기 위해서 자기들이 권력을 가진 현실공간에 적용된 법을 거기에까지 적용시킬 수 있게끔 하는 거죠. 사이버 모욕죄 따위를 적용하면서. 이게 현 정권의 전략이라는 겁니다. 이것 또한 매우 낡은 사고방식의 산물이에요.

인터넷 공간의 원초적 평등성에 접속하라

인터넷 정책 한번 보세요. 포털 사이트 정책 한번 보세요. 네이버를 어떻게 했습니까? '네이버 뉴스 캐스트'라는 제도를 실시했죠. 현상적으로는 똑같아요. 네이버 화면에서 클릭하면 뉴스로 넘어가잖아요. 그런데 예전에는 그 뉴스가 네이버의 테두리 안에 있었다면, 이제는 해당 언론사 사이트로 옮겨갑니다. 아마 거기서 댓글이 다 사라졌을 거예요. 예전에는 댓글이 수천 수만 개나 달렸는데 지금은 없어졌죠. 왜냐하면 해당 사이트에서 로그인을 해야 하잖아요. 네티즌들은 포털이 자기 동네라고 생각하지만 언론사 사이트는 남의 구역이라고 생각해요. 그러다 보니까 댓글 다 사라진 거예요. 인터넷의 생명은 쌍방향성이잖아요. 이것이야말로 인터넷의 원리이며 정보화 시대의 커뮤니케이션 양상입니다. 그 쌍방향성의 원리를 없애버린 겁니다.

   예전에는 〈조선일보〉가 기사를 쓰면 여론이 된다는 듯이 모든 것이 일방적이었어요. 요즘은 '너희가 써봤자 개그만 될 뿐이다' 이런 식이어서 신문사들이 스트레스를 많이 받는 거예요. 이제는 자기들이 의제설정 agenda setting 능력을 잃어버렸거든요. 지금은 〈조선일보〉가 포털 사이트에서 거짓말을 하면 바로 〈한겨레〉가 거짓말이라고 반박해요. 또 〈중앙일보〉가 헛소리하면 〈프레시안〉이 헛소리라고 반박하죠. 〈동아일보〉가 막말을 하면 〈오마이뉴스〉가 공격하는 거예요. 이렇다 보니 매트릭스 권력, 판을 짜는 권력이 해체된 거예요. 그 때문에 신문권력이 스트레스를 받으니까 자꾸 인터넷을 공격하는 거지요.

매체는 굉장히 중요해요. 산업화 시대의 기본적인 매체는 인쇄매체입니다. 문자문화예요. 그런데 정보화 시대의 컴퓨터라는 매체는 사운드와 이미지와 텍스트잖아요. 방송과 인터넷은 영상문화입니다. 예전에는 텍스트에서 권력이 나왔습니다. 200만 부 인쇄가 힘이었잖아요. 그런데 이제는 이미지에서 나오거든요. 예전보다 인쇄매체의 영향력이 떨어질 수밖에 없으니까 포털 사이트를 공격하는 겁니다. 인쇄매체 문화가 인터넷 문화를 공격하는 시대착오적인 현상이라고나 할까요.

다음의 초기화면에서는 아고라를 감춰버렸죠. 대중의 자발성을 억누른 것입니다. 아고라에는 블로거 기사와 일반 신문기사가 동급으로 배열됐거든요. 그런데 공신력이 떨어진다는 이유로 이 둘을 분리했습니다. 공신력이 떨어지는 걸로 따지면 신문기사가 더하죠. 네티즌들의 동기는 순수한 데 반해 신문기자들은 순수하지 않거든요. 밥줄이잖아요. 초기화면에서 아고라가 감춰지면서 클릭 건수가 20만이던 기사가 지금은 10분의 1로 줄었어요. 인터넷 공간이 갖고 있는 원초적인 평등성이라는 게 빠져버리고 또다시 차별이 되는 거예요.

네이트에서는 글을 쓰려면 실명을 써야 해요. 인터넷의 익명성에 대한 공격이라고 할 수 있어요. 익명성은 매우 중요합니다. 미네르바를 생각해보세요. 미네르바가 만약 실명으로 글을 썼다면 누가 그의 글을 읽었겠습니까? 편견이라는 게 있잖아요. '뭐하는 사람이래?' '백수래.' '어디 나왔어?' '전문대.' 그러면 그 사람의 글을 읽어요, 안 읽어요? 읽지 않겠죠. 편견 때문에 거기서부터 차별을 받아요. 하지만 익명은 모든 걸 감췄기 때문에 사람들이 글만 보고 판단하는 거예요. '이 글 재미있다.' 그 다음엔 자기들이 상상을 하죠. '미국에서 경영학을 공부하고 증권가에서 펀드 매니저로 일하다가 글을 썼다더라……' 이러는 거예요. 인터넷에는 미네르바가 쌔고 쌨어요. 모든 영역에 고수들이 있거든요. 그게 바로 인터넷의 힘입니다. 단지 번듯한 경력이 없다는 이유로 차별을 받아서는 안 되잖아요. 익명성이 차별을 걸러주는 겁니다.

인터넷은 또 하나의 세계예요. 물론 현실과 연결되어 있어서 현실로부터 완벽하게 자유로울 순 없지만, 인터넷 고유의 자율성을 인정해줘야 합니다. 예를 들어 현실에 무 대리라는 사람이 있다고 합시다. 그는 만날 과장에게 일 못한다고 혼나지만 퇴근해서 컴퓨터 앞에 앉으면 스타크래프트 같은 게임에서 추종자 10만 명을 거느린 영주예요. 추종자들 중에는 낮에 자신을 구박했던 과장도 있어요. 인터넷이 있기 때문에, 익명성 때문에 자기에게 감춰져 있던 또 다른 재능들을 살릴 수 있어요. 그걸 보장해주는 게 익명성이라는 거죠. 자신을 멀티플레이어로 만드는 것도 창조적인 행위예요. 그렇게 자기 자신 안에 숨어 있는 다양한 가능성을 끌어내서 시작할 수 있게끔 하는 게 익명성입니다.

'세컨드라이프'라는 게임에 들어가면 아바타가 있잖아요. 로비 쿠퍼 Robbie Cooper라는 작가가 재미있는 작업을 했어요. 세컨드라이프에 들어가서 아바타를 먼저 찍어요. 그리고 아바타의 진짜 주인을 찾아가서 사진을 찍어서 배치했어요. 많은 경우에는 두 아이덴티티가 일치하지만, 어떤 때에는 아바타는 로보캅인데 실제로 찾아가 보니 산소호흡기에 의지해서 살아가는 루게릭병 환자인 경우도 있었어요. 이 사람은 가상공간에서 슈퍼 신체를 갖는 거죠. 아바타는 세일러복을 입은 소녀인데 현실에서는 40대 아저씨일 수 있습니다. 이 모두가 인터넷의 힘이에요. 그런데 익명성의 제거는 그 모두를 깨버리는 겁니다.

그들이 포털 사이트를 공격하는 양상을 보면 인터넷 문화의 본질이 되는 속성들을 부정하고 있는데, 그 논리가 바로 과거의 논리라는 겁니다. KTX를 탔는데 미디어법 책자가 있더라고요. 그중 몇 가지 참고할 만한 자료들이 있더군요. 2004년 조사에 따르면 정치에 관한 정보 출처의 50퍼센트가 방송, 37퍼센트가 신문, 4퍼센트가 인터넷이었습니다. 그런데 2008년 조사에서 방송은 그대로 50퍼센트이지만, 신문이 27퍼센트, 인터넷이 14퍼센트로 나타났어요. 그러다가 2009년에 드디어 순위가 바뀌었더라고요. 인터넷이 2위, 신문이 3위. 신문권력이 잃어버린 정치적 영향력을 찾아야 하지 않을까요? 신문만 가지고는 안 되니까 먼저 방송을 공격하고 두 번째로 인터넷을 공격하는 겁니다. 그렇게 공격하는 데서 그치는 게 아니라 자신들도 하나 갖겠다고 나선 것이 미디어법이에요. 그 과정에서 인터넷 문화의 본질이라고 할 수 있는 속성들이 다 희생되고 있는 게 현재 한국 사회라고 볼 수 있습니다. 제가 '그의 머릿속엔 삽 한 자루'라고 하는 게 바로 이런 뜻이에요.

일상의 보수적 습속을 버려라

사람들이 정치의 영역에서는 진보적이지만 일상적인 문화의 영역에서는 보수적일 수도 있다는 점에 대해 이야기해볼게요. 문화적인 부분에서는 스스로가 보수적이라는 걸 거의 의식을 못해요. 정치와 관련해서는 '내 생각을 한나라당이 떠드네, 내가 좀 보수적인가 봐.'라고 생각할 수도 있지만, 문화적인 부분에서는 그런 생각이 잘 드러나지 않아요. 예를 들어 스스로를 진보적이라고 하면서 황우석한테 열광하기도 하죠. 아니면 심형래한테 열광하거나. 이럴 수도 있다는 겁니다.

그런 일들은 일상적인 거예요. 한때 허경영 이야기가 화제가 되었잖아요. 저는 허경영을 좋아하는 게 아니라 젊은이들이 허경영을 좋아하는 것을 좋아해요. (청중 웃음) 어떤 사람들은 젊은이들이 허경영을 좋아하는 것을 싫어하더라고요. 그 차이가 무엇인지 한번 생각해보라는 거예요. SBS의 〈그것이 알고 싶다〉라는 프로그램에서 젊은이들이 왜 허경영한테 열광하는지에 대해서 다룬 적이 있었죠. 그 프로그램의 답은 '속고 있기 때문이다'였어요. 제가 인터뷰까지 한 방송인데 그렇게 나가니 황당하더라고요. 뭔가를 잘못 알고 있는 거죠. 젊은이들의 생각은 그게 아니에요. 그들도 허경영이 거짓말하는 거 알아요. 사기꾼이라는 거 다 알아요. 다만 그 어이없음을 사랑하는 거죠. 저는 그걸 '파타피지컬pataphysical'이라고 해요. 앞에서 제가 현실이 달라지고 있고, 미래가 달라지고, 가상과 현실이 결합된다는 이야기를 했죠. 가상현실과 증강현실, 혼합현실이 된다는 거예요. 저쪽 세계 사람들은 항상 복제 이미지만 갖고 있었어요. 복제를 항상 원본과 비교해요. 원본과 일치하면 참이고 일치하지 않으면 거짓이라는 거죠. 그 프로그램의 피디도 그랬을 거예요. '저 사람은 마늘을 안 먹는대. 그런데 알고 보니까 숨겨둔 애가 있었어.' 이런 건 이미 낡은 버릇이에요.

요즘 젊은이들은 피사체가 없는 이미지에 익숙해요. 디지털 이미지들은 피사체가 없는데도 마치 있는 것처럼 여겨지죠. 영화 〈쥬라기 공원〉에 나온 공룡이 사진처럼 보이지만 실제로는 사진이 아니라 그림이잖아요. 그런데 현실 속에 있죠. 젊은이들의 태도가 이런 거예요. 가상인데 현실에 있는 것처럼 여겨요. 그들은 이런 혼합현실적인 현상을 좋아해요. 미래가 뭐냐고 물으면 SF의 배경 정도로만 생각하는 세대가 있다는 겁니다. 이런 태도, 즉 파타피지컬은 가상과 현실이 중첩되어 있는 상태예요. 파타포pataphor라는 게 있어요. 메타포metaphor는 단지 은유일 뿐이지만 파타포는 현실이면서 은유인 것이에요.

아프가니스탄에서 탈레반과 미군이 전쟁을 하고 있죠. 한국군이 거기에 참전한다고 하잖아요. 그게 현실입니다. 그런데 전쟁 중에 시뮬레이션을 하죠. 그 고전적인 시뮬레이션이 바로 장기, 체스예요. 아프가니스탄은 현실이고 장기판은 가상이죠. 파타피지컬은 이게 겹쳐 있는 상태입니다. 다시 말하면 체스판 위에서 미군과 탈레반 병사들이 총싸움을 하고 있는 형태입니다. 혹시 영화 〈해리 포터〉에서 체스판 위에서 싸우는 장면 생각나세요? 그게 파타피지컬이에요. 루이스 캐럴의 《이상한 나라의 앨리스》의 이야기도 장기판, 체스의 기보예요. 그 책의 삽화를 보면 들판이 체스판으로 되어 있어요.

또 하나의 예를 들어볼게요. 제 누나가 작곡가예요. 전자음악을 할 때는 베를린 공대 스튜디오에 가서 녹음을 하는데, 거기서 재미있는 사람들을 만났대요. 17세기에 살았다는 한 작곡가를 추모하는 팬클럽이에요. 그런데 그 작곡가는 실제로 존재한 적이 없는 인물이에요. 클럽 회원들이 가상으로 만든 인물이죠. 그러고는 자기들끼리 돈을 모아서 한 작곡가한테 17세기풍으로 작품을 써달라고 하는 거예요. 작품이 나오면 그 허구의 작곡가 이름으로 발표합니다. 그걸로 끝나는 게 아니라, 연주를 해서 CD를 만들어요. 그래서 그날 그 스튜디오에 녹음을 하러 온 거예요. 녹음이 다 끝난 다음에 팬클럽 회장이 눈물을 글썽이면서 "그분이 지금 살아계셨으면 얼마나 좋아하셨을까"라고 했다더군요. 이게 파타피지컬인 겁니다.

사람들의 취향이라는 것은 아주 미묘한 문제입니다. MB를 싫어한다고 말하면서도 어떤 취향에서는 MB 같은 게 있어요. '허경영은 나쁜 놈이야'라고 말하는 사람이 있는데, 이게 바로 문제예요. MB의 틀을 가지고 허경영이라는 문화적 현상을 재단하는 거예요. 하지만 젊은 이들은 허경영에게 열광하죠. 왜? 거짓말쟁이도 사기꾼도 쎄고 쎘어요. 그 누구도 그들에게는 열광하지 않았어요. 그런데 왜 허경영한테만 열광하는지 이해해야 되는 거예요. 그것이 궁금해야 해요. 그런데 그분은 혼자 다른 게 알고 싶었나 봐요. (청중 웃음) 그게 문제라는 겁니다. MB만 MB 같은 게 아니에요. 많은 경우에 우리 사회의 상당 부분에 그런 MB 같음이 있습니다. 과거에 사로잡혀 있는 거죠.

지금은 인터페이스의 원리가 가상과 현실이 뒤엎어지는 방향으로 가고 있어요. 그래서 허경영 같은 사람한테 열광하는 취향이 생기는 겁니다. 새로운 현상이자 새로운 경향입니다. 이걸 봐야 합니다. 촛불집회에서, 허경영 현상에서 뭔가 읽어내야 됩니다. 그걸 읽는 게 바로 'prospect', 미래를 전망하는 것이죠. 전망 속에서 미래를 기획하는 것, 그렇게 우리 사회를 'progaming'해야 하는 겁니다.

한국 민주주의를
묻고
답하다

청중 1 지금 대한민국에서는 정규직으로 살아가는 것과 비정규직으로 살아가는 삶의 질에 차이가 현저하다 보니, 20대들은 안정적인 정규직으로 살아가기 위해서 전력하고 있는 상황이죠. 하지만 지금의 사회구조에서는 안정적인 일자리가 100퍼센트 확대되진 않을 것 같습니다. 그러면 저처럼 학교에서 학생들을 가르치는 교사들은 학생들에게 어떻게 자신의 20대 삶을 계획해나가라고 해야 할까요?

진중권 개인적인 측면이 있고 집단적인 측면이 있겠죠. 각 개인이 해결할 문제는 아니거든요. 우리 경제는 늘 값싼 노동력으로 경쟁을 하려고 합니다. 비정규직 보호법 같은 것으로 그런 문제를 풀기보다는 기업들에게 다른 방향을 제시해야 합니다. 임금으로 싸우려고 하지 말고 기술혁신으로 싸우라는 거죠. 제대로 돈 주고 사람을 쓰고, 그 대신에 제대로 된 노동력을 제공하고, 기술을 혁신하고, 1인당 노동생산성을 높이는 방식으로 경쟁하라는 거예요. 이런 식으로 압박하는 것이 효과가 있습니다. 모방적 기술에서 창의적 기술로 바뀌는 과정에서 많은 역할들이 필요하거든요. 그런 쪽에서 괜찮은 일자리들을 함께 만들어나가야 된다는 생각이 필요합니다.

다른 한편으로는, 미래 사회에서는 비정규직화라는 것이 불가피한 측면도 있다고 봐요. 예전의 산업혁명은 시간과 공간의 동일성을 전제로 했잖아요. 그런데 이제는 그렇지 않습니다. 사실 지금 상당수의 직업은 굳이 회사에 나올 필요가 없이 재택근무로도 가능할 거예요. 그런데도 회사에 굳이 나오라는 건 노동 감시가 안 되기 때문이죠. 하지만 앞으로는 노마드가 진행될 겁니다. 소속된 곳 없이 여기저기 떠돌아다니는 경향이 심해질 겁니다. 배부른 사람한테는 소위 프리랜서 선언일 테고, 배고픈 사람에게는 비정규직이 되는 거죠. 지금 우리나라는 정규직과 똑같은 일을 하면서도 임금만 적게 받는 게 비정규직이죠. 노동력의 유연화, 자유롭게 하는 프리랜서화가 아니란 말이죠. 그러므로 원래 취지에 맞는 방식으로 유도하는 게 필요합니다.

또 하나는 젊은이들의 희망 직종 1위가 공무원이잖아요. 이 역시 문제입니다. 미래에는 창의력으로써 경쟁해야 하는데, 공무원은 가장 창의적이지 않은 직종이거든요. 아마 안정성 때문일 거예요. 사람이 한 번 성공을 하려면 열 번 정도 실패를 해야 되거든요. 그런데 우리는 한 번 실패하면 죽는 줄 알아요. 공포감에 사로잡혀 있어요. 그러니까 창의력, 혁신이 나올 수가 없어요. 사회든 개인이든 과감하게 실패하고 과감하게 도전하는 구조가 되어야 하죠. 남이 하는 것을 따라하는 게 아니라 남이 안 하는 걸 스스로 개척하겠다고 계획할 필요가 있어요.

그렇게 되려면 '너는 그렇게 살아라'라고 던져놓고 무책임하게 방치하는 게 아니라 사회적 뒷받침을 해줘야 해요. 언제든 패자부활전을 할 수 있게끔 분위기가 만들어져야 해요. 실패해도 다시 도전할 수 있는 분위기 말이에요. 그건 기업 차원에서가 아니라 사회보장제도가 강화돼야 합니다. '네가 실패해도 굶어죽진 않아. 의료나 네 아이들 교육 정도는 책임져줄 수 있어. 웬만해도 밥은 먹잖아.' 그 정도만 해주면 또다시 도전할 수 있거든요. 그런 사회보장이 상상력을 높이는 데 매우 중요해요. 이렇게 종합적인 계획이 지금 우리한테 필요합니다.

청중 2 정보화 시대에 고전과 인문학을 공부하는 입장으로 조언을 부탁드리고 싶습니다. 저는 언어학을 공부하고 있는데, 제가 하는 일은 예전과 별로 다를 바가 없는 것 같아요. 선학자들처럼 논문을 읽고, 이론을 익히고, 거기서 새로운 관점을 찾는 일들을 하고 있죠. 혹시 이런 공부를 하고 있는 학생들에게 정보화 시대에 맞는 조언이나 방법론이 있을까요?

진중권 인문학은 달라져야 합니다. 지금 상태로는 다 죽어요. 그건 분명합니다. 인문학은 결국 문자문화 시대잖아요. 인문학은 휴먼 사이언스human science인데, 'human' 자체가 변했어요. 세계가 변화하면서 현실 개념도 달라졌죠. 인간은 옛날에 주체subject였지만 미래형 인간은 기획project이에요. 주체로서의 인간이 기획으로서의 인간으로 변해 간다는 거죠. 이미 있는 현실을 설명하고 이해하고 해석하는 사람이 아니라 아직 없는 현실을 만들어내는 사람을 말합니다. 지금까지의 인문학이 현실의 해석학, 세계의 해석학이었다면, 미래의 인문학은 세계의 제작학이 되어야 한다는 거죠. 내용과 형식 모두에서 과거와는 완전히 다른 패러다임이 필요해요. 지금 대학생들한테 17세기의 셰익스피어를 읽는 것보다는 프라다를 보게 하고, 아이폰을 보게 하고, 아이팟을 보게 하고, 구치를 보게 하고, 헬로 키티를 보게 하는 게 낫다는 거죠. 지금 사람들은 그것들을 통해서 자기의 미감들을 형성해가고 있거든요. 컴퓨터 게임으로 새로운 세상을 익혀가고 있고……. 그런데 지금 인문학에서는 그런 것을 인정하지 않으려고 해요. 컴퓨터 게임은 새로운 종합예술인데도 인정을 안 하잖아요. 그런 게 문제라는 생각이 듭니다.

과거에는 세계를 텍스트로 기록했지만, 이제는 미립자나 픽셀을 조립해서 현실을 만들어요. 가상을 만들고 현실화하는 거죠. 세계가 달라지고 요구되는 인간상이 달라졌으니 인문학의 콘텐츠가 달라져야 합니다. 최근에 아이폰이 출시되었는데, 이에 대해 인문학자들이 한마디 해야 돼요. 아이폰이 나오면 삶이 어떻게 달라질 것인가에 대해서 말입니다. 그런데 그런 이야기는 전혀 없고, 한자나 셰익스피어 이야기만 하고 있어요. 콘텐츠도, 형식도, 인터페이스도 달라져야 합니다. 예전에는 텍스트가 커뮤니케이션의 중요한 수단이었는데 이제는 사운드와 이미지, 텍스트의 혼합이 되었잖아요.

영상시대의 새로운 시, 새로운 문학이 EBS의 프로그램인 〈지식채널 e〉인 것 같아요. 결코 가볍지 않은 내용을 꽤 깊숙이 들어가면서도 무리 없이 소화하고 있어요. 사운드와 이미지와 텍스트의 결합인 거죠. 이게 바로 인터페이스입니다. 대중은 갈수록 책을 덜 읽어요. 텍스트보다 이미지와 사운드에 의존하게 되거든요. 이 간극을 메워줄 수 있는 인터페이스 설계가 필요하다는 거예요. 대중과 인문학 사이의 인터페이스를 설계해야 하는데, '요즘 대중은 무식하다, 책을 읽지 않는다'라며 불평만 늘어놓아요. 비가시적invisible인 텍스트의 층위와 가시적visible인 사운드와 이미지의 층위를 연결해주는 전체적인 인문학을 설계하지 않고 있어요. 아무리 진보적인 사람이라도 자기 밥줄이 걸리면 보수적이 되거든요.

그렇게 된 데에는 두 가지 이유가 있어요. 하나는 정부에서 지원하지 않는 거예요. 연구자들이 프로젝트를 따서 이상한 것만 해요. 또 하나는 우리도 반성해야 돼요. 글을 너무 어렵게 써서 그렇다고 하지만, 그건 착각입니다. 대중을 무시하는 거예요. 어렵게 쓰면 대중은 읽기 힘들어해요. 하지만 그보다 더 큰 문제는 대중에게 읽을 가치가 있는 정보를 제공하지 않는다는 점이에요. 어렵게 쓰든 쉽게 쓰든 그 사람들이 쓴 책은 안 읽는다는 겁니다. 대중이 정말 필요로 하는 정보라면 아무리 어렵게 써도 다 읽습니다. 심지어 네이버에 들어가서 '고수님들, 도와주세요. 내공 드리겠습니다.' 하고 물어봅니다. 그렇게 해서 올라온 답변은 다 이해하거든요. 일단 자기가 필요하지 않으니까 안 읽는 거죠.

청중 3 파타피지컬에 대해 설명하시면서 현상의 이면을 읽고, 그를 통해 미래를 설계하는 것이 중요하다고 말씀하셨는데, 현상의 이면을 읽어내는 것까지는 노력을 통해 이룰 수 있다지만, 그것을 설계하는 것은 상당히 어렵다고 생각합니다. 선생님께서 보시기에 그것을 현재 가장 잘하고 있는 사람, 모델로 삼을 만한 사람이 있다면 소개해주셨으면 합니다.

진중권 글쎄요, 그걸 왜 다른 사람한테서 찾습니까? 자기가 하면 되지요. 그건 따로 있는 게 아닙니다. 그 대표적인 사례가 촛불집회예요. 촛불집회는 하나의 진지한 정치적인 항의운동이었지만, 동시에 하나의 거대한 컴퓨터 게임이었거든요. 두 개가 겹쳐 있는 겁니다. 그래서 끝이 안 났던 거예요. 영화나 드라마는 끝이 있잖아요. 컴퓨터 게임은 끝이 있어요, 없어요? 내러티브는 끝이 없죠. '우리가 막 하니까 대통령이 사과하네?' 그래서 계속합니다. '또 막 하니까 또 사과하네? 계속해!' 이것도 사실은 파타피지컬이죠. 오락이자 정치예요. 겹쳐 있잖아요. 파타피지컬은 가상과 현실을 구분하지 못하는 것이 아닙니다. 가상과 현실을 구별해요. 하지만 아이들의 경우에는 구별하는 능력이 약하기 때문에 현실을 알려주는 것은 분명히 해야 된다고 봐요. 다만 그렇게 말하면 분위기가 썰렁해지죠. 또한 판타지의 자유도 인정해줘야 하고……. 판타지와 현실을 어느 정도 분리해주는 새로운 감각이 필요하다고 봅니다.

　제가 앞에서 한 이야기는 '이래야 된다, 누가 이랬다'는 게 아니라, 누구든지 자기 영역에서 그런 현상이 어떻게 발현될지 생각하고, 그걸 살린다는 게 뭘 의미하는지 생각해보라는 겁니다.

제9강

과학기술의
민주적 재구성을 위하여

홍성욱

정갈한 외모에 단정한 매무새, 딱 떨어지는 음색. 서울대 생명과학부 교수 홍성욱의 첫인상이다. 그런 그가 자신을 과학자라 하지 않고 과학 '학'자라고 소개했다. 과학학은 과학기술학Science, Technology and Society Studies의 준말이다. 사람과 사회, 그리고 관계 속으로 여행을 떠난 과학, 순수혈통을 과감히 버린 '잡종hybrid' 학문이란다. 캐나다 토론토대학에서 테뉴어를 받아 종신교수가 되고도 홀연 다시 한국으로 돌아와 우리 사회와 과학이 서로 공명하고 호흡하게 하는 최전선의 지식인으로 선 그의 모습에서 '살아 있는' 과학자, 잡종적 지식인의 모습이 선명하다. 미국산 소고기 수입이나 4대강 사업에 대한 소신 있는 발언의 원동력도 여기에 있다. 차가운 은빛을 발하는 첨단기기 같던 그가 품고 있는 너무나 인간적인 열정이 이렇게 빛을 발한다. 갓 태어난 아기가 보고 싶어 강의를 마치자마자 서둘러 돌아가던 그의 뒷모습에서도 인간미가 묻어났다.

지은 책으로는 《홍성욱의 과학 에세이》 《하이브리드 세상 읽기》 《인간의 얼굴을 한 과학》 등이 있고 최근에 엮은 책으로 《인간·사물·동맹》이 있다.

과학기술에 대한 성찰과 쌍방향 대화

21세기의 위험은 새로운 과학기술의 발전에 의해서 만들어지는 경우가 대부분입니다. 2008년에 우리가 겪었던 촛불집회에서도 보았듯이, 광우병 같은 새로운 종류의 위험은 우리 사회가 직면한 핵심 문제가 되었습니다. 그렇지만 우리 사회에서는 아직도 당시 반년이 넘게 지속되었던 사회적 논란이 단지 〈PD수첩〉의 의도적 왜곡과 인터넷에 유포된 '괴담' 때문이라고 생각하는 사람이 많습니다. 서구 여러 나라들은 광우병, GMO 등과 관련된 사회적 논쟁과 혼란을 이미 여러 차례 겪었는데, 2008년 7월 영국 혁신대학기술부의 보고서는 과학기술에 대한 성찰과 쌍방향 대화를 새로운 사회로 가는 디딤돌로 제시했습니다. 성찰과 쌍방향 대화가 정부에 대한 신뢰를 높이거나 앞으로 일어날 수 있는 비슷한 논란에 대한 해법이라고 파악한 영국 사회와 인터넷 괴담에 그 책임을 돌리는 우리를 비교해보면 중요한 교훈을 얻을 수 있으리라 생각합니다.

과학기술이 낳는 새로운 위험은 이전에는 시도되지 않았던 새로운 종류의 시민 참여와 민주주의에 대한 참신한 이해를 필요로 하고 있습니다. 지금까지 각 영역에서의 민주주의 문제를 다뤄왔는데, 저는 과학기술과 관련해서 우리가 민주주의를 어떻게 이해할 수 있는가 하는 점을 말씀드리겠습니다. 특히 현대를 위험사회라 일컫는데, 위험사회를 낳는 '기술위험'의 사례들을 중심으로 과학기술의 민주적 재구성에 대한 이야기를 풀어보겠습니다.

근대적 과학-사회 관계의 탄생

서양의 역사에 나타난 첫 번째 과학 단체는 1660년에 설립된 영국의 왕립학회였습니다. 프랑스의 몽모르 아카데미나 이탈리아의 치멘토 아카데미 같은 비공식적 모임들은 이전부터 있었지만, 왕의 공인과 국가의 지원을 받은 학회로는 왕립학회가 처음이었지요. 왕립학회의 설립자들이 자신들의 이념적인 아버지라고 여긴 사람이 프랜시스 베이컨인데, 이미 약 40년 전에 사망한 그를 숭상한 것은 그가 이전까지 어떤 과학 연구에서도 강조되지 않았던 두 가지 새로운 점을 보여줬기 때문입니다.

베이컨은 과학 연구의 목표가 자연에 존재하는 사실fact을 발견하는 것이라고 했습니다. 지금은 상식적인 이야기처럼 되었지만 당시에는 이런 생각 자체가 매우 새롭고 신선한 것이었고, 심지어 어떤 사람들은 약간 위험한 것이라고까지 여겼습니다. 그렇다면 사실을 어떻게 발견할 수 있는가? 베이컨은 실험을 통해서 사실을 발견할 수 있다고 했습니다. 그냥 눈으로 관찰한다고, 머릿속으로 공상을 한다고 발견되는 것이 아니라, 실험만이 그것을 가능하게 한다고 믿었죠. 이 역시 지금 우리한테는 굉장히 자명한 이야기지만 당시에는 무척 낯선 생각이었어요. 그 시대를 풍미했던 아리스토텔레스의 자연철학에 의하면, 자연은 인공적인 것과 완전히 구별되는 것이었거든요. 자연을 관찰하는 것은 굉장히 중요하지만, 자연을 실험한다는 것은 곧 자연에 인간이 개입한다는 것이고, 그 순간 자연은 인공으로 바뀌기 때문에 자연을 제대로 이해할 수 없다는 거죠.

그에 반해서 베이컨은 실험을 강조하면서, 동굴 속에 갇힌 호랑이의 비유를 들었습니다. 동굴 밖으로 나와 있는 꼬리만 보고는 동굴 속에 어떤 존재가 있는지 알 수 없다는 거죠. 그러므로 잠이 든 호랑이의 꼬리를 비틀어서 동굴 밖으로 뛰쳐나오게 해야만 실체를 이해할 수 있다는 겁니다. 그 방법이 바로 실험이고, 이처럼 자연과학은 실험을 통해서 사실을 발견하는 학문이라고 합니다. 또한 혼자서 실험하는 데는 한계가 있기 때문에 많은 사람이 조직을 만들어서 실험하면 진리를 훨씬 더 빨리 발견할 수 있다고 생각했죠. 그렇게 발견된 진리, 지식은 결국 권력과 한 몸이기 때문에 국가가 그것을 지원해야 된다는 생각을 베이컨은 평생에 걸친 저술 작업을 통해 강력하게 주장했습니다.

베이컨 당대에는 이러한 생각이 구체화되지 않았지만, 그가 죽은 지 약 40년 뒤에 그의 후계자를 자청했던 사람들에 의해서 영국의 왕립학회가 설립된 겁니다. 왕립학회의 설립 취지문에 이런 구절이 있습니다. "왕립학회의 사업과 목표는 자연적인 것, 유용한 기술, 제조법, 기계적인 실행, 발명품들에 대한 지식을 실험으로써 증진시키는 것이다." 여기까지는 베이컨의 주장과 똑같지만, 그 다음에 흥미로운 구절이 덧붙여집니다. "이를 위해서 종교, 형이상학, 도덕, 정치, 문법, 수사학, 논리학과는 어울려서는 안 된다." 왕립학회는 자연과학이 실험을 통해서 자연의 진리를 발견하는 것이기 때문에 그 활동만 해야지, 종교나 형이상학, 도덕, 정치, 문법, 수사학, 논리학과 같은 학문들과 어울리다가는 자칫 오염될 수 있다는 경고를 했던 것이지요.

몇백 년 전 근대과학이 시작된 순간부터 대부분의 사람들은 과학이 정치와 거리를 둬야 한다고 생각했습니다. 다시 말해서 과학의 속성과 정치의 속성, 과학의 본질과 정치의 본질 등은 어울리기가 굉장히 힘들다고 생각했다는 거죠. 즉 과학은 자연을 다루는 것이고 정치는 인간 사회를 다루는 것이기 때문에 과학과 정치 사이에, 자연과 사회 사이에 엄격한 구별이 있어야 된다고 생각했다는 것입니다.

과학의 지원을 위해 사회 설득하기

하지만 실제로 과학과 사회가 무관했던 것은 아닙니다. 과학자들은 학회를 만들어 국가의 지원을 요구했습니다. 영국의 경우에는 국가의 지원을 받는 데 그다지 성공적이지 못해서 대부분 자신들이 낸 회비로 왕립학회를 운영해야 했지만, 프랑스에서는 국가가 왕립과학아카데미에 엄청난 지원을 했습니다. 거기 회원이 되면 다른 직장을 안 가져도 될 정도로 평생 높은 사회적 지위와 월급과 연구비와 실험 기구 등이 지원되었죠.

그렇다면 과학자들은 어떤 근거로 국가의 지원을 요구했을까요? 역사를 보면 두 가지 설득 방식이 있습니다. 하나는 추상적인 차원으로, 자연과학은 자연에 존재하는 보편적이고 객관적인 진리를 발견하는 학문이라는 점을 사람들에게 납득시키는 것입니다. 아프리카에서도 참이고, 대한민국에서도 참이고, 지구에서도 참이고, 달나라에서도 참이 되는 뉴턴의 법칙처럼 보편타당한 법칙을 발견하는 것이라고 말이죠. 그러니 자연의 본질을 더 잘 이해하게 된다면 인간 사회에도 적용할 수 있는 보편법칙을 발견해낼 수도 있다는 생각을 한 것입니다. 누구에게나, 어떤 사회에서나, 또는 어떤 시기에나 통할 수 있는 보편법칙의 발견을 꿈꾼 것입니다. 특히 18, 19세기 이후에 사회과학자들이 이런 생각을 많이 하게 되죠.

고전경제학의 아버지 애덤 스미스는 《국부론》을 쓰기 전에 천문학의 역사를 열심히 공부했습니다. 그는 《천문학의 역사》라는 짧은 저술을 남겼는데, 자기 저술의 대부분을 태워버리라는 유언에서 이 저술이 빠진 것으로 보아 자부심을 가진 저술이었던 모양입니다. 《천문학의 역사》를 보면 스미스가 과학적 방법론의 본질에 대해서 깊게 고민한 게 여실히 드러납니다. 그것을 도덕이나 경제, 인간 사회에 한번 적용해보고 싶었던 겁니다. 오귀스트 콩트 같은 사회과학자 역시 형이상학과 종교를 배제하고 자연과학에 기초해서 사회에 대한 과학을 세우고자 노력했습니다.

20세기 초 미국의 실용주의자들은 자연과학에서 '정신'을 찾으려고 했습니다. 편파성이 없고 자유로운 질문free inquiry을 강조한다든지, 사회적 계급이나 출신을 문제 삼지 않는 자연과학의 성향에 주목한 거죠. 여성이라고, 흑인이라고, 또는 가난한 집안에서 태어났다고 이 사람의 이론을 무시하거나 배제하는 게 아니라, 그 이론이 맞느냐 틀리느냐만 논의한다는 거죠. 이들은 이러한 자연과학의 정신과 가치가 사회의 지배원리가 될 수도 있다는 생각을 했습니다. 이렇듯 과학은 사회나 정치에 객관적인 법체계나 사회를 유지할 수 있는 정신 같은 것들을 제공하기 때문에 가치 있는 활동이고, 그래서 사회가 과학을 지원해 줘야 한다는 논리로 설득한 것입니다.

또 하나의 설득 방식은 기술의 강조입니다. 18세기에 오면 서구 사람들은 대부분 과학이 기술의 발전을 낳는다는 생각을 받아들입니다. 학자들 사이에서는 논쟁적인 주제지만, 어쨌든 사람들은 과학이 기술을 낳고, 기술은 당연히 다양한 산업의 발전을 가져온다고 여겼습니다. 18~19세기 산업혁명이 17세기 과학혁명 이후에 일어났고, 또 많은 사람들은 과학혁명이 산업혁명을 낳았다고 생각했습니다. 과학이 발전하면 기술과 산업의 발전이 뒤따른다는 생각이 자연스럽게 생겨났던 것입니다.

이 무렵 몇몇 계몽사상가들이 우리가 추구해야 할 바람직한 사회가 어떤 사회냐 하는 물음을 던지게 됩니다. 세상 사람들은 그 숫자만큼이나 다양한 욕구와 욕망을 가지고 있고, 그것이 충족되기를 바라죠. 그러므로 바람직한 사회는 그들이 바라는 것을 충족시켜줄 수 있는 사회라고 생각했던 겁니다. 그러려면 다양한 산업이 발전해야 되고, 생산된 제품들이 왕성하게 순환되어야 합니다. 그걸 가능하게 하는 게 기술의 발전이고 과학의 발전이라는 겁니다. 안 튀르고나 마리 콩도르세 같은 계몽사상가들도 그런 생각에 가까웠던 사람이죠. 이런 생각이 19세기에 미국으로 건너가서 당연한 것으로 자리 잡게 됩니다. 과학의 진보는 기술의 진보를 가져오고, 기술의 진보는 산업의 진보를 가져오고, 산업의 진보는 사람들의 다양한 욕구를 만족시켜줄 수 있기 때문에 사회의 진보를 낳는다는 생각이 받아들여지게 된 거죠.

이 두 가지 논리가 확립되면서 사회가 과학을 지원해야 한다는 생각이 당연한 것으로 받아들여집니다. 우리가 낸 세금의 일부를 떼어서 과학을 지원해야 한다는 논리의 근거가 여기에 있는 거죠.

과학과 사회, 만나고 헤어지며 근대를 통과하다

한편으로 근대 서구 사회에서 과학과 사회는 철저히 분리되었습니다. 과학에서 추구하는 것은 객관적 사실이고, 사회와 정치에서 추구하는 것은 주관적 가치이기 때문에 굉장히 다른 영역이라 여겼던 거죠. 그리고 과학은 전문 지식을 추구하지만, 사회는 민주적 합의를 중시합니다. 니콜라우스 코페르니쿠스가 지동설을 주장한 이후 유럽을 통틀어 50년 동안 그 이론을 받아들인 사람이 몇 명쯤 될까요? 조르다노 브루노, 토머스 디기스, 갈릴레오 갈릴레이, 요하네스 케플러, 게오르그 레티쿠스 등 열 명이 채 안 됩니다. 그러니 다수결로 결정할 수 없죠. 과학은 얼마나 많은 사람이 받아들이느냐가 중요한 게 아니라, 그것이 참이냐 거짓이냐가 중요합니다. 그것을 판단하는 건 바로 전문가들이죠. 전문가적 지식 대 민주적 합의도 과학과 사회의 다른 면을 잘 보여줍니다.

그렇지만 또 한편으로 과학과 사회는 연결되어 있었습니다. 과학의 발전은 기술과 산업 발전을 통해서 사회의 발전을 낳는다는 계몽주의자들의 믿음대로 과학은 사회에 뭔가 좋은 것을 제공하고 사회는 그 보답으로 과학을 지원하는 형태였죠. 이것이 근대성의 중요한 요소 중 하나였지만, 진리의 영역인 과학과 가치의 영역인 정치나 종교는 서로 간섭하지 않는 게 좋다는 것도 근대성의 또 다른 측면이었습니다. 정치나 종교가 과학에 대해서 이러쿵저러쿵하면 서로에게 안 좋은 결과를 가져온다는 거죠.

예를 들어 갈릴레오의 재판에서 볼 수 있듯이 종교가 과학에 간섭함으로써 과학의 발전도 늦어졌고, 종교도 망신을 당합니다. 나치의 과학정책이라든지 소련의 리센코 학설Lysenkoism의 경우도 마찬가지 결과를 가져왔죠. 리센코 학설을 믿은 스탈린이 과학자들에게 그 방식에 따라 연구하라고 시킨다고 해서 자신이 원하는 결과가 나오는 게 아니거든요. 오히려 과학의 발전만 늦어지게 됩니다. 진리와 가치는 다른 영역이기 때문에 서로 다른 법칙이 있는 겁니다.

과학이 진리의 이름으로 사회적 가치에 대해서 간섭하는 것도 안 좋습니다. 예를 들어 우생학이 그런 경우인데, 우생학자들은 자기들의 생각이 과학적인 진리라고 여겼기 때문에 이에 따라 사회정책이 바뀌어야 된다고 믿었습니다. 지능지수가 낮거나 범죄를 저지르는 것은 유전이기 때문에 아무리 교육을 시켜봤자 소용이 없다고 믿은 우생학자들은 이들을 격리하든지 거세해서 열등한 형질이 대물림되는 것을 막아야만 사회가 진보할 수 있다고 생각했고, 실제로 그런 정책을 폈죠. 그 역사가 우리에게 준 교훈은 과학의 이름으로, 진리의 이름으로 섣부르게 정치의 영역에 개입하면 안 된다는 거죠. 이렇게 과학과 사회는 서로 분리되기도 하고 영향을 주고받기도 하면서 근대라는 시기를 지나왔던 것입니다.

위험사회에 살다

지금까지 과학이 기술을 통해서 사회에 공헌한다는 이야기를 했는데, 사실 이건 너무 낙관적인 생각이죠. 과학이 사회에 끼치는 영향 중에는 사회적 위해도 분명히 있습니다. 많은 사람들이 좋은 영향에 비해서 해로운 점은 아주 적고, 사회가 발전하려면 그 정도는 감수해야 한다고 생각합니다. 부가 많아지고 사회가 역동적이 되면 그에 따라서 범죄도 늘고 사회문제도 심화되듯이, 과학의 위해도 어느 정도는 감수해야 할 몫이라고 생각할 수도 있습니다.

그런데 20세기 중반을 거치면서부터 사람들은 과학의 이익보다 위해가 더 커진 것 같다는 생각을 하게 됩니다. 그뿐만 아니라 이러한 위해를 예측하거나 통제하기가 어려워졌다는 것이 문제가 됩니다. 과학기술의 문제점을 해결하기 위해서 새로운 과학기술을 발전시켰는데, 이것이 예상하지 못한 또 다른 문제를 낳고, 그걸 해결하기 위해서 또 과학기술을 발전시키다 보니 과학기술의 체계가 매우 복잡해져서 아무도 제대로 통제하지 못하는 시스템까지 오게 된 거죠.

이렇게 해서 울리히 베크가 위험사회risk society라고 부른, 기존의 위기대처법이 잘 작동하지 않는 사회가 온 것입니다. 베크의 '위험사회론'에 대해서는 찬반 논쟁이 있습니다. 이게 맞는 이야기냐, 본질이 무엇이고 언제부터 시작됐느냐, 지구 전체를 그렇게 볼 수 있느냐, 아니면 선진국만 그러하느냐 등 여러 가지 논쟁이 있고, 또 비슷한 개념을 다른 이름으로 부르기도 합니다. 중요한 것은 베크의 위험사회론이 지금 벌어지고 있는 현상 가운데 한 가지 특징을 정확하게 잡아냈다는 겁니다.

재미있는 예를 하나 들어보겠습니다. 자동차가 처음 발명되었을 때는 아주 놀라운 청정기술로 각광을 받았습니다. 당시 서구에서는 도시가 이미 상당히 커져 있었어요. 대도시가 생기면서 여러 가지 교통수단이 발전했고, 그중 마차가 가장 대중적이었습니다. 그런데 말은 길에다 똥을 싸잖아요. (청중 웃음) 그래서 길거리마다 말똥이 가득했어요. 이것을 치우는 데 한계가 있어서 사람들은 똥이 쌓인 길을 철벅철벅 건너다녀야 했고, 그 냄새와 위생 상태도 커다란 문제가 되었습니다. 그런 상황에서 자동차가 발명되자 사람들은 그것이 말똥 문제를 해결해주는 청정기술이라고 환대했던 겁니다. 자동차가 오늘날과 같은 문제를 일으킬 줄은 아무도 예상하지 못했죠.

자동차의 등장으로 도시 구조가 완전히 바뀝니다. 초기에는 이런 변화를 예상하지 못했죠. 자동차의 위해가 점점 드러나서 오늘날에는 자동차의 매연이 온난화의 주범이라느니, 건강에 악영향을 끼친다느니 말이 많죠. 자동차의 매연 때문에 낭비되는 사회적 비용만도 엄청난 것이 사실입니다. 하지만 그런 측면만 있는 게 아니죠. 산업의 측면에서 보면 긍정적인 역할도 있습니다. 미국의 어떤 통계에 따르면, 자동차 산업에 종사하는 사람뿐만 아니라 오일 산업이나 도로 건설 등 관련 업종에 종사하는 사람이 인구의 20퍼센트라고 할 정도로 이미 현대 사회에서 엄청난 비중을 차지하고 있습니다.

이렇게 하나의 과학기술이 그와 관련해서 일자리를 만들어내는 등 좋은 영향도 있지만, 전혀 예상하지 못했던 문제들을 낳기도 합니다. 이런 사회에 살고 있기 때문에 우리가 '위험'이라고 부르는 것에 대해서 조금 더 알아야 할 필요가 있어요. 특히 우리는 2008년에 광우병, 미국산 소고기 수입과 관련된 촛불시위 등 우리 사회에 중요한 흔적을 남긴 일들을 겪었기 때문에 좀 더 자세히 살펴보아야 합니다.

위험은 확률로 감지되지 않는다

위험사회에는 두 가지 분리가 공존합니다. 그중 하나는 민주주의의 위기라고 이야기하는 대표제의 문제(대표제의 위기)입니다. 사람들은 선거를 통해 자신들의 대표를 뽑고, 그들로 하여금 권력을 집행하도록 하고 있지만, 그렇게 뽑아놓은 대표가 자신을 포함한 많은 사람의 뜻을 제대로 반영하고 있는지에 대해서는 확신할 수 없다는 겁니다. 이처럼 대표들과 시민들 사이에 분리가 있고, 여기에 또 다른 분리가 더해집니다. 즉 위험에 대해서 전문 지식을 가졌다고 생각하는 사람들과 일반 시민 사이의 분리입니다. 미국산 소고기 수입 사태에서도 보셨겠지만, 전문가들은 위험을 확률로 정의합니다. 예를 들어 미국산 소고기를 먹고 사람이 죽을 확률이 얼마나 되느냐 하는 것이죠. 그걸 벼락 맞아 죽을 확률과 비교해보면, 골프를 치다가 홀인원을 하고 그날 벼락을 맞아 죽을 확률과 같다는 이야기를 하는 거죠. 이런 태도는 전 세계적으로 똑같습니다. 전문가들은 지난 몇십 년 동안 위험에 대한 연구를 축적해왔는데, 그 과정에서 위험을 정의하는 가장 대표적인 방법이 확률이었기 때문이죠. 물론 여기에 대해서 의견을 달리하는 사람들도 있습니다만, 전문가 대부분은 확률을 통해서 위험을 정의하고 있습니다.

그런데 문제는 사람들이 위험을 인식하는 방식은 확률에 의존하지 않는다는 것입니다. 촌시 스타가 1969년에 발표한 논문 〈사회적 이익 대 기술적 위험〉은 이 분야에서 고전적인 연구로 인정받고 있습니다. 그에 따르면 어쩔 수 없어서 선택하느냐, 아니면 자발적으로 선택하느냐에 따라서 사람들이 느끼는 위험의 체감지수는 약 1,000배 정도 차이가 난다고 합니다. 대표적인 예가 스키예요. 지금은 많이 안전해졌다고 해도 스키는 굉장히 위험한 스포츠입니다. 스키를 타다가 부상을 입는 사람들을 흔히 볼 수 있는데도 사람들은 자발적으로 스키를 선택하기 때문에 그 위험성을 덜 느낀다는 겁니다. 하지만 이와 반대되는 상황, 즉 어쩔 수 없이 받아들이는 위험은 더욱 크게 느낀다는 거죠.

또한 폴 슬로빅의 정량적인quantitative 연구에 따르면 위험은 대개 두 가지 요소에 의해서 결정된다고 합니다. 하나는 '끔찍한 정도'입니다. 사람들이 그 위험을 얼마나 끔찍한 것으로 느끼느냐 하는 것이지요. '끔찍한 것'이란 통제 불가능성, 두려움, 대재난 가능성, 돌이킬 수 없는 결과, 위험의 불균등한 분배 등을 말하는데, 이러한 것이 얼마나 심각하느냐에 따라서 위험을 크게도 느끼고 적게도 느낍니다. 또 하나는 '미지의 정도'입니다. 위험이 얼마나 알려져 있는 것이냐, 그렇지 않은 것이냐에 따라서 그 위험을 심각한 것으로 느끼거나 그렇지 않은 것으로 느낀다는 것입니다. 관찰 불가능성, 위험에 대한 지식, 전례가 없는 정도, 피해의 지연 등에 따라서 사람들이 위험을 느낀다는 것이죠.

최근에 위험 연구자들은 이런 내용을 종합해서 보통 사람들의 위험 인식에 영향을 미치는 열 가지 요소를 다음과 같이 정리했습니다. 비자발성, 불평등성, 위험에서 도망갈 수 있는 방법이 발견되지 않았을 때, 새로운 위험일 때, 인간이 만든 위험일 때, 감춰지고 돌이킬 수 없는 위험일 때, 어린아이들이나 다음 세대에 지속되는 위험일 때, 두려운 것일 때, 과학자들이 그 내용에 대해서 잘 모르고 있을 때, 그리고 마지막으로 전문가들 사이에 의견이 일치하지 않을 때 등입니다. 이 요소들을 보면 우리가 미국산 소고기 수입에 대해 느꼈던 위험이 모두 해당한다는 것을 알 수 있고, 왜 사람들이 확률이 낮은데도 그 위험을 크게 받아들였는지 이해할 수 있습니다.

종합해보면 위험이라는 것은 불확실성을 내포하고 있고, 이 불확실성에 대한 판단은 사실판단이 아니라 가치판단의 성격을 가지고 있음을 알 수 있습니다. 따라서 위험 인식은 사실판단과 가치판단을 동시에 포함하고 있습니다. 미국과학진흥협회 의장으로 있었던 길버트 오멘이 2006년 협회 연례 회의의 연설에서 "위험 커뮤니케이션의 핵심은 사람들이 관심을 가진 문제에 대해서 듣고, 거기에 답하는 것이다. 전문가들은 사람들과 이야기할 때 확률을 가지고 말해서는 안 된다. 사람들은 그렇게 생각하지 않기 때문이다."라고 말한 바 있는데, 이는 전문가들이 일반인의 위험 인식에 포함되어 있는 가치에 대해서 숙고해야 한다는 점을 지적하고 있습니다. 원자력 폐기물이나 원자력 발전소 사고, 핵폭탄의 낙진, 유전자 기술에 대해서 사람들이 굉장히 큰 위험이라고 느끼는 이유는 그것이 위해를 일으킬 확률이 높아서가 아니라는 겁니다. 위험 요소에 대해 충분히 알려져 있느냐 그렇지 않느냐에 따라서 공포의 정도가 결정된다는 거죠.

위험 커뮤니케이션의 기본은 신뢰

사람들이 어떤 설비가 위험하다고 생각해서 그것을 자신이 사는 지역에 세우는 데 반대하는 경우가 많이 있습니다. 흔히 님비NIMBY, Not In My Back Yard 현상이라고 부르죠. 내 뒤뜰에는 안 돼, 내 지역에는 안 돼, 우리 구에는 안 돼, 우리 동네에는 안 돼……. 사실 이러한 현상이 나타나면 많은 사람들이 비판을 합니다. 언론에서는 님비 현상 때문에 그 설비가 반드시 들어가야 하는데 그러지 못하고 있다고 비판하죠. 그렇다고 비판하던 사람들이 사는 지역에 그 설비를 세우려고 하면 그들도 거부하기는 마찬가지입니다. 그런데 같은 설비라도 반대 현상이 나타나는 경우가 있습니다. 그런 현상을 핌비PIMBY, Put In My Back Yard 라고 하는데, 말 그대로 어떤 설비를 적극적으로 수용하는 경우입니다. 그리고 사람들이 님비였다가 핌비로 바뀌는 경우도 있습니다.

핌비 현상에 대해서 연구해보면 공통적인 요소들이 몇 가지 발견됩니다. 그 첫 번째는 위험 설비 등에 대해 논의할 때 처음부터 지역 주민의 참여를 적극적으로 보장한 경우입니다. 중앙 정부나 지방 정부에서 결정한 다음에 지역 주민의 의견을 묻는 것이 아니라, 처음부터 지역 주민의 적극적인 참여를 보장하는 거죠. 두 번째는 정부 관료와 전문가들, 그리고 지역 주민 사이에 신뢰가 형성이 된 경우입니다. 세 번째 요소는 직접적인 경제적 보상인데, 이 경제적 보상의 문제는 조금 신중하게 접근할 필요가 있습니다. 예를 들어 방사성 폐기물 처리장 유치를 둘러싸고 경주와 군산이 경쟁한 일이 있었죠. 정부에서 경제적 보상을 제시한 다음 주민투표를 실시해서 찬성률이 높은 곳으로 결정하겠다고 했죠. 당시 서로에 대한 비방이 난무하며 유치 경쟁이 심했는데, 유치가 결정된 경주에 지금은 문제가 상당히 많습니다. 정책이 졸속으로 추진되는 바람에 기술적인 문제뿐만 아니라 지역 주민 간에 합의도 제대로 이루어지지 않아서 생긴 문제들입니다. 많은 전문가들은 경제적 보상 문제는 마지막 단계에 등장해야 진통이 적다고 지적하고 있습니다. 네 번째로 경제적 보상 외에 지역개발과 같은 간접적이고 장기적인 계획과 보상이 함께 추진되거나, 그 지역에 대한 장기적인 환경정책이 동시에 보장됐을 때, 즉 참여 지향적이고 장기적이고 신뢰 구축형의 정책이 추진됐을 때 님비가 핌비로 바뀌는 경우를 볼 수 있습니다.

이러한 위험 커뮤니케이션의 과정에서 가장 중요한 요소는 바로 신뢰입니다. 사람들은 신뢰를 저마다 조금씩 다르게 정의하죠. 어떤 사람은 타인에 대한 기대, 미래에 대한 방침, 위기나 기회를 자기가 기꺼이 받아들이겠다는 생각들이 신뢰를 구성한다고 여깁니다. 어떤 사람은 신용에 바탕을 둔 공약, 능력과 권한, 타인에 대한 배려, 예측성 등이 신뢰를 구성한다고 이야기하죠. 정의는 저마다 다르지만 우리가 직관적으로 신뢰라고 생각하는 것이 대부분 이렇습니다. 둘의 관계에 대해서 예측할 수 있고, 미래에 대한 비전이 있고, 장기적으로 상호성이 보장되는 관계에 있을 때 타인을 신뢰하게 됩니다. 일종의 사회 자본 social capital이라고 할 수 있지요.

신뢰는 쌓기는 힘들지만 깨지기 쉽습니다. 신뢰가 한번 쌓이고 나면 작은 실수들은 그다지 문제가 되지 않습니다. 그것이 신뢰가 깊은 사회의 이점이에요. 위험 커뮤니케이션에서 신뢰는 지렛대와 비슷한 역할을 합니다. 신뢰가 돈독하면 사람들이 위험을 덜 체감하고, 전문가들의 의견은 더 많이 받아들이게 됩니다. 그런데 신뢰가 없는 경우에는 전문가들과 지역 주민의 관계 또는 관료와 지역 주민의 관계가 훨씬 약하다는 것이죠. 아무리 과학적으로 안전하다고 강조해도 그것을 받아들이는 정도가 약해지고, 동시에 위험에 대한 체감 정도는 훨씬 더 커지게 된다는 것입니다. 그렇게 되면 위험 커뮤니케이션이 상당히 어려워지는 것이지요.

위험 커뮤니케이션에는 중요한 세 가지 요소, 즉 과학적 사실과 경제적 고려, 참여가 있습니다. 이 세 기둥 위에 위험 커뮤니케이션이 서 있는 것입니다. 경제적 고려만 가지고 논의를 한다거나, 과학적 사실은 무조건 받아들여야 한다고 주장해서는 결코 커뮤니케이션을 할 수 없습니다. 앞에서도 설명했듯이 위험에 대한 인식은 사실에 대한 이해가 아니라 사실판단과 가치판단이 동시에 고려되어야 하는 과정입니다. 커뮤니케이션이 성공한 외국의 사례들을 보면 굉장히 긴 과정을 거쳤음을 알 수 있습니다. 폐기물 처리장을 유치하는 데 단숨에 쉽게 해결되는 경우는 거의 없습니다. 오랜 논의 과정을 거쳐야 할 뿐만 아니라, 그 과정에서 허위 정보들을 철저하게 배제하고, 또 사람들이 그것을 어쩔 수 없이 택하는 것이 아니라 여러 가지 가능성 중 하나로 생각할 수 있는 상태에서 소통이 이루어져야만 가능합니다. 그런 의미에서 위험 커뮤니케이션은 쌍방향성 의사소통이지, 전문지식의 일방적 전달로 쉽게 풀릴 수 있는 것이 아닙니다. 그것이 매우 어렵고 지난한 과정이라는 것을 충분히 이해해야만 현실에서 의미 있는 실행을 할 수 있습니다.

이제 구체적으로 제대로 된 위험 커뮤니케이션은 어떻게 가능한지 살펴볼까요. 신뢰에 바탕을 둔 바람직한 위험 커뮤니케이션에는 단계가 있습니다. 첫 번째 단계가 상호 요구사항에 대한 평가입니다. 서로가 서로에게 무엇을 바라는지 다 펼쳐놓고 평가해야 하는데, 그 과정에서 정보를 서로 주고받을 수 있어야 하고, 여러 사람의 집합체인 지역 주민들의 다양한 요구를 모두 포함하는 포용력과 전문가들의 성찰적인 자세가 중요합니다. 두 번째 단계가 논쟁의 내용에 대한 평가입니다. 이건 사실에 대한 평가가 아니라 기술과 윤리에 대한 서로 다른 가치체계에 대한 평가를 말합니다. 세 번째 단계에서 위험 커뮤니케이션을 설계하게 됩니다. 이 단계에서 중요한 점은 전문가나 관료들이 상대하는 대중이 실질적인 거부권과 엄청난 힘을 가지고 있다는 사실을 인정하는 것입니다. 더불어 정보와 권력이 공유되어야 하고, 특히 정보가 개방되어야 합니다. 그러지 않으면 사람들이 스스로 정보를 만들어내기도 하는데, 그 과정에서 왜곡이 생기기도 하죠. 그래서 실질적으로는 소통을 힘들게 할 수도 있습니다. 그 다음에 전략과 전술을 다양하게 동원할 필요가 있습니다. 표본 집단의 모임이라든지 주민들과 전문가들이 입장을 바꿔서 토론해보는 것도 좋은 전략입니다. 이 과정에서 다양한 그룹의 참여를 보장해야 하고, 마지막으로 공정한 평가가 있어야 합니다.

시민참여로 위험사회를 건너다

위험한 문제가 생긴 이후에 위험 커뮤니케이션을 하고 위험 관리를 제대로 하는 것도 한 가지 방법이지만, 먼저 위험을 사전에 방지하는 방법을 생각해야 합니다. 그러기 위해서 여러 가지 실험이 있었습니다. 예를 들어 시민 참여적인 기술영향평가나 합의회의consensus conference 같은 것이죠. 이것은 과학기술의 정책이나 발전 방향, 사용에 대해서 시민이 개입하는 방식인데, 다른 정책에 비해서 과학기술과 관련된 정책에 시민이 개입하는 정도는 훨씬 적습니다.

가령 복지정책이나 의료정책, 교육정책 같은 것들과 관련해서는 사람들이 실제로 개입할 수 있는 여러 통로가 있습니다. 공청회 같은 것도 훨씬 많고, 일상적으로 그 문제에 대해 이야기를 나눌 수 있는 사람도 많은데, 과학기술과 관련된 부분은 그렇지가 않습니다. 사실은 전문 과학자들조차 어떤 경우에는 과학정책에 참여할 방법이 없다는 불만을 굉장히 많이 토로합니다. 도대체 우리나라 과학정책은 어디서 누가 만드는지, 어떻게 기안이 되고, 어떻게 심의가 돼서 나온 건지, 왜 이런 식으로 가는지 모르겠다는 거죠. 대학이나 연구소의 전문가들조차 정책 참여의 길이 막혀 있다고 생각하는 게 문제입니다.

예를 들어 우리나라에서 얼마 전에 인공위성을 띄우려고 엄청난 비용을 썼고, 앞으로도 그럴 것이라는 이야기가 나오는데, 그걸 누가 결정하는 건지 과학자들도 답답해합니다. 그것이 정말 필요한 것인가, 교육 기회의 확대라든지 복지 등 더 유용한 곳에 지출해야 하는 게 아닌가 등의 의견이 있을 수 있는 거죠. 물론 인공위성에 찬성하는 사람들도 있습니다. 인공위성을 띄워서 어린아이들한테 꿈을 심어줄 수 있다면 그게 돈으로 환산될 수 있는 것인가, 미래에는 엄청난 부가가치가 될 수도 있는데 당장 몇백, 몇천 억이 뭐 대단한 액수인가, 공항 하나 잘못 지으면 몇천 억씩 날아가는데 우주 개발에 그 정도도 투자를 못하면 어떻게 하냐는 주장이죠.

또 엄청난 돈이 투자되고 있는 나노기술도 마찬가지입니다. 나노기술 전문가들은 그것이 미래에 우리가 기댈 수 있는 거의 유일한 기술이라고 말합니다. 나노기술을 발전시켜야만 분자생물학도 발전하고, IT라든지 컴퓨팅, 로봇 등 무궁무진한 기술을 발전시킬 수 있다는 겁니다. 하지만 근본적인 질문이 필요합니다. 과연 그것이 누가 바라는 기술이냐 하는 질문이죠. 국민이 그거 원한다고 언제 투표를 했나요? 제가 이러한 예를 들어 말씀드리고 싶은 것은 인공위성이나 나노기술이 필요없다는 얘기가 아니라, 어떤 과학기술을 발전시키고 거기에 국민이 낸 세금을 어떻게 쓸 것인지에 대한 의사소통이 투명하기만 한 것은 아니라는 겁니다. 특히 나노기술의 경우는 국민만이 아니라 그 분야의 전문가들도 잘 모르겠다고 말하는 실정입니다. 사실 나노기술은 몇몇 과학자들의 꿈에 그칠 수 있었는데, 미국 국방부가 관심을 가지게 되면서 엄청나게 주목받기 시작했죠. 지금 사회 일각에서는 거품이라는 지적도 있습니다.

그것이 정말 중요한 기술인가 하는 문제도 중요하지만, 다른 영역에 비해 과학기술 영역에서는 시민사회의 의견이 개진될 여지가 없고, 그런 노력도 많지 않았다는 것이 더 중요한 문제입니다. 지금은 극소수의 관료와 적은 수의 엘리트 과학자들이 상당히 많은 것을 결정하고 있는 실정이죠. 물론 이런 상황을 정당화할 만한 이유는 있겠지만, 과학기술 정책이 논의되고 실행되기까지 모든 과정에 대한 시민사회의 개입이 절실히 필요합니다. 지금 우리나라의 과학기술 예산이 1년에 10조 원입니다. 액수만으로 보면 세계 7, 8위 정도로 투자를 많이 하고 있는데, 우리나라 경제 규모와 대비해보아도 상당히 높은 수치죠.

과학기술 정책에 시민이 참여할 수 있는 방법으로 시도되는 여러 가지 실험 가운데 하나가 합의회의입니다. 세계적으로 가장 널리 사용되는 형태이고, 우리나라에서도 몇 번 시도했었죠. 예를 들어 1998년에 유전자조작식품GMO에 대한 합의회의가 있었고, 1999년에는 생명복제기술에 대한 합의회의도 있었습니다. 2004년에는 원자력 위주의 전력 정책에 대한 합의회의가 한 번 있었고요. 외국 같은 경우는 훨씬 더 빈도수가 높습니다.

일반적으로 합의회의의 꽃은 시민 패널입니다. 보통 언론에 공고를 내서 관심 있는 시민들을 모으죠. 그렇게 모인 사람들을 조직위원회가 인터뷰를 합니다. 합의회의의 주제에 대해서 어떻게 생각하는지, 또는 관련 업체에 소속된 사람은 아닌지 등을 확인한 다음에 중립적인 성향의 사람들로 시민 패널을 구성합니다. 대개 15명 내외로 구성하고요. 시민 패널들이 제시된 전문가 명단을 보고 원하는 전문가를 선정하면 조직위원회에서 그 전문가를 초빙해서 강의를 하게 합니다. 중요한 것은 시민 패널이 강연만 듣는 게 아니라 그 전문가들한테 자유롭게 질문을 던질 수 있다는 점입니다. 묻고 답하고 토론하는 과정을 계속 반복합니다. 보통 3박 4일 정도의 일정이죠. 그런 다음 시민 패널끼리 토론을 해서 시민 리포트라는 최종 리포트를 작성하죠.

합의회의라는 형식을 처음 시도할 때는 마치 배심원들처럼 시민 패널들이 합의를 통해 하나의 안을 만들어내는 것을 생각했습니다. 하지만 최근에는 시민 패널 사이에 이견이 얼마든지 나올 수 있고, 합의를 하느냐 안 하느냐보다는 처음에 가졌던 생각과 3박 4일의 일정을 겪고 난 후 생각이 어떻게 바뀌었는가 하는 점을 보고하는 것이 오히려 더 중요한 과정일 수 있다는 쪽으로 변화되고 있습니다.

그래서 이런 합의회의에서 전문가들이 발표를 하면 시민 패널의 심층 질문이 이어집니다. 가령 전문가가 나와서 나노기술이 안전하다고 이야기하면 그 근거가 뭐냐, 얼마나 객관적인 것이냐, 얼마나 많은 사람이 그런 의견에 동의하느냐 등 전문 분야에 대한 깊이 있는 질문도 나오는 거죠. 하지만 그런 질문보다 더 중요한 것은 전문가의 지식이 근거하고 있는 가치 또는 그들의 지식이 무시하거나 고려하지 않는 가치에 대한 질문을 새롭게 끄집어낼 수 있다는 것입니다.

즉 이 기술은 누구를 위한 기술인가? 과학자들의 호기심을 만족시켜주기 위한 기술인가? 아니면 이게 정말 시민들을 위한 기술이 될 수 있는가? 그리고 우리는 대체 어떤 세상에서 살고 싶은가? 예를 들어 GMO가 많아져서 약간의 위험요소가 있지만 싼값에 먹을거리를 구입할 수 있는 세상에 살기를 원하는가, 아니면 조금 더 안전한 먹을거리가 보장되는 세상에 살기를 원하는가? 10년이나 20년 뒤에 우리의 자식들이 커서 활동할 때 우리는 어떤 세계에 있기를 바라는가 하는 질문들입니다. 그리고 이 기술을 통해서 누가 이익을 얻는지에 대한 질문도 있을 수 있죠. GMO를 주장하는 사람들은 GMO가 개발되면 아프리카나 제3세계의 가난한 사람들이 가장 큰 이익을 얻을 수 있다고 주장하는데 정말 그런가? 아니면 몬산토사 같은 초국적 기업이 이익을 얻는가? 기술에는 항상 좋은 점만 있는 게 아닌데, 그렇다면 손해를 보는 사람은 누구인가? 이런 질문들을 던질 수 있다는 거죠. 그래서 시민 패널들은 합의회의를 거치면서 처음 가졌던 생각보다 훨씬 더 적극적인 사고를 하게 됩니다.

물론 합의회의에 대한 비판도 많습니다. 어떻게 보면 애정 어린 비판인데, 합의회의를 거치면서 사람들의 생각이 변하지만 너무나도 작은 실험일 수밖에 없다는 겁니다. 이런 결과들이 실제 정책에 반영되어야 하는데, 세상 어느 나라도, 가장 모범적이라고 불리는 덴마크조차 합의회의의 결과를 정책에 반영해야 된다는 의무는 전혀 없거든요. 관료들이 그것을 용납하지 않을 뿐 아니라 언론을 통한 보도나 홍보에도 한계가 많습니다. 그래서 합의회의라는 실험 자체는 충분히 의미가 있지만, 이 실험이 앞에서 말씀드린 두 가지 분리의 문제, 즉 대표제의 문제나 전문가 대 일반인의 문제를 얼마나 해결하고 있느냐에 대해서는 이견과 비판이 있는 것은 사실입니다. 그렇지만 지금까지 발표된 시민 참여의 모델 중에는 가장 효과적일 뿐 아니라 여러 가지 주변 효과들을 잘 이용하면 그 영향력도 상당히 높아질 가능성이 충분히 있습니다.

합의회의 외에도 여러 가지 비슷한 실험들이 있습니다. 지역 기반 연구community based research 같은 경우는 우리나라에도 비슷한 사례가 있습니다. 오염된 지역을 연구하는 연구자와 해당 지역 주민이 함께 연구하는 경우입니다. 주민들은 그 지역에서 오래 살았고, 또 그 문제를 실제로 겪었기 때문에 나름대로 전문성을 가질 수 있는데, 거기에 과학자들의 전문성이 결합해서 긍정적인 효과를 내게 되죠. 시나리오 워크숍은 우리가 어떤 기술을 받아들였을 때 미래가 어떻게 될 것인가에 대해 네 가지 서로 다른 시나리오를 만들고, 참여한 사람들로 하여금 그중에서 어느 것이 가장 바람직하고 확률이 높다고 생각하는가를 논의해보게 하고, 그 결과 가운데 하나를 택하는 것입니다. 과학 상점

science shop은 대학원생이나 교수들이 주도해서 지역 주민이 가지고 있는 여러 가지 과학과 관련된 문제들을 공동으로 해결해나감으로써 참여를 유도하는 것입니다.

시민과학으로 더 큰 민주주의를 꿈꾸다

이 모든 과정을 우리는 시민과학civic science이라고 부를 수 있습니다. 시민과학은 시민들이 더 많은 정책에 참여할 수 있도록 유도하는 역할을 합니다. 또한 과학기술 전문가의 대표성 문제도 어느 정도 해결할 수 있죠. 우리나라의 과학기술자 대부분은 남성이고, 서울이나 대덕 등 몇 군데 지역에 모여 있습니다. 지역을 대표하는 데에도, 우리 사회의 다양한 계층을 대표하는 데에도 한계가 있죠. 하지만 이런 참여를 통해서 그것을 어느 정도 극복할 수 있다는 겁니다. 또 무엇보다 대중과 전문가 사이의 간격을 좁힘으로써 과학 연구가 사회 속에서 존재의 정당성을 확보한다는 의의가 있습니다.

이러한 과정들을 통해서 우리는 위험사회의 위험을 완화하거나 미리 예방할 수 있습니다. 또한 시민들이 과학기술 정책에 참여함으로써 참여 민주주의의 한 가지 가능성을 가늠해볼 수도 있습니다. 현재 다른 분야에 비해서 과학기술 정책에 대한 시민의 참여가 매우 적은데, 그 정책이 우리에게 미치는 영향은 너무나 큽니다. 기술영향평가에서 논의되었던 주제인 NBIC(나노-바이오-IT-인지과학) 기술의 융합이라는 현재의 추세나 나노기술에 대한 논의들만 봐도 알 수 있습니다. RFIDRadio-Frequency IDentification라고 들어보셨죠? 전파를 이용해서 먼 거리에서 정보를 인식하는 기술인데, 이 기술을 이용해 RF Card를 만들었어요. 교통 카드 같은 것을 회사 안에서 목에 걸고 다니면 사람들의 일거수일투족이 자동적으로 다 관찰되는 기술이죠. 유비쿼터스 컴퓨팅Ubiquitous Computing에 대한 기술이나 나노 소자에 대한 기술처럼 개발이 되면 사람들의 일상에 미치는 영향이 상당히 클 수도 있는 기술이 많습니다. 원하지 않았지만 어느샌가 내 옆에 와 있을 수도 있는 기술들입니다.

미래 사회에는 과학기술이 삶의 영역에서 영향력이 점점 더 커질 것입니다. 그러니 지금부터라도 과학기술 정책에 더 적극적으로 참여함으로써 시민사회가 목소리를 낼 수 있는 장치들을 차근차근 만들어가는 것이 우리 사회의 민주주의를 한 단계 더 성숙시키는 관건이 되는 일임을 다시 한 번 말씀드리면서 제 강연을 마치겠습니다.

한국 민주주의를
묻고
답하다

청중 1 우리나라의 경우 전문가들조차도 과학기술 정책에 관여하기가 굉장히 힘들다고 하셨는데, 그렇다면 지금 가장 중요하게 추진되어야 할 과학기술 정책이 무엇이라고 생각하시는지 궁금합니다.

홍성욱 우리나라의 과학기술 정책은 아직도 경제적 성장과 관련이 있다고 봅니다. 예를 들어 정부가 미래를 선도할 핵심 산업기술 10가지 같은 걸 선정해 지원하는 것이 경제성장을 위한 정책이었죠. 1970년대에 장관을 지냈던 최형섭이라는 분이 우리는 과학기술의 발전이 거꾸로 가야 된다고 말한 적이 있습니다. 서양은 과학을 발전시키고 거기서 기술이 발전되고 산업이 발전됐지만, 우리는 산업 발전을 목표로 기술을 발전시키고 그 다음에 과학을 발전시켜야 된다는 게 한국 과학기술 정책의 핵심이라는 거죠. 그런 정책 기조가 지금까지도 계속되고 있어요. 그래서 과학자들은 이제 우리도 순서를 바꿀 때가 됐다고 합니다. 과학의 기초를 훨씬 더 많이 발전시키고, 거기서 기술을 뽑고, 그 기술에서 산업이 자동적으로 나오게 해야 새로운 산업이나 신기술 등이 가능하니까요.

저는 조금 다른 차원을 생각합니다. 지금까지 우리의 과학기술 정책이 그런 기조를 가지고 있었기 때문에 시민사회를 위한, 시민의 삶을 질적으로 향상시키기 위해서 어떤 기술이 필요한가에 대한 고려가 극히 적었다는 거죠. 지금도 계속 그런 기조로 가고 있기 때문에 문제라는 겁니다. 과학자들이 연구비를 받으려면 연구 프로필이라는 걸 써서 심사를 받아야 합니다. 그 프로필에는 이 연구를 하면 일자리가 몇 개나 창출되는지 묻는 항목이 있어요. 과학 연구에는 수학 연구처럼 아주 순수한 연구도 많잖아요. 그런데 그런 연구로 일자리가 몇 개나 창출되는지 묻는다는 겁니다.

우리가 민주주의의 가치라고 말하는 것들이 있습니다. 사회가 좀 더 평등해지고, 더 많은 사람들이 더 많은 자유와 권리를 누릴 수 있고……. 그렇게 되기 위해서 어떤 과학기술을 발전시켜야 되느냐 하는 것들은 고려되지 않고 있다는 것이 가장 큰 문제라고 생각합니다. 이제 우리도 그런 것을 고려하면서 과학기술 정책을 펼 때가 되지 않았나 하고 생각합니다.

그럼 구체적으로 어떤 정책을 펴야 할까요? 그것에 관해서는 관심 있는 전문가들과 시민들이 모여서 깊이 있게 논의하는 과정을 거쳐야 할 것입니다. 우리가 해야 할 일들은 많아요. 힘있는 사람들, 기업들이 필요로 하는 기술들은 많이 연구되고 있지만, 사회의 소수자들을 조금 더 배려하거나, 약자들을 위한 연구 등이 활발하지 않거든요. 그래서 그런 연구가 진행되어야 한다고 생각합니다.

청중 2 최근에 신종 인플루엔자 A H1N1가 만연하면서 반대급부로 다국적 제약회사가 돈을 벌었습니다. 그에 대해서 혹시 변종 바이러스를 인위적으로 퍼뜨린 게 아니냐는 이야기도 있었죠. 그런 것에 대해서 어떻게 생각하시는지 궁금합니다. 또 우리나라 제약회사는 연구개발도 별로 안 하는 편이고, 복제약이 많은 것으로 알고 있습니다. 지금

정부는 FTA의 긍정적인 면만 광고하고 있지만, 만약 FTA가 체결되면 신약 특허에 대해 지불해야 하는 비용이 막대할 겁니다. 이러한 현실에 대해서 혁신적인 대책이 없을까요?

홍성욱 전 면역학 전문가가 아니고, 그에 대해서 연구하거나 한 것도 아니지만, 제 생각은 이렇습니다. 모든 진화 과정에는 변이가 있습니다. 그래서 다양한 생명체가 등장하게 되고요. 특히 바이러스는 자기복제 시간이 굉장히 빠르고, 그 수도 많기 때문에 변이가 존재할 확률이 다른 생명체들보다 훨씬 높아요. 그런 변이들이 살아남아서 이전의 약으로는 치료할 수 없는 바이러스들이 생기죠. 이번에 다국적 제약회사들이 돈을 많이 번 건 사실이지만, 그들이 일부러 퍼뜨렸다는 생각은 안 합니다. 그런 음모론은 재미있기도 하고, 그런 이야기를 받아들이면 위험의 체감에서 조금은 벗어날 수는 있지만요.

대학원 학생들과 신종 인플루엔자에 대해서 이야기를 해본 적이 있는데, 사람에 따라 체감위험도에서 차이가 많이 난다는 것이 굉장히 흥미로웠습니다. 어떤 학생들은 생각만 해도 두려워한 반면에 어떤 학생들은 전혀 신경을 쓰지 않더군요. 우리나라를 방문한 외국 학자들은 저에게 한국의 반응이 굉장히 요란하다고 이야기하더군요. 자기네들은 별로 신경을 안 쓴다고 하면서요. 사실 독감은 사람이 많이 죽는 병인데, 우리나라는 독감사망률이 제대로 조사된 적이 없어요. 독감이 폐렴으로 전이되면 폐렴사망률로 보거든요. 그래서 신종 인플루엔자로 인한 사망률이 상대적으로 크게 받아들여져서 공포감을 준 것일 수 있다고 생각합니다.

FTA와 관련해서 질문하셨는데, 사실 지금 전 세계에서 신약을 만들어서 돈을 벌 수 있는 회사는 몇 개 안 됩니다. 신약 제조는 아주 힘든 과정이거든요. 한 10년 정도의 연구개발이 필요하고, 엄청난 임상실험도 필요하고, 비용도 굉장히 많이 필요하죠. 그렇게 신약을 만들어도 얼마 안 되어서 복제약들이 나오니까 초기에 굉장히 비싼 가격으로 팔아서 투자비용을 회수하려고 하죠. 그래서 약이 있는데도 구입할 수 없어서 고통을 받거나 심지어 죽는 경우도 있어요. 사람들은 다국적 제약회사를 욕하지만, 그쪽 입장에서는 투자비용을 회수해야 또 다른 약을 개발하지 않겠느냐고 이야기합니다. 처음에 페니실린이 나왔을 때는 굉장히 비쌌지만 지금은 저렴한 가격에 공급되듯이, 지금 나오는 신약들도 그렇게 될 거라고 자기 정당화를 하죠.

그래서 우리나라도 두 가지 전략을 세우고 있다고 생각해요. 하나는 데이터베이스의 구축입니다. 신약을 개발하려면 이전에 나왔던 약의 데이터베이스가 필요합니다. 그런데 이게 방대한 작업이어서 돈이 많이 듭니다. 그래서 제약회사에서는 연구개발의 지원을 정부에 요청하고 있어요. 그것이 구축되면 우리가 가진 기술력으로 신약 개발도 가능할 수 있다는 겁니다.

또 하나는 새로운 네트워크의 구축입니다. 지금은 신약을 개발하는 게 거의 다 다국적 회사들이에요. 그 다국적 회사 밑에 역사가 깊은 회사들이 있고, 또 그 밑에 대학의 실험실 등과 연관이 있는 작은 벤처 회사들이 있죠. 이렇게 거미줄처럼 얽혀 있는데, 그 구조에서 이익을 보는 쪽은 정해져 있다는 거죠. 그런 상황에 대항하기 위해 새로운 국제적인 연대, 새로운 협정 등에 대한 노력도 동시에 진행되어야 한다는 겁니다.

청중 3 다른 분야에 비해서 과학 쪽은 전문가의 사회 참여가 적은 듯합니다. 광우병 사태 당시 전 국민이 불안해했는데, 전문가들이 좀 더 적극적으로 참여해야 하지 않았을까요?

홍성욱 광우병 사태를 겪으면서 과학계 내부에서도 매우 힘들어했습니다. 과학자들이 설명을 해도 시민들은 받아들이지 않았거든요. 그런 상황을 어떻게 해석해야 할지 굉장히 고민스러워했죠. 그 일을 계기로 과학자들에 대한 신뢰가 떨어지고, 과학자들의 리더십 같은 게 전혀 받아들여지지 않았다고 판단한 한국과학기술단체총연합회에서 저에게 그 원인에 대해 분석해달라고 의뢰한 적이 있었습니다.

그래서 2008년 하반기에 보고서를 제출하고 발표하는 자리를 가졌습니다. 그 자리에 가보니 과학계에서는 이름만 들으면 다 아는 원로들부터 영향력 있는 과학자들까지 모두 와 계셔서 깜짝 놀랐어요. 그들도 굉장히 관심이 많았던 거죠. 자신들이 뭔가 잘못한 것 같긴 한데, 도대체 뭘 잘못했는지 알 수가 없었던 겁니다.

과학자들은 처음 광우병 사태가 터졌을 때, 확률로 다 해결되는 문제인데 왜 고민하는지 이해할 수 없다는 반응이었죠. 그래서 초기에는 대화를 할 생각보다는 전문지식을 앞세운 경향이 있습니다. 그래서 사람들이 거부감을 많이 느꼈던 거죠. 제가 그런 이야기를 했더니, 사태가 워낙 커지면서 어떤 말을 해도 비난을 받게 되어 소신껏 발언할 수 없었다고 하더군요. 게다가 그 사태가 단순히 과학적인 사실에 대한 문제가 아니라 위험에 대한 사람들의 인식, 가치의 문제, 정치적 문제 등이 복잡하게 얽힌 문제라는 것을 한참 후에야 알게 되었다는 겁니다. 그리고 그걸 깨달았을 때는 이미 시간이 많이 지난 후였고요. 과학계에서는 그 과정을 통해서 많은 것을 배울 수 있는 기회였다고 합니다. 비싼 대가를 치렀지만 과학과 사회의 관계에 대해서 새롭게 이해하게 된 매우 중요한 계기였던 거죠.

제10강

돌봄과 소통의 공간, 마을을 만들다

김찬호

"out of connect, out of mind" 성공회대 교양학부 초빙교수 김찬호는 통신기기가 신경망의 일부처럼 가동되는 요즘을 이렇게 표현했다. 자신의 표현대로 정보화의 한복판에 서서 그는 엉뚱하게도 '골목길'에 대해 이야기하기 시작했다. 함께 숨바꼭질을 하던 동네 '형'과 '누이'들이 들려주는 학교 이야기와 옹기종기 모여 앉아 마늘을 까는 할머니들의 자식 자랑이 얽혀 있던 곳, 골목길. 무표정한 도시에는 더 이상 깨진 기왓장으로 그린 네모 칸에서 사방치기를 하는 아이들도, 집안일을 같이할 이웃도 없는데 한사코 골목이 살아 숨쉬는 마을을 일구자고 한다. 의구심에 갸우뚱 고갯짓하는 사람들에게 끊임없이 타인과 '접속'하고자 하는, "언제 어디서고 미디어가 손에 쥐어지면 서로 주파수를 맞추느라 분주한" 그 마음이면 사람 사는 마을이 가능하다고 일깨운다. 몸소 그 접속의 노력을 분주하게 하고 있는 그는 지금도 마을의 작은 모임들까지 마다하지 않고 달려가 직접 눈을 맞추고 있다. 자신이 강의하는 문화인류학을 탐구하는 것에 그치지 않고 현재에 맞춰 고안하고 생성하는 김찬호의 마을에 접속할 사람, 여기 붙어라!

지은 책으로는 《문화의 발견》《생애의 발견》《사회를 보는 논리》《도시는 미디어다》 등이 있다.

마음의 풍경, 일상의 얼개 – '광역화'와 '개별화' 사이에 낀 개인

지금까지 민주주의라는 주제로 여러 분야에서 강연이 있었는데, 저는 우선 마음의 풍경, 그러니까 '감정'이란 것에 대해 한번 짚어보면서 왜 새삼 '마을' 이야기를 해야 하는지 살펴볼까 합니다.

우리는 굉장히 많은 감정을 경험합니다. 짧은 시간 동안 수많은 감정들이 교차하기도 하고 하루 종일 하나의 감정에 사로잡혀 있기도 합니다. 그런데 감정이란 단순히 개인적인 문제가 아닙니다. 상당히 사회적인 차원이 있거든요. 저는 '한국 사람들은 어떤 감정에 가장 많이 머물러 있는가'라는 조사를 꼭 해보고 싶습니다. 조사는 간단합니다. 무작위로 전화를 해서 "당신 지금 어떤 감정 상태입니까?" 하고 묻는 거예요. 감사함, 놀라움, 설렘, 절정감, 자랑스러움, 연민, 평온함, 흐뭇함 같은 긍정적 감정도 있을 것이고, 두려움, 모멸감, 분노, 슬픔, 외로움, 우울함, 질투심, 허전함, 권태 같은 부정적 감정도 있을 겁니다. 그럼 한국 사람들은 이 중에서 어느 감정에 주로 사로잡혀 있을까요? 아마 부정적인 쪽이 많지 않을까 짐작해요. 이렇게 감정이 긍정과 부정으로 배치되는 배경과 맥락을 '마을 만들기'와 연결해서 두 가지 키워드로 정리해봤습니다.

두 가지 키워드란 바로 '생활의 광역화와 개별화'입니다. 광역화와 개별화는 반대되는 이야기인데 이것이 동시에 진행되고 있다는 게 저의 진단입니다. 생활의 광역화를 먼저 살펴볼게요. 우리는 점점 더 거

대한 글로벌 시장에 노출되고 있습니다. 조선시대에는 농사지을 때 전라도 사람이 경상도를 의식할 필요가 없었습니다. 그런데 지금은 칠레 농산물을 의식하지 않으면 일 년 농사를 망칠 수 있습니다. 어디까지를 변수로 여겨야 하는지 가늠하기 어려운 세상에 살고 있습니다.

'직장인 우울증'이라는 말 들어보셨죠? 직장에만 가면 우울하다가 퇴근하는 순간 그런 마음이 씻은 듯 사라지고, 집에서도 직장 생각만 하면 우울해졌다가 그 생각에서 벗어나면 기분이 깔끔해지는…… 그런 분들이 여기에도 계실지 모르겠습니다. 우리나라는 사회적 스트레스 위험도가 상당히 높은 나라인데, 한 정신의학자에 따르면 그 원인은 크게 통제 불가능성, 이해 불가능성, 예측 불가능성이라고 합니다. 사실 이 세 가지는 서로 긴밀하게 맞물린 개념인데, 아무튼 조직을 둘러싼 변수가 많아졌다는 이야기입니다. 어떤 일을 하든지 이 세 가지가 다 걸립니다. 그러니까 일할 맛이 안 나고, 보람도 없고, 이것이 스트레스나 우울증으로 이어집니다.

또 우리의 일상구조를 살펴보면, 도시가 끊임없이 팽창하고 인구밀도도 대단히 높아지고 있습니다. 수도권만 하더라도 인구가 2,000만 명입니다. 우리가 하루에 몇 사람을 만난다고 생각하십니까? 만나서 이야기를 하지 않더라도, 아침부터 지금까지 여러분 시야에 몇 사람이 들어왔는지 생각해보세요. 몇천 명, 몇만 명일 수 있습니다. 전철을 한 번 타고 내리면서도 수백 명을 접할 때가 많지요. 그런데 100년 전에는 하루에 몇 명이나 만났을까요?

정보의 홍수, 이것도 무시할 수 없는 현실입니다. 정신비만이라는 말이 있는데, 정보가 머릿속에 너무 많이 들어간 겁니다. '디지털 치매' 같은 말도 나오죠. 자꾸 깜빡깜빡 하는 게 나이가 들어서만이 아니라 포털 사이트에서 정보를 얻기 때문입니다. 지금 우리 사회에서 평범한 사람이 하루에 접하는 정보의 양이 100여 년 전쯤 세계 최고 권력자가 접했던 양보다 훨씬 많습니다. 그렇지 않겠어요? 전 지구에서 쏟아져 들어오는 그 많은 정보를 뇌가 감당할 수 없을 지경이죠. 지구 반대편에 사는 타이거 우즈의 연인들이 뭐라고 말하는지가 실시간으로 들어올 정도로 광역화되었다는 말입니다. (청중 웃음)

그런데 그렇듯 먼 나라에 사는 사람의 사생활에는 훤하면서 정작 옆집 사람에 대해서는 모르고 사는 게 우리의 삶입니다. 이것은 생활의 개별화입니다. 그리고 개인 미디어도 개별화의 사례입니다. 피시PC는 'Personal Computer'의 약어로 개인용을 의미합니다. 그런데 이보다 더 개인적인Personal 것이 휴대전화입니다. 피시만 해도 여러 사람이 공유하지만, 휴대전화는 거의 혼자만 쓰잖아요. 말 그대로 1인 미디어입니다. 주변을 살펴보면 누군가와 함께 있어도 마음은 다른 데 가 있고, 집에 함께 있으면서도 소통을 거의 하지 않는 가족이 많습니다. 좀 전에 말한 '생활의 광역화'와 모순되는 거죠. 우리의 생활 반경은 넓어지는 반면 관심사는 매우 제한된 공간에 머물러 있고, 인간관계도 마찬가지입니다.

마을 이야기와 관련해서는 '생활'이 중요한 키워드인데, 여러분에게 생활은 뭡니까? 직장생활 말고 일상, 즉 '집과 마을에서의 생활'이 무엇인지 딱 잡히지가 않습니다. 우리의 생활은 대부분 소비로 대체됩니다. 그래서 홈쇼핑, 라이프, 리빙…… 이런 말을 들으면 보험회사, 백화점이 떠오릅니다. 실제로 그런 상품과 관련된 것들이 일상의 문법이 되고 있어요. 그래서 제가 만들어본 말인데, '결손사회'란 말도 가능하겠다 싶어요. 부모님이 안 계시다거나 계시더라도 알코올 중독 등으로 제 역할을 못하면 결손가정이라는 말을 하지 않습니까? 사회도 마찬가지입니다. 누구나 살아가는 데 타인의 관심과 지지와 도움을 받아야 하는데, 그것이 제대로 이뤄지지 않아서 많은 사람들이 어려움을 겪는다면 결손사회가 아닐까요? 이런 결손사회에서 어떻게 하면 관심의 공동체로 바뀔 것인가, 마을 만들기의 지향은 바로 거기에 있다고 할 수 있습니다.

결손사회에서 관심의 공동체로

우리 사회를 좀 더 큰 범주에서 살펴봅시다. 개인적인 생존의지는 강력하게 작동하는 데 비해 그것을 넘어서 함께 만들고 누려야 할 공공영역은 너무 빈곤합니다. 저는 아파트에 사는데, 일요일마다 쓰레기를 내다버립니다. 아파트의 공유 공간에 주민들이 가장 많이 붐비는 시간입니다. 그때마다 '왜 우리는 쓰레기 버릴 때에만 이웃을 만나는가' 하는 생각이 들더라고요. 사실 그 일을 할 때의 옷차림은 다른 사람들에게 보이고 싶지 않은 모습이지요. 그래서 쓰레기만 버리고는 얼른 들어오게 되고, 이웃을 마주쳐도 서로 피하게 됩니다.

왜 아파트 단지 한가운데는 쓰레기장과 주차장밖에 없을까요? 가끔 창밖을 보고 있으면 이웃사람과 내가 함께할 수 있는 공간이 겨우 이 정도인가 하는 회의가 듭니다. 집에 두기 싫은 쓰레기를 앞마당에 내놓는 거잖아요. 그리고 자동차는 공유하는 게 아니라, 각자 타고 어딘가 멀리 가기 위해 대기시킨 물건일 뿐이죠. 우리가 살아가는 공간이 함께 머무르며 무언가를 나눌 수 있는 자리가 아니라는 걸 잘 드러내주지 않나 싶습니다.

광화문광장을 보면서도 공공성의 빈곤을 느낍니다. 여러분은 광화문광장을 어떻게 생각하십니까? 오세훈 시장이 한 인터뷰에서 "서울이라는 도시가 어떻게 평가받으면 좋겠는가?"라는 질문에 대해 한마디로 "예쁜 도시"라고 답했다고 합니다. 그런데 광화문광장을 보면서 정말로 예쁘다고 느끼시나요? 보는 사람들마다 다를 수 있겠지만, 지금의 풍경에는 예전의 굵직한 가로수들이 자아내던 아우라가 없는 것에 유감을 느끼는 사람이 많습니다. 지금의 광화문광장은 일개 구청에서 만들 만한 공원을 조성해놓은 듯합니다. 요즘 많이 이야기하는 국격國格이라는 것이 실종된 것이지요.

우리에게 공공성에 대한 갈망이 없어서일까요? 그렇지 않습니다. 우리는 아직도 공적인 행복감에 도취되면서 삶의 절정에 오릅니다. 예를 들어 월드컵 축제, 촛불집회, 장례식, 제야의 종소리 같은 겁니다. 공동체라는 게 뭘까요? 지금 강연을 듣고 계신 여러분은 서로 얼굴을 아는 사이도 있고 통성명을 하신 분도 계실 겁니다. 여기서의 인간관계는 상당히 공동체적입니다. 그런데 집에 가려고 버스를 기다릴 때 옆에 선 사람과 여러분은 아무 관계가 없습니다. 관계라는 게 대부분 그렇습니다. 그냥 각자의 목적지를 향해 가는 것뿐이에요. 그러다가 어느 순간 전혀 모르는 사람과 일체감을 공유할 때가 있어요.

2002년 월드컵 때 거리 응원을 떠올려봅시다. 우리가 왜 그렇게 흥분했나요? 전혀 모르는 사람들밖에 없는 시내로 왜 다들 쏟아져 나왔을까요? 집이나 동네에서 응원하면 될 텐데 왜 광장까지 나왔는가 이 말입니다. 그 이유를 저는 그때 몸으로 느꼈습니다. 여러분도 마찬가지일 거예요. 이탈리아전이 끝나고 군중이 환호하며 발을 동동 구를 때 저절로 일체감을 느꼈습니다. 차도가 인파로 거의 점령당한 상태였지만 어떤 운전사도 화를 내지 않았거든요. 그때 저는 행렬을 따라 도로를 걸으면서 지나가는 자동차 운전사들이 내민 손을 내 손으로 딱딱 부딪쳤는데, 온몸에 전율이 일었어요. 모르는 사람과 뭔가를 공유한다는 게 인간을 황홀하게 하는 것 같아요.

전혀 다른 감정이기는 하지만 장례식도 일종의 공유이고, 함께 해를 바라보는 해맞이 관광객들도 뭔가 무언의 소통을 하고 있다고 볼 수 있습니다. 이렇듯 사람들은 자기를 넘어선 그 무엇과 연결되면서 뿌듯한 힘을 얻습니다. 이런 감정을 일상 속에서 자주 느낄 수 있다면 삶이 더 풍부해지겠죠.

왜 마을인가 – 삶의 결이 느껴지는 공간

여러분은 '마을' 하면 떠오르는 이미지가 있습니까? 우리가 지금 경험하는 '마을'은 주로 어떤 건가요? 최근 한국에서 가장 많이 만들어진 마을이 있습니다. 영어 '마을'이죠. 요즘은 썰렁하다고 합니다. 그리고 고작해야 '마을'버스 정도입니다. 그 외에는 다 기억 저편으로 사라졌지 않나 싶습니다.

제가 말하는 '마을 만들기'는 마을의 옛 모습을 그대로 담은 공간을 만들자는 게 아닙니다. 가능하지도 않고요. 하지만 마을 그 자체를 포기할 수는 없습니다. 인류는 역사의 대부분 시기를 마을에서 머물렀습니다. 하루 종일 마을에서 벗어나지 않았고, 많은 사람들이 태어난 마을에서 자라나 그곳에서 생을 마쳤습니다. 그런데 오늘날 우리는 대도시에서 하루 종일 방랑생활을 하는 것 같아요.

예전의 마을에는 사람들이 모여드는 거점 공간 같은 곳이 있었습니다. 그중 하나가 빨래터입니다. 빨래터의 기능이 뭘까요? 만약 마을에 빨래터가 없었다면 많은 게 달라졌을 겁니다. 빨래터에서 빨래만 하지는 않았습니다. 온갖 수다가 오갔죠. 일종의 정보 공간이었던 거예요. 그래서 요즘의 '악플'이니 '댓글' 같은 것이 거기에서 다 달렸어요. 인터넷 문화의 원형이 여기에 있다고 봅니다. 빨래터에서 잘못 소문이 나면 마을이 끔찍한 감옥이 될 수도 있었어요. 여간해서는 벗어날 수가 없었으니까요. 빨래터에는 그런 부정적 측면이 있었지만, 노동과 함께 사회적 관계가 형성되었다는 큰 의미도 있습니다.

　1970년대 청계천 주변 사진을 본 적 있으세요? 그런 삶이 좋다거나 가난을 미화하려는 건 아닙니다만, 그 시절 아이들과 요즘 아이들은 노는 모습이 많이 다르죠. 그때는 아이들끼리 모여 시간을 보낼 수 있는 안전한 공유 공간이 있었어요. 그 의미를 잘 살펴봐야 할 것 같습니다. 사진작가로서 평생을 서울과 부산 같은 도시의 골목 사진만 찍은 김기찬 선생님의 작품을 보면, 예전에 아이들이 어떻게 놀았는지 알 수 있는데, 확실히 지금 아이들이 노는 모습과 다릅니다. 가장 중요한 차이는 예전에 아이들이 놀던 곳이 실제로는 놀이를 위해 설계된 공간이 아니라는 점입니다. 여러분도 어릴 적에 놀이 공간이 아닌 곳에서 자주 놀았죠? 여기서 창의성이 나옵니다. 금기를 깨면서 장난기와 악동 기질이 발동해요. 그게 더 재미있습니다. 어른들의 공간인데 자기들의 공간으로 만들어버려요. 그 과정에서 기발한 아이디어들이 창안됩니다. 그리고 끊임없이 변화가 일어납니다. 다음날에도 똑같은 방법으로 놀까요? 절대로 그렇지 않습니다. 뭐가 달라도 달라지죠. 오늘 양동이를 이렇게 배치해서 놀았다면 다음날엔 전혀 다른 모양으로 배치합니다.

마을에는 특정한 기능으로 뚜렷하게 구획되지 않은 여백의 공간이 많았습니다. 그것을 이용해 아이들은 자기들의 공간을 만들고 자연스럽게 생명력을 분출할 수 있었다고 생각해요. 저는 이 공간이 굉장히 중요하다고 생각합니다. 특히 고령화 사회로 가면서 더 의미가 커질 것이라고 봐요. 노인들이 동네에서 편안하게 돌아다니고 머물 수 있는 옥외 공간이 절실합니다. 그런데 우리는 너무나 간단하게 그것을 허물어버리고 있는 겁니다.

간혹 어떤 골목길을 보면 집 안에나 있을 법한 물건들, 가령 액자나 시계, 거울, 의자, 화분 등을 내놓은 경우가 있어요. 그게 나름의 디자인이거든요. 토속적인 디자인vernacular design이라고 할까요? 안에서 우러나오는, 생활의 표현이죠. 그게 거리의 한 풍경을 만들어내고 사람들의 마음을 드러내요. 이런 골목을 지나면서 무언의 소통이 이뤄지게 되죠. 그런데 요즘의 아파트 생활에서는 어디에 누가 사는지 표정이 안 드러나요. 반면 예전의 마을과 골목에선 삶의 체취가 묻어났습니다. 빨래에서, 화분에서 뭔가 느낌이 전해져요. 이게 사람들이 살아가는 결, 즉 삶의 결입니다. '코드'란 말은 너무 딱딱해요. 저는 '결'이라는 말을 좋아하는데 이런 결들이 느껴지는 곳이 바로 마을이라고 생각합니다.

세대의 연계 속에서 삶을 키우는 터전

오늘날 한국 사회의 신뢰도 지수는 다른 나라들에 비해 상당히 낮습니다. 다른 사람들을 잘 믿지 못한다는 것이지요. 예전에는 그렇지 않았습니다. 어린 시절을 부산 근처 시골에서 살았던 지인에게 들은 이야기인데, 엄마가 아기를 평상에 뉘어놓고 기저귀를 곁에 두고 일을 나가면 지나가는 동네 사람들이 갈아줬답니다. 사회적 신뢰가 매우 높았다는 이야기죠. 진짜 공동육아란 이런 겁니다. 아이들이 가족의 울타리를 넘어 마을 안에서 다양한 세대의 많은 사람들과 자연스럽게 사귀며 자라는 거예요.

마을에서는 많은 사람과 다차원적·입체적 관계를 맺으며 여러 삶을 속속들이 볼 수 있습니다. 인간이 성장하면서 자기보다 나이 많은 사람들을 접한다는 건 대단히 중요합니다. 학교 안에서도 가능하지만, 이런 경험을 학교 밖에서 쌓지 않으면 사회생활을 하는 데 어려움이 많아요. 요새 아이들 입에서 형, 언니, 오빠, 누나라는 말이 사라졌습니다. 잘 생각해보세요. 동네에서 "형" 소리 못 들을 겁니다. 오빠는 좀 들어요. 애인을 다들 오빠라고 부르니까요. (청중 웃음) 여러분도 중·고등학교 때 동네에서 자기 가족 외에 위아래로 몇 살 차이 나는 사람들과 알고 지냈는지 돌이켜보세요. 굉장히 폭이 넓었어요. 그런데 지금은 이게 안 되니까 또래끼리만 어울려요.

이렇게 또래끼리만 지내면 어떻게 됩니까? 언어에 문제가 생깁니다. 한국은 특히 존댓말이 엄격하잖아요. 또래끼리만 있을 때는 편하게 말하던 것이, 나이 차이가 나면 쉽지가 않아요. 어느 날 대학 캠퍼스에서 남학생 둘이 지나가면서 하는 말이 제 귀에 쏙 들어왔어요. "씨발, 좆 됐어." 그러더라고요. 그 순간 '이 친구들은 졸업반 같은데, 나중에 직장에 가서 저 상황을 어떻게 표현할까?' 싶더라고요. "과장님, 오늘 좆 됐습니다." 하면 안 되잖아요. (청중 웃음) 왜 이런 걱정을 하느냐 하면, 그런 학생들이 교수한테 오면 말을 잘 못해요. 겸손해서 그런 게 아니라 나이 차이가 나는 사람과 대화를 해본 적이 없어서 그렇습니다. 어휘가 달리는 거예요. 매일 '좆 됐어'로 통하던 관계에서 그렇지 않은 관계로 바뀌니 말이 안 나오는 거예요. 어린 시절부터 폭넓은 세대를 접한다는 건 단순히 소통의 문제만이 아니라 성장 과정을 공유한다는 것, 이를 통해 자기 미래를 배운다는 점에서 중요하죠.

그리고 과거의 마을에서는 생로병사가 공유되었어요. 금줄을 보면 저 집에 누가 태어났네 하고, 사람이 죽으면 등이 걸리고 장례를 치르고, 다 마을의 공동 행사였어요. 한 죽음을 모두가 함께 슬퍼하며 눈물을 나눴습니다. 그런데 지금은 그런 장례 문화를 경험할 수가 없습니다. 남은 의례라곤 결혼식뿐인데, 이것도 진짜 의례가 아니고 사실은 축의금 때문에 왔다 갔다 하는 거죠. 사실 사회 통합에는 장례식이 아주 중요한 역할을 합니다. 어린아이가 자신이 알고 지내던 노인이 돌아가셨을 때 인간은 모두 죽는다는 사실을 몸으로 경험하게 되지 않습니까? 그런데 지금은 그런 게 다 사라졌어요. 여러분은 최근에 언제 장례식에 다녀오셨어요? 거의 없을 거예요. 문상 말고 장례식 말이에요. 그러다가 2009년에 사회적으로 큰 장례를 세 번 치렀습니다. 김수환 추기경과 전직 대통령 두 분. 함께 흘리는 눈물은 사람들을 묶어주는 힘이 있습니다.

예전의 마을에서는 집집마다 어떤 어려움이 있는지도 다 노출될 수밖에 없었어요. 여러분 기억을 더듬어보면, 동네마다 꼭 한 사람씩 '미친년'이 있었죠. '미친놈'도 있었는데 '미친년'이 더 많이 손가락질을 받았어요. 장애라는 게 집안의 우환이지만 숨기기 어려웠습니다. 그래서 마을에서 자란 사람들의 기억에는 남의 집의 희로애락이 얽힌 이야기들이 가득 보관되어 있죠. 말하자면 학교 바깥, 즉 마을에서 많은 것을 배웠다고 할 수 있습니다.

예전의 마을에서는 특별히 갈 곳이나 만날 사람이 없어도 집 바깥에 나와 앉아서 적당히 시간을 보낼 만한 공간이 많았어요. 지금은 전혀 그렇지 않죠. 편안하게 우두커니 있어도 창피하지 않은 공간이 없어졌어요. 특히 아이들, 노인들, 장애인들, 주부들이 일 없이 나와 앉을 수 있어야 하는데 말입니다. 이런 공간이 점점 없어지니까 경로당에 갇히거나 지하철을 타고 천안에서 소요산까지 하릴없이 왕복하는 겁니다. 저는 지하철을 모바일 경로당이라고 표현해요. 오죽하면 65세를 '지공'이라고 하잖아요. '지하철 공짜'를 줄인 말이죠. 노인들이 모바일해지는 건 좋은데, 그것도 다리가 튼튼할 때 말이지, 어느 정도 되면 등산도 못 간단 말이죠. 외롭고 힘들 때 마음을 나눌 사람들이 집 가까이에 있어야 하거든요. 그러면 치매 같은 것도 상당히 줄어들 거예요. 치매에 가장 좋은 게 대화하는 것이니까요.

그런 잉여의 공간을 부동산 논리로 허물어버리면 이분들은 개별화되고 폐쇄적인 공간에 갇혀 지내면서 TV만 보게 됩니다. 고령화 사회를 위해 사회적으로 마련해야 할 대책은 바로 이런 공간들을 유지, 보존하는 것입니다. 물론 돈 많은 사람들은 요즘도 이런 공간을 만들 수 있을 거예요. 외부인의 출입을 제한하는 주택지 gated community 같은 아주 고급화된 자기들만의 공간을 만들 수 있겠죠.

마을에서는 자아, 타자, 공간 사이에 유기적 연결이 이뤄집니다. 그리고 세대의 연계 속에서 생애가 투시되고 삶이 자라나죠. 이야기가 있는 공간으로서도 마을은 중요합니다. 많은 사람들이 고향을 찾는 이유는 추억이 자기를 묶어주기 때문입니다. 인간의 정체성이란 공간 속에 담긴 구체적인 것입니다. 그런데 그 공간을 허물어버리면 우리는 뿌리를 상실하는 거죠.

'마을 만들기'란 무엇인가

예전에는 일부러 마을 만들기를 할 필요가 없었습니다. 자연스럽게 이루어졌죠. 미국의 서부 개척이나 조선인들의 북간도 이주처럼 개간을 할 때 말고는 의도적인 마을 만들기라는 게 없었는데, 지금은 의식적으로 이뤄지고 있습니다. 한국에서 그 말이 쓰이고 여러 가지 사례가 나오기 시작한 지 10년이 넘었습니다.

'마을 만들기'란 행정에만 맡기지 않고 주민들이 스스로, 더불어서 동네의 문제를 해결하는 것을 말합니다. 지금 우린 세금만 내고 모두 맡겨버리거든요. 그런데 행정은 어디까지나 행정일 뿐이에요. 주민들의 세세한 삶에 대해선 모르죠. 공무원들이 주부들의 어려움을 모두 헤아리진 못합니다. 그러다 보니 실제 주민의 삶이 행정 계획에 반영되지 못해요. 하지만 논의의 장이 열려 의견을 주고받다 보면 사람들의 구체적인 얼굴이 드러나기 시작합니다. 예를 들어 자전거 주차장을 만들자고 제안하려고 하면 자전거 주차장이 필요했던 사람이 떠오르는 거죠. 이게 마을의 연계고리라고 생각합니다. 둘째로 마을 만들기는 하드웨어와 생활문화 사이의 유기적 연계입니다. 좋은 취지로 예산을 받아다가 시설을 만들어도 주민의 생활방식과 맞지 않으면 이용률이 떨어집니다. 특히 전국 단위로 펼치는 사업은 지역마다 다른 삶의 문화를 고려하지 않다 보니 돈을 낭비하는 경우가 많습니다. 셋째로 마을 만들기는 삶터를 지속적으로 가꿔나가는 것입니다. 장기적인 안목을 갖고 공동의 책임으로 만들어가는 게 중요합니다.

이런 원론을 가지고 이야기하자면 마을 만들기를 여러 가지 유형으로 나눌 수 있어요. 주체가 누구냐에 따라 주민이 발의하는 것과 행정이 주도하는 것으로 나눌 수 있고, 목표의 범위에 따라 단기적이고 국부적인 접근인가, 장기적이고 포괄적 접근인가로 구분할 수도 있습니다. 예를 들어 신도시 건설 같은 경우 행정이 주도해서 장기적으로 해야 하는데 우리나라 대부분의 행정처럼 대개는 단기적으로 진행되고 맙니다. 쓰레기소각장 설립 반대 운동은 주민 발의이지만 단기적인 접근이라 할 수 있지요. 주민발의의 경우에도 집값 오르면 옮긴다는 생각에 장기적 사고가 발현되지 않습니다. 주민의 발의든 행정의 주도든 마을 만들기에서는 장기적/포괄적 접근 두 가지가 핵심입니다. 최근에 주목을 받는 대전시 행복타운은 행정이 주도했지만, 싹쓸이 재개발을 피하고 주민들의 삶을 고려한 경우로 볼 수 있습니다.

  마을 만들기가 달성하고자 하는 여러 가지 과제가 있는데, 저는 다섯 가지 키워드로 압축해보고 싶습니다. 안전, 생태, 미관, 교류, 자활이 그것입니다. 여러분의 동네에서는 어느 것이 가장 중요합니까? 사실 안전이 가장 중요합니다. 가장 기본인데도 문제의식이 없는 것 같아요. 우범지대, 안전사고 등 안전이 마을 만들기의 중요한 요소로 떠오를 필요가 있습니다. 그리고 쾌적한 삶의 바탕인 생태를 생각해볼 수 있습니다. 미관에 관한 예를 하나 들어볼게요. 우리는 벽화 그리기처럼 비어 있는 곳에 무엇이라도 채워넣으면 좋은 거라고 생각하는데, 사실 벽화는 한번 그리면 오래가기 때문에 신중해야 합니다. 개인마다 취향도 달라서 의외로 공유가 안 될 수도 있어요. 칙칙한 걸 칙칙한 대로 두고 볼 수도 있는데, 그걸 못 봐주는 것도 잘못된 감성이죠. 교류란 축제 등 여러 행사를, 자활은 복지와 관련한 것을 말합니다. 마을 만들기에서 재미있지는 않지만 생활을 위해 꼭 해야 하는 것을 놓치지 말아야 합니다. 축제는 안 해도 되는 것이지만 자활은 꼭 해야 하는 것입니다. 어떤 경우에는 학습이 중요한 문제로 떠오를 수도 있고요.

마을 만들기와 풀뿌리 민주주의

마을 만들기는 어떻게 민주주의와 연결될까요? 그동안 국가 차원에서 민주주의가 논의되고 진행되었는데, 이제는 마을 안에서 민주주의의 텃밭이 가꿔진다고 생각합니다. 마을 만들기에서는 국가 또는 지자체의 방식을 그대로 따라가는 것이 아니라 주민들이 의견을 내서 서로를 이해하고 합의를 거쳐 결과를 만들어야 합니다. 주민들 사이에 공론의 장이 필요하죠. 그러려면 정보 전달 매체도 있어야 합니다. 그리고 의제agenda를 수립해야죠. 우리 마을에서 가장 중요한 게 무엇인지 논의하고 결정해야 합니다. 어떤 사람은 안전이라고 하고 또 어떤 사람은 숲이 많아야 한다고 하겠지요. 그런데 그 두 요구가 충돌할 수 있습니다. 숲이 너무 많으면 우범지대가 될 수도 있다는 거예요. 생태와 아이들의 안전한 통학 사이에서 모순이 생기죠. 좋은 걸 한 공간에서 모두 구현하기는 어렵습니다. 어떤 공간을 어떻게 설계할지는 선택의 문제입니다. 주민들끼리 이런 문제를 놓고 토론해야 하는 것이죠. 그러려면 다양한 생활상이 드러나야 하고요. 그래서 마을의 자원을 잘 파악해야 합니다. 우리 마을을 좋고 매력 있게 가꾸려면 돈만 가지고는 안 됩니다. 어느 경우에는 사람이 나서야 하고, 때로는 옛날이야기가 재생될 수도 있고, 그 동네 특유의 자연 상징물이나 특산물을 파악해서 마을을 연출해야 하죠. 마을을 정말 재미있게 살 수 있는 공간으로 만들려면 많은 사람이 뜻을 모아야 하고 힘을 합해야 하는데, 이럴 때 소통의 시스템과 실행의 주체가 만들어지면서 '민주주의 훈련'을 하게 됩니다.

　그런데 말처럼 '마을 만들기'가 쉽지 않습니다. 저도 여기서 이런 강의를 하고 있지만 마을 만들기의 필요성을 역설하고 다니느라 정작 제가 사는 마을을 떠나 있지 않습니까. (청중 웃음) 한국은 정말 마을 만들기가 어려운 나라입니다. 우선 정주의식이 너무 약합니다. 여러분 중에도 집에서 잠만 자고 나오는 분들이 많을 겁니다. 원룸 구할 때 '잠만 잘 분'이라고 쓰여 있잖아요? 우리 시대의 생활을 압축한 표현입니다. 식구들 대부분이 '잠만 잘 분'으로 살아요. 가족이 저녁식사를 함께하는 경우가 별로 없습니다. 잠만 자고 나오는데도 집값은 되게 비싸요. 잠만 자는 집을 왜 이렇게 비싸게 사야 할까요? 떠올려보세요. 아파트에서 옆집이랑 가장 오래 함께 살았던 기간이 몇 년이나 되는지……. 5년 넘기 어렵습니다. 그러니까 굳이 깊게 사귀려 하지 않죠. 옆집 사람이랑 뭘 하느니 직장에서 회식을 한 번 더 하는 게 자기 인생에 도움이 된다고 생각하는 거죠.

　두 번째로는 수도권 과밀과 지방의 서울 지향성입니다. 사람들이 조밀하게 모여 사는 곳이 수도권이지요. 도시라는 곳이 원래 익명적인 공간이면서 그 인구의 규모에서 비롯되는 다양성이 흘러넘치는 삶의 터전입니다. 그런데 그 규모가 너무 커지고 특히 인구가 일정한 정도 이상으로 과밀하게 되면 오히려 활력이 떨어지기 쉽습니다. 사람들로 빽빽한 전철이나 꽉 막힌 도로에서 생명의 힘은 쇠퇴하기 마련이니까요. 그리고 복잡한 환경에서 고단한 일상을 사는 사람들은 타인을 사물로 바라보기 쉽습니다. 그 누구와도 깊은 교류를 하기가 어렵고 인간관계가 너무 피상적으로 여러 군데 얽혀 있어요. 신경 쓸 게 너무 많아요. 하루 종일 시내에서 시달렸기 때문에 집에 오면 쉬고 싶어요.

그리고 동네에서 뭘 하기가 정말 어렵습니다. 아파트 관리비 비리 같은 거 해결하려고 하면 사람들은 대부분 좀 조용히 살지 왜 이리 시끄럽냐고 합니다. 사실 우리가 내는 아파트 관리비의 운용에도 허술한 데가 많거든요. 주민들이 잘 감시하면 새는 돈을 필요한 곳에 쓸 수 있는데도 사람들은 시끄러우니 조용히 하라고 합니다. 그만큼 세상이 복잡하고 자기의 일상에 많은 골칫거리가 있는 겁니다. 여기에서 민주주의가 자라나기는 너무 어렵지요. 인간적인 사회를 건설하기 위해서 적정한 삶의 규모는 절대적인 조건입니다.

대한민국은 서울공화국이라는 말이 오래전부터 있었지만, 지방의 서울 지향성은 점점 심해지는 듯합니다. 지난해에 충청남도 금산군이 국가에서 17억 원을 지원받아 '교육 특화 거리'라는 것을 만들었어요. 그런데 여기에 뭐가 있는지 아세요? 서울의 주요 대학 교문이 모형으로 세워져 있어요. 그리고 그 대학에 들어간 지역 아이들의 이름과 손도장이 있어요. 금산에 남아 있는 사람들을 바보로 만드는 거죠. '너희는 아직도 서울에 못 갔어?' 하고 말입니다. 그런 분위기에서는 고향에 남아 있는 이들이 자기 지역에 애정을 갖기 어렵습니다. 지역 유지들이 지방의회를 좌지우지하기 좋은 조건이 갖춰지는 겁니다. 어쩌면 이게 작전이 아닌가, 즉 머리 좋은 사람들은 다 서울로 내보내고 자기네끼리 편하게 독점하려는 것이 아닌가 하는 음모론까지 생각해봅니다. (청중 웃음)

부동산이 재산 증식의 수단으로 전락한 것도 지적하지 않을 수 없습니다. 아파트의 안전을 진단해서 위험하다고 나오면 다들 환영하잖아요. 희한한 나라예요. 유네스코에서 자연유산으로 지정한다고 하니 강원도 주민들이 프랑스까지 쫓아가서 반대한 적이 있어요. 유네스코에선 지정해달라는 줄로 착각했대요. 다른 나라들은 지정해달라고 로비하는데 우리는 반대하는 거예요. 지정되면 개발제한구역으로 묶이니 싫다는 거죠. 제가 인터넷을 뒤지다가 우연히 '토지사랑'이라는 온라인 카페 이름을 보았어요. 박경리의 《토지》를 읽고 독후감을 쓰는 모임인 줄 알았는데 알고 보니 부동산 관련 카페였어요. 이런 데는 '사랑'이란 말을 쓰면 안 됩니다. 사랑하는 것과 좋아하는 것은 다르거든요. 고양이가 쥐를 사랑하진 않잖아요, 좋아하는 거지. 마찬가지로 사람들은 땅을 좋아하는 거지 사랑하는 건 아니거든요.

가만히 보면 우리는 삶터를 사랑하지 않습니다. 집값 오르기만 기대하고 좋아할 뿐입니다. 이러니 가꾸지를 않아요. 사랑해야 가꾸죠. 아이가 성적이 오르든 내리든 잘 대해줘야 사랑하는 거지, 성적 오르면 좋아하고 떨어지면 구박하고…… 이건 사랑이 아닙니다. 이처럼 우리의 삶터가 대상화된 거예요. 이래서 마을 만들기가 정말 어렵습니다.

'마을'을 통한 민주주의 훈련

어렵더라도 마을을 가꿔야 합니다. 마을이야말로 민주주의의 가장 기본 터전이니까요. 우리는 여러 가지 정체성을 동시에 갖고 살아가는데, 저는 크게 세 가지를 꼽고 싶습니다. 노동자, 소비자, 유권자입니다. 이 중에 무엇이 가장 중요합니까? '삼성맨'이라는 말이 있듯이 자기가 다니는 회사가 정체성의 중심이 되고, 어느 아파트에 사는지, 얼마짜리 신발을 신는지 등 소비 수준에 따라 정체성이 매겨지는 세상입니다. 반면 유권자로서의 정체성은 희박해요. 혹시 구청장 이름 아세요? 지방의회 의원 중 몇 명이나 아십니까? 자기가 뽑았잖아요. 앞으로는 유권자 정체성이 중요하게 다뤄져야 합니다. 그럼으로써 동네에서 구의회에 이르기까지 의사결정에 참여할 수 있는 영역과 시스템이 확보되어야 해요.

특히 자치의 경험은 중요합니다. 요즘 청소년과 젊은이들이 무력하거든요. 자기 힘을 발휘해 누군가에게 영향을 줄 수 있는 장場이 없어서 그래요. 서로 말을 들어주지 않으니 자신의 말이 다른 사람에게 먹히질 않아요. 초등학교 선생님들 말씀이, 요즘 아이들이 말은 잘하는데 다른 이의 말은 듣지 않는대요. 이러니 사회적 차원에서 존재감을 갖기 어려워요. 그런데 민주주의에서는 발언을 하고 그 의견이 반영되고 실현될 때 사회적 존재로서 자각이 일어나는 거거든요. 그것 없이 민주주의는 실현될 수 없습니다. 이것이 좀 더 제도화된 형태가 지방의회라고 생각합니다.

저는 대학생들이 이런 방향에 관심을 갖기를, 여기 계신 분들도 그런 희망을 갖기를 바랍니다. 이번에 일본에서는 선거혁명이 일어나면서 20, 30대 젊은이들이 많이 등장했어요. 공무원 고시 경쟁률이 200 대 1이 넘는데 지방의회는 200 대 1이 안 됩니다. 단순 수치만 봐도 이게 훨씬 경쟁률이 낮습니다. 연봉도 괜찮거든요. 물론 혼자 하면 힘들고, 한때 활발하게 움직였던 '초록정치연대' 같은 방식의 공동 브랜드를 가지고 전국에 바람을 일으켜야 해요. 기존 정당과 손을 잡더라도 이런 준비가 꾸준히 이뤄져야 합니다. 그리고 이런 움직임이 마을에서 시작되면 좋겠다는 거죠.

제가 이번 강의를 준비하면서 '민주주의는 훈련되어야 한다'라는 명제를 떠올렸어요. 386세대는 독재정권에 대항하는 안티테제로서 민주주의를 경험했지만 문화적으로 체득한 것 같진 않습니다. 독재정권과 싸우다 보면 독재가 된다는 말도 있잖아요. 저는 그래서 민주주의는 훈련되어야 한다고 생각합니다. 그 훈련의 장이 학교 외에도 다양하게 펼쳐져야 해요. 공동체와 공공의 영역에서 자기를 규율하고 형성하는 거죠.

아프리카 벰바족 이야기가 생각납니다. 이 부족은 어떤 사람이 잘못을 하면 마을 한가운데 세워놓고는 둥그렇게 마을 사람들이 모여 앉습니다. 그러고는 그 사람이 자기한테 잘해준 이야기를 돌아가며 한마디씩 한답니다. 그 사람이 잘못한 이야기를 하면 절대로 안 되는 거예요. 그 사람의 미덕, 드러나지 않은 선행, 자기에게 베푼 호의 등을 한마디씩 하고 끝낸답니다. 몇백 명이 한마디씩 하니까 며칠이 걸린대요. 대단한 문화 수준을 지닌 부족이죠. 사람들이 어떻게 대해주는가가, 공동체 속에서 어떻게 성장하는가가 그 사람의 격을 만들어내는 게 있다고 봅니다.

사람에게는 사적으로 드러나는 부분이 있고 공적으로 드러나는 부분이 있어요. 그런데 우리는 지금 공적으로 드러나는 자아를 별로 경험하지 못하고 삽니다. "집에서는 엉망인데 밖에 나가면 신사적인 남자가 많다"는 이야기들 하죠? 밖에서의 모습은 허세이고 집에서의 모습이 본모습이라고……. 하지만 전 그렇게만 생각하지 않습니다. 집에서의 모습이 자기 모습이 아닐 수도 있어요. 사회적으로 드러나는 모습이 반드시 가식만은 아닌 거고요. 제가 동네 아이들을 모아놓고 인문학 강의를 했는데 딸들이 저더러 멋있대요. 집에서도 강의했는데 그때는 멋없대요. 둘 다 제 모습인데. 우리는 대부분 사회적 모습을 더 좋아합니다. 단지 사회적 자아가 개발이 안 되고, 그것을 펼칠 장이 없을 뿐이에요.

인간은 사회적 존재이기 때문에 가족을 넘어선 사회를 무대로 끊임없이 성장해야 합니다. 어릴 때만이 아니라 어른이 되어서도 계속 성장해야 해요. 이런 인격이 형성되는 터전으로서 마을이 필요한데, 우리는 이걸 잃어버렸기 때문에 집과 직장에서 일을 밥벌이 수단으로 대상화한 것 같아요. 철학자 칸트의 말대로 타인을 '목적'으로 대하는 관계가 형성되지 못한 것이지요. 누가 나를 목적으로 대해줍니까? 식구들은 늘 스쳐 지나가고, 직장에 가면 업무적인 틀에 매일 수밖에 없습니다. 그와 달리 나를 깍듯하게 대접해주는 사람들이 있는데, 바로 물건이나 서비스를 파는 사람들입니다. 소비자로서 우리는 늘 환영을 받습니다. 그런데 그건 일회적인 거잖아요. 그리고 구매력이 있다는 전제에서만 인격적으로 대해줍니다. 백화점 직원이 우리를 목적으로 대하는 게 아니거든요. 목적으로 서로를 대할 수 있는 관계를 갖지 못해서 우리 스스로 부족한 부분을 권력욕으로 채우려 하는 겁니다. 다른 사람을 무시하고 경멸하고 군림하면서 아주 부정적인 형태로 자기를 겨우 유지하는 거죠. 그런데 이건 마이너스 섬 게임이거든요. 그 과정에서 모두의 자존감이 하향평준화되는 겁니다.

말길을 터주는 '의미 창조 공간'인 마을

민주주의라는 것은 말의 소통이지요. 저는 '언어의 재생'이 중요하다고 생각합니다. 우리는 자기 언어에 대한 신뢰가 없습니다. 즉 내가 어떤 말을 할 때 이게 통할 것이라는 믿음이 없어요. 미디어의 흡입력이 막강하기 때문이에요. 식구들이 모이면 TV부터 켭니다. 명절에 만나서 나누는 대화의 내용이 뭡니까? "오는 데 차가 막혔어", "올라갈 때 어떻게 하면 안 막힐까?", 아니면 "누구네 애 시집갔어?", '뉘 집 애는 대학 잘 갔나?" 이런 얘기들입니다. 이야기가 없어요. 내가 누군가를 감동시키거나, 감동까진 아니더라도 내 이야기를 재미있게 들어줄 사람이 있다면 굳이 TV를 켜지 않을 겁니다. 그런데 내가 말했을 때 무시당한 경험이 많고, 뒤에 가서 딴소리 나올 것 같은 불안에 시달리다 보니까 말을 못하게 되는 거죠. 그 침묵이 어색해서 휴대전화를 만지작거리거나 TV에 몰입하는 겁니다.

서로의 말길을 터주는 '의미 창조의 공간'이 필요합니다. 말이 통한다, 내가 완전히 이해받았다 싶은 때만큼 행복한 순간이 있나요? 내 감정이든 생각이든, 온전히 이해받은 그때가 가장 황홀해요. 특히 내 감정이 이해받을 때 그렇습니다. 하지만 이젠 그런 관계가 별로 없거든요. 말이라는 게 자꾸 오가면서 말길도 넓어집니다. 언어도 계속 갈고 닦아야 되는 거고요. 저는 지금 한국 사람의 언어 능력이 퇴화되고 있다고 생각해요. 청소년뿐 아니라 어른들도 TV에 나와서 이야기하는 거 보면 문장 하나를 제대로 완성하지 못하는 경우가 많아요. 친구들끼리 편하게 이야기할 때는 문장을 완성하지 않아도 괜찮겠지만, 공적으로 이야기할 땐 다르거든요. 그런데 공적인 소통의 장이 없어서, 내 말을 온전히 들어주는 사람이 없어서 잘 안 돼요. 언어를 통해서 서로에게 어떤 생각과 의미가 창출됐다면 이건 놀라운 것이지요. 이런 신비를 경험할 수 있는 공간을 마을에서부터 생각해보자는 거죠. 물론 가족이 될 수도 있지만 규모가 너무 작아요. 저도 시도해보는데 잘 안 돼요. 가족이 모이더라도, 가족을 넘어서서 만나면 오히려 잘되더라고요. 규모가 커지면 더 힘들 거 같지만 실은 그렇지 않아요. 적정한 범위 내에서 하면 좋습니다.

제가 제안하는 것 중 하나가 '자녀 스와핑'이에요. 한 달 정도 방학 때 애들 좀 바꿔 키우자는 거죠. 부부 스와핑은 나쁜 건데 자녀 스와핑은 좋은 것입니다. 예전에는 마을에서 그렇게 자랐잖아요. 요즘 애들은 친구 집에 가질 않아요. 다른 집 어른들을 대하는 방식도 모르고요. 사회단체를 통해서든 친척끼리 하든 그런 것 좀 해보면 좋을 거예요. 딴 집에 갔는데 아주 좋다며 엄마 바꿔달랄 수도 있겠지만……. (청중 웃음) 그런 공간이 있어야 해요. 그렇게 해서 자신의 사회적인 자아가 확장되면 불필요한 사회적 압박에서 조금씩 자유로워질 수 있습니다. '아주 잘나야 한다'는 압박 같은 것 말이에요. 내 아이만큼은 반드시 일류 대학에 가야 한다는 강박관념 있잖아요. 이게 개개인한테는 너무나 큰 압박이고 숨통을 조이거든요. 이걸 혼자 풀기는 어렵습니다. 함께 방어막을 치고 안전한 관계를 만들어야 해요.

요새 사람들이 가장 듣고 싶은 말이 "괜찮아"예요. 그렇지 않나요? 괜찮아, 하면 마음이 놓이잖아요. 그런데 말만 아니라 눈빛으로도 마음을 전해줄 수 있는 사람이 얼마나 되겠어요. 그런 사람이 없으니까 괜찮은 사람이 되려고 굉장한 야망을 불태워야 해요. 우리나라 일류 대학 학생들을 가만 보면 서양의 중학생 정도의 자존심도 없는 거 같아요. 다른 나라에선 그 정도면 굉장한 사회적 품위를 갖고 사는데 우리 아이들은 자기 생에 대한 자부심이 없어요. 상대적으로 보면 잘났는데, 자기 인생을 절대적으로 보면 비전이 없는 거예요. 그건 다른 사람의 지지를 받아본 경험이 없어서예요. 공부 잘한다는 칭찬이나 좋은 대학 갔다는 부러움만 사보았지, 진짜 내 삶의 경험을 들여다봐 주는 사람, 내 삶을 해석해주는 사람이 없는 거죠. 부모들도 자녀의 삶을 해석하지 않고 매번 평가만 해요. 그래서 서로의 삶을 해석해주는 '의미

'창조의 공간'이 필요해요.

존재가치를 발견하고 실현하는 공동체

마을은 존재가치를 발견하고 실현하는 공동체입니다. 물론 마을을 떠나서도 공동체를 이룰 수 있습니다. 마을이 전부는 아닙니다. 인터넷 카페를 통해서도 할 수 있고요. TV에서 방영한 루게릭병 환자들 이야기를 보니까 이분들이 인터넷을 통해 일본에 있는 사람들과 이메일을 주고받던데, 이런 것도 넓은 의미에서는 하나의 마을, 다른 형태의 마을이죠. 존재가치를 발견하고 실현한다는 게 그런 거예요.

저도 오늘 강의 주제를 '돌봄'으로 잡았습니다만, 요새 돌봄 이야기를 참 많이들 합니다. 그런데 돌봄이라는 말에는 약간의 오해가 있습니다. '돌봄'이 일방적인 것, 상대방을 대상화하는 것, 다시 말해 "내가 너를 돌봐줄게. 나는 줄 것이 있는 강자이고 너는 받아야 하는 약자야."라는 고정관념인데, 이건 아니거든요. 그건 상대방을 무력하게 만들어요. 돌봄이라는 말을 쓸 때는 '서로 돌봄'이어야 합니다. 그리고 나도 자신을 돌봐야 하고요. 누구나 약한 부분이 있으니, 그걸 드러낼 수 있어야 하죠. 하지만 우리는 잘 안 드러내요. 친한 사이에서도 보여주고 싶은 것만 보여줘요. 연애하는 사이에서도 보고 싶은 것만 봐요. 자기 검열 없이 자아의 여러 면모를 노출해도 괜찮은 관계가 우리에겐 필요합니다.

소수자들이 서로 돕는 자조 복지 모델로 요새 많이 나오는 게 '노유복합시설'이에요. 어린아이와 노인이 한 공간에 머무르는 건데, 대전에도 '뿌리와 새싹'이라는 공간이 생겼어요. 아파트의 노인정과 육아시설을 마당 하나 공유하는 정도로 가깝게 붙여놨어요. 여력이 되는 만큼 서로 돌봐주니 노인도 좋고 아이도 좋죠.

최근 일본에서는 '공생형共生型 개호'도 등장했습니다. 개호는 간호에 보살핌을 더한 개념인데 사실 노인들에게 필요한 서비스를 치료와 보살핌으로 이분화하기가 어렵거든요. 그걸 묶어서 개호라고 하는데 우리말에는 없는 말이죠. 공생형 개호에 대해서 다룬 취재물을 NHK에서 봤는데 참 인상 깊었습니다. 중증 장애인과 치매 노인과 어린이가 같은 공간에서 지내요. 치매 노인이 중증 장애인에게 밥을 떠먹여 줘요. 이 순간만큼은 치매기가 없어져요. 왜냐하면 그것이 익숙한 행동이고, 또 누구한테 도움을 주는 일이 자기 안의 힘을 끌어내는 거죠. 또한 치매 노인이 사회복지사에게 요리와 뜨개질도 가르쳐줘요. 이때도 치매기가 절대 안 나타나고 눈빛도 다릅니다. 사회복지사의 역할은 그저 혼나면서 요리를 배우는 거예요. 이 관계에 약자가 있습니까? 이것이 새로운 복지 개념입니다. 치매 노인을 어린애처럼 대하면 증상이 더 심해져요. 그런데 그 사람에게 어떤 역할을 주고 주체가 될 수 있는 장을 만드는 거죠. 사람은 누군가에게 도움을 줄 때 가장 힘이 나니까요. 이렇게 서로의 힘을 연결함으로써 상당히 많은 비용을 줄일 수 있습니다.

비슷한 사례인데, 영국의 어느 농장에선 장애인들이 정기적으로 찾아와 일을 합니다. 글씨도 못 읽고 돈 한 번 세어본 적 없어요. 그 정도로 지적 장애가 심한데 열매 따는 일을 할 때는 아무 문제가 없어요. 사실 그게 대단한 지능이 필요한 일은 아니잖아요. 그렇게 함으로써 존재감을 느끼고, 누군가에게 얹혀사는 존재가 아니라 자기도 뭔가에 기여하는 존재임을 깨닫는 거죠. 지금 우리에게 부족한 것이 이런 겁니다. 우리도 예전엔 동네 길, 집 앞 골목을 다 쓸었잖아요. 그런데 지금은 그런 일이 거의 없어요. 자전거가 넘어져 있어도 지나쳐요. 이게 사람이 못돼서가 아니라, 도시가 너무 커져서 테두리가 없어진 탓이에요. 자기 동네라는 주인의식이 없어서 이렇게 됐다는 말입니다.

사람은 자기 가족을 넘어서서 책임감을 느낄 때 성장합니다. 그런 모습을 보면서 아이들이 어른을 공경하는 겁니다. 그런데 지금은 애나 어른이나 다들 무책임해졌죠. 창조적 공공재creative commons를 향해 자기 것을 내놓고 키워가는 경험을 못 하고, 기계처럼 공부나 일만 하니 사는 재미가 없는 거예요. 보람이 없는 겁니다. 돈 이외에 목표가 없어요. 그런데 돈이라는 게 상대적이잖아요. 나보다 잘 버는 사람이 늘 있고, 돈을 벌었나 싶으면 물가가 오르고……. 돈으로 환산되지 않는 가치를 끊임없이 만들고 확인해야 해요. 물론 글로벌하게 할 수도 있죠. 지구 살리기, 기아 난민 돕기 등도 할 수 있는데, 가장 구체적인 생활세계에서부터 시작하면 좋겠습니다.

마지막으로, 제가 오늘 말씀드린 것을 잘 압축한 김우창 선생님의 〈큰 세계 속에서의 작은 삶〉이라는 칼럼의 일부를 소개할게요.

사람은 자신의 삶이 큰 것에 의하여 정당화되고 의미 있는 것이 되기를 원한다. 그러나 큰 것에로의 탈출이 절실해지는 것은 자신의 작은 삶이 괴로운 것이 되고, 그것을 지배하는 큰 것들이 자신의 구체적인 삶에 자연스럽게 이어져 있지 않을 때이다. 이때 탈출과 도약을 약속하는 것이 광신이고 이데올로기이고 돈이고 판타지이다. 세계에 열리지 않고는 살 수 없는 것이 사람이다. 그러나 구체적으로 인지할 만한 세계 속에서 진정한 것으로 느낄 수 있는 작은 삶에 충실하는 것─이것이 좋은 삶일 것이다. 오늘의 문제의 하나는 넓어져 가는 세계 속에서 어떻게 자기의 삶과 그것을 의미 있게 하는 작은 삶의 사회적 단위를 방위하느냐 하는 것이다.

옛날부터 우리는 유교문화 속에서 살아왔어요. 유교문화는 본래 이런 게 아닌데, 조선조 후기의 유교문화, 즉 과거를 봐서 입신양명하는 패러다임이 너무 커졌어요. 작은 나라에서 살다 보니 크게 되어야 한다는 강박이 있었나 봐요. 뭔가 한없이 큰 것에 대한 열망이 너무 강하니, 집에 오면 재미없죠. 아이들 교육 문제로 부부싸움을 하고, 아이들은 짜증내고…… 자신의 모든 삶이 괴로운 거예요. 작은 데서 즐거움이 없으니까 큰 것으로의 탈출 욕망이 강렬해집니다. 그런데 4대강이 우리의 삶과 자연스럽게 이어지나요? 안 그렇잖아요. 어마어마한 돈을 들이는데, 여기에 관련된 이권들을 둘러싸고 얼마나 많은 로비가 이뤄지겠습니까? 그런 걸 따냈을 때 박수 받고 능력 있다고 평가받으니 우리는 작은 삶을 다 무시하고 그것을 풍요롭게 가꾸는 일에 시간과 관심을 투자하지 않게 되는 겁니다.

이렇게 작은 삶이 괴로울 때 인간은 전혀 다른 세계로 가버려요. 종말론이라든가, 자살폭탄이라든가……. 김우창 선생님이 쓰신 글 앞부분에 자살폭탄 소년 이야기가 나오는데, 걔가 뭘 알아서 그랬겠느냐, 그 애는 결국 자기의 작은 삶이 아무 의미가 없으니까 신으로 완전히 귀의해버린 것이라고 말합니다. 그렇다고 '은둔형 외톨이'처럼 골방에서 숨어 지낼 수는 없죠. 또 연애가 아무리 좋다 한들 둘이서만 매일 천국을 만들 수는 없습니다. 가족과 이웃과 친구가 있는, 구체적으로 인지할 수 있는 마을이 필요합니다. 고향 같은 그곳에서 진정한 것을 느낄 수 있는 작은 삶에 충실해야 해요. 행복이란 그런 게 아닌가 싶어요. 행복을 도식화하면 '능력 나누기 욕망'일 거예요. 욕망이 작아지고 능력이 커질수록 행복해지죠. 그런데 지금은 반대로 가거든요. 욕망은 커지는 데 반해 능력은 줄어들고 있어요. 인터넷 환경을 보면 새로운 지식이 생산되지 않습니다. 인터넷 검색으로는 욕망만 커져요. 욕망을 적정한 수준에서 제어하면서 능력을 키우는 게 행복의 지름길이에요. 그러려면 그런 능력을 확인할 수 있는 장이 필요합니다. 저는 마을이 그중 하나가 아닌가 생각합니다.

그리고 어떻게 하면 우리 삶을 안전하게 만들 수 있을까요? 이것 역시 혼자서는 어렵습니다. 가족만으로도 한계가 있고요. 가족 이상의 범위에서 그런 장치, 다시 말해 나를 안전하게 풀어놓을 수 있는, 내가 온전히 용납되는 공동체가 있어야 해요. 그게 없으면 우리는 계속 자기를 파괴하면서 남도 괴롭히는 삶을 살아갈 것 같습니다.

한국 민주주의를
묻고
답하다

청중 1　'마을 만들기'를 내 주변에서 어떻게 시작할 수 있을까, 어떤 마을을 만들까 하고 생각하면 막막한데, 선생님이 생각하는 마을의 모습은 어떤 것인지 듣고 싶습니다.

김찬호　제가 꿈꾸는 마을은 아파트에서도 시작할 수 있다고 생각합니다. 아파트에 주민자치센터가 있잖아요. 그리고 요즘 동네마다 음악 하는 애들이 한둘이 아닙니다. 우리나라처럼 음악 공부를 위해 외국으로 나가는 아이가 많은 나라는 없답니다. 그런데 왜 그 아이들의 연주는 제가 못 듣는 걸까요? 제가 음악을 참 좋아하는데, 음악을 들으려면 비싼 돈 주고 세종문화회관이나 예술의전당에 가야 하니 1년에 몇 번 못 가요. 그런데 어느 날 바이올린을 들고 가는 애를 보면서 '쟤 우리 동네 사는데' 싶었어요. 대학생이니 연주 잘할 거 아니에요? 가까이 사는 연주자와 음악을 듣고 싶은 사람이 왜 못 만나나 하는 생각이 들어요. 저는 이 둘을 만나게 하는 것에서 마을 만들기가 시작된다고 봐요. 서울 마포구 성미산의 마을극장이 그렇게 시작된 겁니다. 중학교 아이들이 힙합도 해요. 관객이 얼마나 올지 걱정 안 해요. 식구들만 와서 앉아 있으면 되는 거예요. 그렇듯 무대에서 어른들에게 멋진 모습을 보여준 아이들이 동네에서 껄렁껄렁 돌아다닐 수 있겠습니까? 이렇게 해서 마을이 안전한 공간이 되는 겁니다.

베네수엘라의 엘 시스테마El Sistema는 빈민 청소년 25만 명으로 구성된 오케스트라 육성 재단입니다. 다큐멘터리 영화로도 만들어졌는데, 정말 감동적입니다. 한 사람이 국가를 설득해서 무료로 음악 교육을 받도록 한 거지요. 왜 음악이 중요할까요? 오케스트라는 자기 혼자만 연주를 잘한다고 되는 게 아닙니다. 옆 사람의 음악을 들어야 해요. 서로를 듣는 것, 이런 화음 감각이 아이들을 변화시키는 거죠. 그리고 예술 자체가 워낙 그런 힘이 있습니다.

청중 2 요새 젊은이들에게 농촌의 가치에 눈뜨라는 말을 많이 하거든요. 오늘 강의 주제가 마을 만들기인데 과연 농촌과 마을이 연결되는 부분이 있는지, 그리고 농촌이 '마을 만들기'의 효과를 이뤄낼 만한 공간이 될 수 있는지, 농촌의 가치에 대해 알고 싶습니다.

김찬호 귀농이 중년 이후의 남성들에게 특히 매혹적이죠. 매일 눈칫밥 먹고 밑 빠진 독에 물 붓기 식으로 살아야 하나 싶어서 무작정 '묻지 마 귀농'을 해서 실패한 사람들이 많잖아요. 이 경우에도 일단 사회적 자본이 필요한 것 같아요. 정말 믿고 서로 의지할 수 있는 사람이 없는 상태에서 개별적으로 가서는 힘들더라고요. 제가 그런 사례를 많이 봤거든요.

농촌의 가치는 아주 자명하다고 생각해요. 앞으로 식량 에너지의 위기가 크게 부각될 수밖에 없는데, 현재의 농촌 모습 그대로는 해결책이 아닐 겁니다. 그렇다고 꼭 기업농도 아닐 테지만, 일단 어느 정도 생계가 보장될 만큼의 영농기법이 함께 들어가야 될 텐데, 젊은이들 입장에서는 어릴 때 농촌의 경험이 없는 게 좀 불리할 수 있어요. 그렇기 때문에 개별적으로 농촌으로 가는 건 좋은 방법이 아니라고 생각하고, 따라서 NGO든 국가에서 하는 것이든 귀농자를 위한 학습 과정 없이 무턱대고 땅부터 사놓으면 망합니다.

그리고 반드시 농촌에 국한시키기보다는 소도시의 근교 농업 같은 게 바람직하다고 생각해요. 귀농할 때 문제가 되는 것이 '교육'과 '생산'이거든요. 요즘 귀농이라고 하면 전부 농업만 생각하는데, 귀촌이라는 말도 있잖아요. 농촌에서는 농사지으러 온다고 하면 환영 안 해요. 농민들이 자기들 것을 뺏긴다고 생각하는 측면도 있고요. 오히려 농민 입장에서는 다른 걸 갖고 들어오길 바라요. 애를 잘 키울 수 있게 해주는 거랄지, 문화랄지…… 하여튼 자기들이 못하는 걸 갖고 오길 바라죠. 도시 문제가 곧 공업 문제는 아니듯이, 농촌 문제와 농업 문제는 다르잖아요. 농촌에는 농업 말고 서비스업도 있고 교육도 있고 다 있어요. 농촌에서 농업 이외에 삶의 영역들을 가꿔내는 것, 젊은이들은 오히려 그런 쪽으로 들어가서 애들도 돌보고, 특히 다문화 가정의 자녀들에게 질 높은 교육을 제공하면 살 만한 땅이 되지 않겠습니까?

청중 3 이명박 정부가 들어오면서 생각이 다른 사람들이 같은 나라에 사는 게 진짜 힘들구나 하는 생각을 많이 해요. 그렇다면 생각이 같은 사람들끼리 마을을 만들어서 그 마을을 국가화하는 건 어떨까 하는 생각도 가끔 하거든요. 특히 무상교육과 의료, 문화를 누릴 수 있는 국가화된 뭔가를 만들 수 있는지 그 방법론을 혹시 연구하신 적이 있으신지요?

김찬호 아마 상징적으로 '국가'라고 말씀하셨을 거예요. 진짜 국가를 만든다면 가장 중요한 게 국방인데, 근대 국가는 폭력을 독점하는 기구라서 그렇게 되면 반군이 될 테고……. 국가가 장악한 게 몇 가지 있지요. 교육도 그중 하나일 겁니다.

말씀하신 대로 마음이 맞는 사람들끼리 국가 같은 것을 만들더라도 마음이 안 맞는 사람은 또 생기거든요. 20 대 80이라고 해서 부지런한 사람만 모아놓아도 그 안에서 게으른 사람이 또 생긴다고 하지요. 따라서 어느 정도 생각이 다른 사람이라도 그 다름을 인정하고 자기를 상대화하고 토의해야 되는데, 현 정권이 이걸 안 하니까 그게 가능한 사람들끼리 모여 살자는 이야기라고 볼 수 있겠군요.

그랬을 때 가장 문제가 되는 건 규모라고 생각해요. 대안학교도 그런 어려움이 있거든요. 대안 교육을 시켰더니, 진로를 어떻게 할 것이냐가 문제가 돼요. 결국 생산과 교육을 같이 볼 수밖에 없는 게, 아이들이 사회로 진출해야 하는데 우리 사회에서 대학에 안 가고 고등학교만 졸업해서는 20대에 자립하기가 너무나 힘든 현실이거든요. 그래도 그걸 할 수 있도록, 아이들이 자립할 수 있는 경제 기반을 만들려면 어느 정도 규모를 갖춰야 하는데, 그 어느 정도라는 게 또 상대적이죠. 어떻게 사는가에 따라서 규모가 클 수도 있고 작을 수도 있어요.

예를 들어 500명 정도의 단위로 가능할 수 있겠지만, 상당히 빈곤하겠죠. 그야말로 땅 파먹고 살아야 하는 겁니다. 하나의 조직을 열어놓으면 그만큼 효율이 생깁니다만 경쟁도 치열해지는 것이고, 닫으면 북한처럼 세계화의 충격 같은 건 안 받겠죠. 그런데 빈곤하잖아요. 얻는 게 있으면 잃는 게 있거든요. 인터넷을 연결하지 않으면 바이러스에 걸리지 않듯이 개방과 폐쇄는 이런 딜레마의 문제입니다. 내가 모르는 사람, 모르는 세계와 연결되고 싶다가도 아는 사람끼리만 지내고 싶기도 해요. 두 가지가 다 필요합니다. 그런데 이게 조화를 못 이룰 때, 너무 한쪽으로 가버릴 때, 너무 폐쇄적이거나 너무 열려버리면 삶이 무너지는 거라고 생각해요. 그래서 설계를 잘해야 된다고 생각해요.

청중 4 마을 공동체의 긍정적 측면을 강조하셨다는 느낌이 들어요. 저는 지금 40대 중반인데 20대까지는 20여 가구의 산골마을에서 살았어요. 제가 살던 동네는 집성촌과 비슷해서 특정 성씨 사람들이 혼자 계신 저희 어머니를 따돌리더라고요. 그래서 제가 도회지로 나가자고 해서 그곳을 나왔거든요. 어떤 공간이든 공동체 구성원들이 마을을 어떻게 잘 만들 것인가 하는 의식을 공유해야만 좋은 마을일 것이라는 생각이 듭니다.

김찬호 자연스럽게 형성된 마을은 그렇습니다. 원시사회도 별로 다르지 않았을 거라고 생각해요. 수렵 채취를 하던 그 시절에도 이른바 '따돌림' 같은 게 있었을 거고요. 마을 안에서 일어나는 폭력 문제도 무시할 수 없죠. 지금은 그런 마을의 답답한 구속에서 벗어났지만, 다른 면에서 삶을 이어가는 것이 황망한 일이 되었습니다. 어떻게 보면 결혼해서 가정을 꾸리고 산다는 것, 아이를 낳아서 부모가 된다는 것 등 뭐 하나 저절로 되는 게 없는 세상이 되어버린 거 같아요. 끊임없이 수련하고 구도하는 자세가 필요하다고나 할까요. 그게 아니면 부부관계도 잘 안 되고, 급기야 가정이 깨지잖아요. 부모와 자녀 사이에 존경도 없고요. 옛날에는 문화가 그걸 받쳐줬는데 지금은 문화가 깨졌기 때문에 개인의 역량으로 다 감당하려니 그 짐이 너무나 큰 거예요. 그렇지만 어쩌겠습니까. 해야죠. 마을도 지향하는 바를 공유하고 끊임없이 그걸 향해 나아가야죠.

  친한 친구들끼리도 여행 가면 곧잘 싸우듯이 사람들과 부대끼며 산다는 게 보통 일이 아니라는 거죠. 그래서 계속 스스로를 상대화하고 단련하겠다는 마음으로, 그러면서 자신을 넘어선 큰 삶의 유산을 후세에 남겨주겠다는 의지가 없으면 실패한다고 생각합니다. 우리 안에 너무나 모순된 욕망이 있어서요. 예전의 마을뿐만 아니라 지금 우리가 만들려는 마을에서도 얼마든지 벌어질 수 있는 일이라고 생각해요. 남을 따돌림으로써 자기 자리를 확보한 것 같은 착각이 드는 거잖아요. 그런 인간의 깊은 속성들을 주의 깊게 살펴보면서 스스로에 대한 성찰을 게을리하지 않는 사람들만이 해낼 수 있는 일이다, 훈련이 아니면 마을이 만들어질 수 없다고 생각해요.

제11강

창조적 시민들,
대안을 실천하다

박원순

정의로 똘똘 뭉친 대한민국 특제 대포, 박원순. 온화한 얼굴빛을 가진 이 고성능 무기는 거침없는 행동을 무한하게 장전하고 발사한다. 검사에서 인권변호사로, '시민의 마음을 담는 그릇-참여연대'에서 '아름다운가게'를 거쳐 '시민들에 의한 싱크탱크-희망제작소'까지. 사회에 필요한 기업을, 시민에게 필요한 운동을 밥 먹듯이 뚝딱뚝딱 만들어낸다. 게다가 책도 술술 써내려간다. 하지만 그가 쓴 대부분의 책들에는 아무도 기록하지 않는 고통스러운 진실을 몇 년씩이나 파헤친 흔적이 역력하다. 그의 명함에 적힌 '소셜 디자이너', 낯선 명칭이었지만 그를 보고 있자면 그 의미를 금방 알 수 있다. '원순 씨'의 지치지도 않는 에너지의 원동력은 무엇일까? '원순 바이러스'가 우리 사회에 쫙 퍼진다면, 우린 정말 무엇이든 해낼 수 있는 시민들이 될 것 같다.

지은 책으로는 《내 목은 매우 짧으니 조심해서 자르게》《마을에서 희망을 만나다》《야만시대의 기록》(1~3)《성공하는 사람들의 아름다운 습관, 나눔》 등이 있다.

국가여, 내 목은 짧으니 조심해서 자르게

대한민국에는 참 이상한 분들이 많아요. 춥고 다 늦은 저녁에 이렇게 많은 분이 여기에 오셨으니까요. 내 몸 하나 먹고살기도 힘든데 이렇게들 오셨네요. 대한민국이 이 정도로 안녕할 수 있는 것은 여러분 같은 분들의 덕분입니다.

안녕하세요, 잘 아시는 것처럼 대한민국으로부터 손해배상 소송을 당한 박원순입니다. 겁나지 않으세요? (청중 웃음) 국가가 직접 소송을 걸었다는 게 한편으로는 영광이지 않습니까? 자, 이 앞에 앉아 계신 분께 여쭤볼게요. 선생님을 상대로 대한민국 정부가 공식적으로 소송을 건다면 어떠시겠어요? (즐거울 것 같아요.) 대한민국의 위신이 이게 뭡니까? 저도 굉장히 즐겁잖아요.

얼마 전 서울대학교 앞에 있는 '그날이오면'이라는 서점에서 초청을 받았습니다. 그곳은 대한민국에 남아 있는 몇 안 되는 사회과학 서점입니다. 저는 그분들께 조금이라도 도움이 되면 좋겠다 싶어서 강연을 하러 갔습니다. 가보니 '내 목은 짧으니 조심해서 자르게'라는 문구를 넣어서 근사하게 포스터를 만들어주셨더군요. 그 구절은 사실 제가 쓴 책의 제목입니다.

《내 목은 매우 짧으니 조심해서 자르게》는 세기의 재판 열 가지를 담은 책입니다. 제일 먼저는 소크라테스의 재판입니다. 그리스 시대에는 대중이 모이는 광장이 재판정이었잖아요. 광장에 모인 500명의 배심원에게 소크라테스는 사형선고를 받고 싶어서 안달이라도 난 사람처럼 자신을 살려달라고 변론하지 않았어요. 또 그의 친구가 간수를 전부 매수해서 집행 전에 도망갈 구멍이 있는데도 도망가지 않았습니다. 여러분, 도망간 소크라테스를 상상할 수 있습니까? 스스로 죽음을 선택하고 독배를 마셨기에 소크라테스입니다.

토머스 모어 역시 감동적인 인물입니다. 사형대에 오르는 순간에도 재치를 잃지 않았습니다. "내 수염은 반역죄를 저지른 적이 없으니까 조심해서 자르게." "내 목은 매우 짧으니 조심해서 자르게." 저는 이 말들이 후대의 작가들이 지어낸 것인 줄 알았어요. 나중에 런던에 가서 이 사람과 관련된 자료를 다 찾아보았는데, 사위가 작성한 기록이 정확하게 남아 있더라고요. 제가 이 책을 쓰는 데 10년이 걸렸습니다. 밥 사 먹을 돈으로 서점을 다녔어요. 런던의 고서점 지도를 그리라고 하면 다 그릴 수 있습니다.

이 책에 실린 세기의 재판의 주인공들인 소크라테스, 토머스 모어, 예수, 잔 다르크 등은 거의 '국가이익'이라는 명분으로 처형되었습니다. 프랑스 수상을 지낸 정치인 조르주 클레망소가 드레퓌스 사건에 대해서 이렇게 이야기했습니다.

국가이익, 이것이 법을 위반할 힘이 있는가? 만약 그렇다면 법에 관해 말하지 말라. 자의적인 권력이 법을 대신할 것이다. 오늘 그것은 드레퓌스를 치고 있지만 내일은 다른 자를 칠 것이며, 국가이익은 이성을 잃은 채 공공의 이익이라는 명분 아래 반대자를 비웃으며 쓸어버릴 것이고, 군중은 겁에 질린 채 쳐다만 볼 것이다. 정권이 국가이익을 내세우기 시작하면 끝이 없기 마련이다. 그것은 모든 것에 대한 대답을 준비하고 있다. 그것은 사람의 차이를 허용치 않고 차이를 감내하지도 않을 것이다. 만약 그것이 오늘 드레퓌스에게 적용된다면 내일 다른 누구에게도 적용될 게 분명하다. 새 시대의 동이 터올 때 대혁명이 보인 첫 행동은 국가이익의 저 거대한 요새 바스티유를 쳐부수는 것이었다.

누가 국가이익의 당사자입니까? 개인을 상대로 소송할 때 '대한민국'이라는 이름을 남용할 권리를 대체 누가 국가에게 준 것입니까?

고통 받고 있는 우리가 바로 우주의 중심이다

국가정보원 홈페이지에는 '국정원은 국가안보와 국익증진을 위해 모든 역량을 집중하고 있다'고 나와 있습니다. 어마어마한 예산을 가지고 어마어마한 사람들이 이곳에서 일하고 있습니다. 여러분, 제가 얼마나 대단한 사람인가 하면, 국가안보와 바로 통하는 사람입니다. 지난번 광주에 내려가는데 저와 동행한 간사에게 전화가 왔어요. 국정원 직원이라면서, "지금 박 변호사님이 광주에 가고 계신 거 맞죠?"라고 물었어요. 오죽 할 일이 없으면 국민이 낸 세금으로 시민운동을 하는 사람을 감시하고 다니겠습니까? 그렇게 할 일이 없다면 국정원을 폐지해야죠. 그렇죠? (네.) 방금 '네'라고 하신 분들은 굉장한 위험분자들이세요. (청중 웃음)

이 우스꽝스러운 사태에 대해서 저도 우스꽝스러운 방식으로 대응하기로 했어요. 그래서 '온 국민 명예회복 대책본부'를 만들었어요. 이건 국민의 명예를 훼손하는 것이니까요. 온 국민 명예회복 대책본부에서는 '원고 대한민국에서 내 이름을 빼다오', 이런 운동을 하고 있습니다. 아직 들어가서 서명을 안 하셨다고요? 집에 가시면 하세요. 여러분이 저를 소송하셨나요? 대한민국의 주권자는 여러분이에요. 여러분이 낸 세금으로 국가가 저를 소송 중에 있는데, 당연히 여러분의 이름을 **빼야** 하지 않겠습니까?

또 얼마 전에는 법원에서 받은 '소장 첨삭 대 경연대회'를 열었습니다. 그랬더니 어떤 분이 "국정원이 내게 상을? 참으로 영광"이라는 문구와 함께 제 머리에 왕관을 씌운 합성사진을 보내주셨어요. (청중 웃음) 예수님도 가시면류관을 쓰셨잖아요. 노벨평화상을 받은 엘리 위셀이라는 소설가가 있습니다. 나치 시대에 강제수용소에서 겪었던 경험을 문학적으로 형상화했다는 공로로 '문학'상이 아니라 '평화'상을 받았어요. 이 사람은 "세상에서 가장 고통 받는 사람이 우주의 중심이다."라고 말했어요. 이 시대에 고통 받고 있는 우리 모두가 바로 우주의 중심입니다.

저는 많은 분들 덕분에 고통 받는 사람이라고 하기도 어렵습니다. 국정원이 저에게 소송을 했다는 게 세상에 알려지면서 오히려 즐거운 비명을 질러야 할 지경입니다. 길거리에서 따끈따끈한 음료를 꼭 쥐어주고 도망가는 분들도 계시고, 희망제작소 회원도 많이 늘었거든요. 하지만 아직까지는 충분치 않아요. 여기 오신 분들은 꼼짝없이 희망제작소 회원이 되셔야 합니다. 그러면 제가 책에 사인도 해서 드립니다. (청중 웃음) 희망제작소 후원자의 벽에는 회원들의 이름을 별에 적어서 붙여놓았어요. 별처럼 빛나는 분들입니다. 지금은 1,000명이 조금 넘는데, 1만 원을 내시는 분이 1만 명만 되면 대한민국의 희망을 제작하는 일들을 안심하고 마음껏 할 수가 있습니다.

21세기형 '풀뿌리 민주주의'

민주주의는 결국 소통이 아닐까 생각해봅니다. 국민이 주권자인데도 투표소에서 투표가 끝나는 순간 노예의 신분으로 되돌아간다는 말까지 있습니다. 주인인 우리가 투표라는 형식적인 행위 외에는 현실적으로 할 게 없다는 것이죠. 국민끼리는 말할 것도 없고 정부와 국민도 늘 소통하고 있어야 합니다. 그러지 않으면 투표하는 그 순간만 주권자이고 다시 노예가 되고 맙니다. 외국에서는 어떻게 소통하고 있는지 몇 가지 예를 들어보겠습니다.

영국 수상실의 공식 사이트 www.number10.gov.uk에 들어가보면 'Communicate'라는 게시판이 있어요. 여기를 클릭하면 다시 'E-Petitions'라는 게시판이 나옵니다. 온라인 진정(탄원) 게시판입니다. 그 게시판에는 '가장 인기 있는 공개 진정 다섯 가지 five most popular open petitions'가 나와 있습니다. 그중 첫 번째가 '사임 resign 하라는 거예요. 7만 명이 넘는 사람들이 공개적으로 "고든 브라운, 당신 사임하세요."라고 합니다. 청와대 홈페이지에 'MB OUT'이라고 올리면 아마 수백만 명이 서명할걸요. 그것을 그대로 남겨놓을 수 있는 '수용성, 관용, 용기'가 대한민국 대통령에게 있을까요? 저는 영국 수상실 사이트를 보면서 처음으로 영국이라는 나라가 대단하다고 생각했어요. 민주주의의 교실답게 모범을 보이고 있더라고요.

마음만 있으면 소통할 수 있는 방법은 많습니다. 자기 집에서 컴퓨터로, 온라인으로 투표할 수 있다면 어떻겠어요? 투표율이 훨씬 높아지겠죠. 꼭 컴퓨터가 아니더라도 방법은 다양합니다. 저는 며칠 전 트위터를 하기 위해 큰돈을 들여 '블랙베리폰'을 장만했어요. 아시다시

피 트위터를 이용하면 어디에서든지 소통할 수 있죠. 내일 지리산에 가는데, 산정에서 실시간으로 일출을 보여드리려 합니다. 마찬가지로 지리산에서 투표도 할 수 있어요. 기술적으로 이런 장치들이 확보되어 있어요. 그런데 도대체 왜 안 하는 겁니까? 온 국민이 참여하는 게 두려운 걸까요? 민주주의를 정말 온전하게 할 생각만 있다면, 과거 아크로폴리스에 모였던 사람들 못지않은 '직접 민주주의'를 얼마든지 할 수 있습니다. 비용도 생각만큼 많이 들지 않거든요. 처음에 시스템만 잘 만들어놓으면 얼마든지 가능하다고 생각합니다.

미국에는 '아메리카 스픽스'라는 단체가 있습니다. 이곳은 '통치에 관여하는 시민'이라는 기치를 내걸고 있습니다. 정부 혼자서는 통치할 수 없기 때문에 시민들이 함께 참여하는 협치協治의 방법을 고민하는 단체예요. 그들은 웹사이트에서 스스로를 '21세기의 읍민 회의21st Century Town Meeting'라고 소개하고 있습니다. '읍민 회의'는 프랑스 철학자 알렉시 드 토크빌이 쓴《미국의 민주주의》에 나오는 말입니다. 그는 미국 민주주의의 기초를 '풀뿌리 민주주의'로 보는데, 그중에서도 읍민 회의를 강조했어요. 동네마다 다른 자신들의 현안에 대해 토론하고 스스로 결정하는 것이죠.

사실 쉽지가 않잖아요. 다들 바쁘기도 하고, 현장에만 있을 수도 없고, 한자리에 모이기도 어렵지요. 또 이런 과정을 두고 포퓰리즘이라고 비판하는 이들도 있습니다. 하지만 대의민주주의의 현재 모습이 어떻습니까? 머슴이라고 뽑은 사람들이 다 주인 행세를 하고 있잖아요. 그래서 직접민주주의로 보충해줘야 합니다. 그래서 미국에서도 이런 일을 하고 있는 거죠. 아메리카 스픽스 웹사이트에 가보면 5,000명의 뉴욕 시민들이 한자리에 모여서 9·11 테러 때문에 무너진 세계무역센터 자리에 도대체 무엇을 건축할 것인지 함께 고민하는 모습을 볼 수 있어요. 같은 테이블에 앉은 사람들끼리 의견을 모아 적으면 전자 패널을 통해 본부에 있는 커다란 화면에 뜹니다. 그러면서 다양한 아이디어를 하나로 모아가는 것이지요. 이것이 '21세기형 풀뿌리 민주주의'입니다.

참여하는 '동네 주민'의 힘

지금부터 우리 시민의 힘이 얼마나 대단한지 살펴볼게요. 베를린 도시국장을 만나 '베를린 미래위원회'에 대해서 들은 적이 있는데, 이름 그대로 베를린의 미래에 관한 여러 가지 정책을 결정한다고 하더라고요. 예를 들면 통일 이후에 아무리 도시가 팽창하고 건물 수요가 늘어난다 하더라도, 도시의 43퍼센트를 차지하는 녹색 면적을 그대로 유지하기로 했다는 겁니다. 베를린에 가서는 조심하셔야 합니다. 공원에 잘못 들어갔다가는 되돌아 나올 수가 없어요. 늘 과자 부스러기를 가지고 다니면서 바닥에 떨어뜨려야 해요. (청중 웃음) '헨젤과 그레텔' 이야기가 그냥 나온 게 아닙니다. 도심 한가운데 있는 공원이 마치 원시림 같아요. 이런 도시의 미래를 시민 70명이 결정하고 있었습니다.

영국에는 '글래스고 2020 프로젝트'라는 게 있습니다. 자신들이 살고 싶은 2020년 글래스고에 대해서 시민들이 아이디어를 내는 것이죠. 얼마나 자세한지 몰라요. 예를 들어 미용사가 어떤 미용실을 차리고 싶은지도 나와 있습니다. 말하자면 자신이 살고 있는 도시의 2020년을 지금부터 만들고 있는 거예요. 시민들이 만들어가는 중입니다.

또 지역문제 전자 청원 시스템인 '우리 거리를 고쳐주시오Fix My

Street'라는 프로젝트가 있습니다. 그 웹사이트에 들어가보면, 예를 들어 자기 집 앞의 길이 무너져 있다고 신고한 것을 볼 수 있어요. 23시 11분에 버킹엄셔 자치단체의회에 보낸 거예요. 여기에 표시해두면 공무원들이 다음 날 아침에 어느 지역에 무슨 문제가 있는지 바로 알 수 있는 것이죠. 공무원이 모든 지역을 다 순찰할 수는 없잖아요. 그런데 시민들이 자기 삶의 공간에서 나서니까 이렇게 쉽게 해결이 됩니다. 공무원들이 해야 할 어마어마한 일거리를 시민들의 힘으로 덜어주는 것이지요.

크리시 마허라는 할머니는 대영제국 훈장을 받은 분입니다. 왜 이런 훈장을 받았느냐? 영국도 관공서에서 쓰는 용어는 어려운가 봅니다. 우리나라도 의사나 변호사, 검사, 공무원들이 쓰는 용어는 굉장히 어렵죠? 저도 검사를 잠깐 한 적이 있는데, 공소장이 참 어렵습니다. '몇월 며칠, 노상에서 피해자 아무개를 2회 강타함으로써 전도케 하고, 전치 몇 주간의 가료를 요하는 두피출혈상을 가했다.' 말이 어렵지 않나요? '길에서 피해자 아무개의 머리를 때려서 3주간의 치료가 필요할 정도로 머리에 피가 나게 했다.' 이렇게 간단하게 쓰면 되잖아요. 그래서 이 할머니가 영국 공무원들에게 쉽게 쓰라고 따졌답니다. 지금은 공무원들이 공문서를 기안하면 이 할머니한테 와서 검사를 받는다고 합니다.

창시자인 크리시 마허를 중심으로 만들어진 단체가 '쉬운 영어 운동Plain English Campaign'입니다. 이 단체의 웹사이트에 가보면 크리스털 마크가 있습니다. 1979년부터 수정처럼 투명한 소통을 위해 싸우고 있는 단체지요. 얼마 전에는 세계은행에 좀더 쉬운 공문서 작성을 위한 컨설팅도 해줬어요. 지금은 40명이 일하는 거대 단체가 되었죠. 한국에도 이런 단체가 꼭 필요하죠? 누가 이런 단체 하나 만드세요. 나중에 훈장을 받을지 누가 압니까?

우리 민주주의, 소통 부재라는 감옥에 갇히다

훌륭한 정부일수록 시민과 잘 소통하더라고요. 버락 오바마 미국 대통령은 시민과 소통하기 위해서 부서를 아예 따로 만들었어요. '백악관의 사회 혁신 및 시민 참여국'이 그것이죠. 또 이것을 합법화하기 위해서 '미국봉사법'도 만들었어요. 아시다시피 오바마 대통령은 풀뿌리운동을 해본 사람이잖아요. 시카고에서 빈민운동을 오랫동안 했으니까요. 바닥에서 무슨 일이 벌어지는가를 아주 잘 알고 있는 거예요. 그래서 경기회복자금을 우리나라같이 강에다가 퍼붓지 않습니다. 지역의 재단과 단체를 위해서 자금을 풀어요. 풀 때도 그냥 풀지 않습니다. '당신들이 1억을 모금하면 우리가 1억을 준다.' 이런 식으로 하면 도덕적 해이도 막을 수 있지요. 시민단체나 지역단체 회원들은 정말 밤잠 안 자고 열정과 상상력을 동원해 열심히 일합니다. 이런 시민사회와의 협력관계 없이는 절대로 좋은 정부를 만들 수가 없습니다.

 2008년 촛불시위 때 광화문에 '명박산성'이라는 게 등장했었죠. 그 '명박산성'이 우리나라 소통의 현실을 적나라하게 보여주었습니다. 국제 엠네스티 사무총장인 아이린 칸이 한국에 왔을 때 이런 이야기를 하더라고요. "나는 방글라데시 국적을 가진 외국인이기 때문에 영국으로부터 노동 허가를 받아서 생활하고 있다. 그러나 내가 아무리 총리를 비판해도 노동 허가 갱신에는 아무런 문제가 없다. 한국에서는 기자나 피디가 민감한 문제에 대해 일정한 수준 이상으로 말하면 괴롭

힘을 당하거나 심지어 형사처벌까지 받는다. 정부가 시민사회와 대화할 통로가 있어야 한다." 발전된 민주사회는 시민의 요구에 반응한다는 거예요. 시민사회와 소통을 한다는 거예요. 그래야 민주주의 정부가 된다는 것이죠.

지금 이명박 대통령과 그의 정부는 소통 부재의 감옥에 갇혀 있어요. 감옥에 갇힌 사람은 대통령이죠. "신은 너무 높이, 황제는 너무 멀리." 19세기 러시아의 차르 정부 때 나온 속담인데, 저 하늘에 계신 신은 우리 민초들의 고통을 나 몰라라 하고, 저 구중궁궐에 갇힌 황제는 우리를 모른다고 한다는 의미죠. 차르 정부가 어떻게 됐습니까? 결국 무너졌잖아요. 소통은 그 정부를 더 강하게 만듭니다. 영국을 예로 들면, 토니 블레어 총리는 이라크 침공 직후에 직접 지역을 돌면서 시민들과 만나고 이야기를 들었어요. 런던에서 1,000만 명이 반전집회를 하기로 했던 무렵이었죠. 블레어 총리는 수많은 사람을 만났고, 각종 기구를 만들고, 웹사이트까지 만들어서 의견을 모아냈습니다. 결과를 떠나 정책 결정 과정에서 이렇게 소통하는 것이 중요합니다.

우리도 우리의 뜻을 표현하는 한 방법으로 2000년도에 '낙선운동'을 시작했어요. 처음에는 여의도를 바꿨습니다. 87명을 낙선 후보로 지정했는데, 실제로 전국적으로는 70퍼센트가, 수도권에서는 90퍼센트가 떨어졌어요. 서울에서는 99퍼센트였습니다. 낙선운동이 엄청난 위력을 발휘한 거죠. 그 후 몇 년 동안 국회의원들이 저만 보면 도망을 쳤습니다. 요새는 약효가 떨어졌습니다. 우리가 바닥을 바꾸지는 못했거든요. 여의도에서 하는 운동은 늘 한계가 있기 마련이에요. 정치인들은 표를 주는 주민의 눈치를 보지 않습니다. 소속 정당의 우두머리나 파벌의 우두머리에게만 잘 보이면 공천을 받잖아요. 공천만 받으면 그 지역에서는 무조건 당선되는 상황이 계속되고 있기 때문입니다. 그 사람들에게 주인은 국민이 아닙니다. 그러니 우리에게는 새로운 소통 창구가 필요합니다.

'10년을 하루같이' 하면 뭐든 된다

저는 2010년에 다시 선거혁명을 일으키려고 합니다. 여러분, 같이하실래요? 방법은 간단합니다. 어느 정당도 찍지 말고 무소속만 찍으시면 됩니다. 지금 일본은 99퍼센트가 무소속입니다. 정당공천제가 있지만, 정당에서 공천을 받으면 아무도 찍지 않기 때문에 오히려 손해를 보는 것이죠. 우리나라 국회의원들은 공천권을 받으려고 지구당 위원장한테만 좋은 일들을 하잖아요. 이제는 자기 지역구에서 함부로 행동했다가는 다음에 절대로 당선될 수 없다는 인식을 심어줘야 합니다. 이런 분위기만 만들어내면 국민이나 주민과는 다른 생각을 할 수가 없지 않겠습니까? 국민에게 충성하도록 만들어야죠. 2010년 지방선거에서 국민의 본때를 좀 보여줘야죠.

우리에게는 '개미운동'이 필요합니다. 겸허하게 고민해서 바닥부터 완전히 새롭게 시작해야 합니다. 말이 쉽지 참 어려운 일입니다. 하지만 우리 곁에는 실천하고 있는 사람들이 있습니다. 'KYC(한국청년연합)'라는 단체의 천안 지부 회장이 장기수 씨인데, 2006년 천안 지역선거에 나가서 시의원으로 당선됐어요. 이 사람은 10년을 하루같이 자기가 사는 천안 지역에서 다양한 아파트 공동체 운동도 벌이고, 갖가지 시민 봉사활동을 했습니다. 그러니 당선이 안 될 수 있었겠습니까? 청년 여러분, 제가 일자리를 드리겠습니다. 일자리가 없는 분들께 10년 뒤 시장자리를 보장하는 겁니다. 여기 앉아 계신 분은 고향이 어디예요? (부산이에요.) 부산 어디? (동래구 사직동이에요.) 방금 동래구 구청장이 나왔습니다. (청중 웃음)

그리고 고창권 씨는 부산 해운대 구의원입니다. 반송동에서 활동하시는데, 반송동이 좀 강한 동네입니다. 이분도 10년을 하루같이 지역사회를 위해서 자신을 바쳤습니다. 본래 직업은 의사인데, 병원이 아니라 지역에서 정말 죽어라 일했습니다. 2006년에는 해운대구 지방선거에 열린우리당 후보로 나갔어요. 상상을 해보세요. 부산지역에서 열린우리당 후보로 나갔는데 압도적인 1위로 당선됐습니다. 왜냐하면 반송동의 모든 시민이 다 알잖아요. 이 사람이 어떤 사람이고 무슨 일을 해왔는지…….

저는 지역감정과 관련해서 국민을 탓하면 안 된다고 생각합니다. 정치인들이 지역에 봉사는 전혀 안 하고, 철새처럼 선거철만 와서 절을 하니까 고향이나 학벌 같은 걸 보고 찍어주는 거죠. 정말 10년을 봉사하면 그 지역 구의원이나 단체장은 저절로 됩니다. 안 될 리가 있습니까? 시장이나 군수, 구청장을 하시려는 분은 오늘부터 10년 동안 봉사해보세요. 안 되면 제가 책임질게요.

이제는 자신들의 지역으로, 마을로 가서 신문도 만들고 라디오 방송도 만들어야 합니다. 10억 정도면 라디오 방송사를 만들 수 있어요. 물론 10억은 큰돈이죠. 이것도 10년을 하루같이 하면 됩니다. 저도 처음에는 모금 능력이 없었어요. 월말인데 통장에 한 푼도 없는 거예요. 간사들 월급은 줘야 하니 어떡합니까? 친구들한테 전화를 돌려야죠. 하지만 차마 이야기를 못 하겠더라고요. 전화를 걸다가 중간에 내려놓기가 일쑤였습니다. 요즘은 백발백중입니다. 오늘도 보세요, 제가 얼마나 뻔뻔합니까? 책을 팔러 온 사람이나 회원을 모집하러 온 사람 같잖아요.

대안은 실천하는 것이다

마포에도 라디오가 있고, 대구 성서공동체에도 라디오가 있어요. 또 관악에도 FM 라디오가 있는데, 모두 다 시민들이 돈을 모아서 만들었습니다. 지금 광주에는 13개의 언론사가 있는데, 전부 건설회사 사장이 만든 겁니다. 그러니까 이 사람들은 자기 회사의 이익과 정부의 이야기를 전달할 수밖에 없죠. 그중 〈광주드림〉이라는 지역신문만 예외입니다. 시민들과 좋은 기업이 함께 만드는 신문사입니다.

요새는 인터넷 방송국 같은 걸 만들기가 얼마나 쉽습니까? '조·중·동'을 욕하는 것만으로는 해결되지 않아요. 대안을 만들어야죠. 우리는 얼마든지 '풀뿌리 언론'을 장악할 수 있습니다. 어제 제 블로그에 4,000명의 방문객이 다녀갔더라고요. 하루에 보통 2,000~3,000명이 다녀갑니다. 제 트위터에 팔로윙 following 하는 친구들이 벌써 1,700명이나 되더라고요. 시작한 지 한 달도 안 되었는데 말이죠. 3개월 후면 1만 명은 되지 않을까 싶습니다. 이게 하나의 언론이잖아요. 이른바 '소셜 미디어'들이 뜨고 있어요. '제주의 소리'도 어떤 시민운동가가 시작해서 1~2년 만에 제주도에서 가장 영향력 있는 인터넷 방송국으로, 인터넷 매체로 발돋움을 했습니다. 새로운 시대에 새로운 장을 장악해 들어가야죠.

기업도 마찬가지입니다. 우리가 재벌 기업을 욕하기 전에 수많은 소기업을 만들자는 거죠. 대한민국 헌법 제1조를 이렇게 고쳐보면 어떨까요? '대한민국의 모든 국민은 소기업 사장이 될 수 있다.' 대한민국 사람들은 아주 솜씨가 좋습니다. 제가 '아름다운가게'의 안양점을 내면서 작은 박스숍을 만들 테니까 창작물품을 모집한다고 공고를 냈습니다. 주부들이 양초나 곰인형 등을 만들어 오는데, 기가 막힌 솜씨입니다. 전 세계에 대한민국 국민만큼 솜씨가 좋은 사람들이 없어요. 헌법 제1조를 바꾸려고 했는데 아무래도 제1조는 안 되겠어요. "대한민국의 주권은 국민에게 있고", 이렇게 나오는데 이걸 함부로 바꾸면 안 되죠. 제2조를 바꿉시다. (청중 웃음)

대안적 경제도 우리가 풀뿌리에서부터 건설해나가야 합니다. 이른바 '시민경제', '시민자본'을 만들어내야 되거든요. 이런 의미에서 '생활협동조합'이 중요하다고 생각해요. 일본에 '가나가와 생활클럽'이라는 생활협동조합이 있습니다. 회원이 60만 명 정도 되는데, 이분들이 조합 활동을 해보니까 정치인들이 얼마나 형편없는지를 알게 된 겁니다. 정치가 뭡니까? 생활입니다. 우리의 삶입니다. 학교에서 아이들에게 급식을 주느냐 안 주느냐, 유기농 식품으로 하느냐 안 하느냐, 도로를 어떻게 만드느냐 같은 정책들이 우리의 삶과 직결되어 있잖아요.

그러니까 주부들이 정치가 별 게 아니다 싶었나 봅니다. 생활자가 누구냐, 생활하는 사람이 누구냐고 물었을 때, 국회의원이나 남자들이 아니라 바로 살림을 하는 여성이라는 것이죠. 그래서 이분들이 지방의회에 진출하기 시작했어요. 그렇게 해서 만들어진 것이 바로 '생활자 네트워크'입니다. 한때는 90명까지 당선됐습니다. 주부들이 가나가와 현에 있는 의회에도 진출하고, 요코하마 시의회에도 진출합니다. 이 사람들의 1인당 월급이 1,000만 원 정도 되는데, 이 돈을 전부 공동기금으로 만들었습니다. 자신들이 사용한 비용만 청구하고 나머지는 공동의 정책개발 등에 사용했어요. 그래서 일종의 '지역 정당'이 만들어진 거예요.

스페인에 있는 '몬드라곤 협동조합 공동체'에 간 적이 있습니다. 그 지역에만 120개의 생협이 있고, 2007년 당시에 생협에 종사하는 사람이 10만 명을 넘어섰습니다. 유럽에서 쏘아 올리는 인공위성도 여기서 만듭니다. 몬드라곤에는 '생산자 조합'이라는 것도 있는데, 한 신부님이 100년 전에 꿈꿨던 세상이 비로소 이루어진 것이죠. 지금 누군가가 씨를 뿌리기만 한다면 그 미래는 반드시 만들어진다고 생각합니다. '아름다운재단'도 만들어진 지 10년이 안 됐어요. 저라는 한 사람이 꿈꾸었고, 그 한 사람이 시작했습니다. 하지만 지금은 전국에 100개가 넘는 점포가 있고, 2008년 매출액이 150억 원이었습니다.

우리에겐 틈새가 아직도 많아요. 오늘 이 자리에서 일자리가 필요하신 분들께 일자리를 하나씩 다 드릴 수 있습니다. 다만 몇 년 동안 월급을 못 받을 수는 있습니다. (청중 웃음) 아니, 세상에 무슨 일을 시작하면서 어떻게 월급을 처음부터 받습니까? 아름다운가게도 처음부터 그렇지는 않았어요. 아름다운가게에서 '아름다운커피'를 만들었는데, 올 매출이 25억 원 정도 될 겁니다. 제3세계 가난한 농부들이 생산한 것을 스타벅스보다 세 배를 더 주고 사오거든요. 중간이윤을 없애고 대한민국 최고의 바리스타들이 만들어냅니다. 여러분의 작은 결단으로 세상을 바꿀 수 있습니다.

이것뿐인 줄 아세요? 제가 만든 단체나 기업들이 수없이 많습니다. '에코파티메아리'는 버리는 것들을 가지고 핸드백을 만들어서 2009년 2월부터는 뉴욕에 있는 현대미술관에 납품하기 시작했어요. 공익변호사 그룹인 '공감'에는 일곱 명의 변호사가 있는데, 월급은 모금을 통해서 지급합니다. '공감'은 가난한 사람, 억울한 사람, 힘없는 사람들을 변론할 수 있도록 하자는 취지에서 만들어졌습니다. 이런 일들을 왜 저만 합니까? 수많은 사람들이 할 수 있는 일이에요. 다만 꿈을 꾸지 못하는 것이죠. 지금은 몬드라곤이 세계적으로 퍼져 있어요. 우리는 늘 대안을 고민해야 합니다.

새로운 세상을 향한 새로운 상상력

용산참사만 보더라도 문제가 너무나 심각하죠. 우리나라의 재개발은 끔찍하고도 참혹한 형태의 도시재개발이라고 생각합니다. 제가 런던에 가서 템스 강 주변 지역을 끝에서 끝까지, 도심 한가운데를 다 걸었습니다. 그중에서 사우스뱅크라는 지역에는 관광지가 몰려 있더라고요. 거기서 우연히 코인 스트리트를 발견했어요. 그곳은 한 기업이 그 주변에 있는 많은 창고들을 허물고 사무용 건물을 짓겠다고 나선 재개발지역이에요.

우리나라에서 재개발을 하면 학교도 없어지고 동네도 없어지잖아요. 뉴타운 프로젝트를 보면, 일정한 구역을 정하고는 그 안에 있는 것은 나무 한 그루도 안 남기고 싹 베고, 주민들도 다 쫓아낸 다음에 대기업 건설회사가 과밀화하고 고층화해서 수백억 원의 이익을 챙겨가지 않습니까? 이게 우리나라 재개발방식입니다.

그런데 코인 스트리트에서는 어떻게 했느냐? 예전에 창고였던 건물을 디자인 센터로 개선해서 옥소 타워라는 명소를 만들었어요. 그러자 돈이 많이 들어오게 되었고, 그렇게 해서 생긴 수익으로 광장과 시장, 주택, 학교를 개선했습니다. 주민들이 그 지역에 그대로 살면서 동네를 개선하는 주민 중심의 개발방식이 얼마든지 가능하다는 거죠. 저는 여기에 투자를 많이 했습니다. 몇백 파운드를 냈어요. 이 개발방식을 설명하고 나서 돈을 받더라고요. 여러분이 저한테 보상해주세요. (청중 웃음)

옥소 타워 개발을 담당한 '코인 스트리트 공동체의 건축가들Coin Street Community Builders'은 사회적 기업이었습니다. 그들의 구호는 '또 다른 길이 있다'는 겁니다. 말하자면 지금과는 다르게 만들 수 있다는 말이죠. 여러분, 지금 이 세상이 만족스러우십니까? (아니오!) 전혀 아니잖아요. 그런데 그냥 '아니오'라고만 대답하면 됩니까? '전혀 아니다'라고 하셔야죠. (청중 웃음) 이렇게 새로운 세상을 만들기 위해서는 새로운 꿈, 새로운 열정, 새로운 상상력이 필요합니다.

지리산만 보더라도 새로운 상상력이 절실합니다. 전 지리산과 인연이 많아요. 수경 스님이 '지리산 댐 반대운동'을 처음 시작할 즈음, 스님이 계신 실상사에 간 적이 있어요. 그곳에 며칠 머무는 동안 수경 스님이 저한테 상의를 하시기에 도와드렸습니다. 그러면서 수경 스님이 환경운동가로 등장하셨던 겁니다. 그때 간신히 댐 건설을 막았는데, 6~7년이 지난 지금 지리산 댐 건설 얘기가 또 나오는 거예요. 한국수자원공사가 있는 한, 계속해서 나올 겁니다. 그 사람들은 댐을 안 만들면 실업자가 되잖아요. 그러니 어딘가에 계속 댐을 만들려고 하는 거예요. 두더지 잡기 게임을 해보셨죠? 두더지를 다 잡고 나면 또 올라오잖아요. 이 끊임없는 악순환이 계속되고 있습니다.

어디 이뿐인가요? 하동에서부터 구례를 따라 올라가는 무척이나 아름다운 섬진강이 2차선을 4차선으로 확장하겠다고 합니다. 그러면 그 길이 다 없어지거든요. 그것도 간신히 막았습니다. 그랬더니 또 해요.

건설업자들은 돈을 벌어야 하고, 지방 관료나 자치단체장들은 거기서 떡고물이 떨어지니까 계속 뭔가를 하자고 합니다. 또 지리산에는 케이블카가 동시에 세 군데에서 올라가려 하고 있습니다. 그래서 노고단에서 '케이블카 반대운동'을 하고 있어요. 그렇지만 이 정도 운동으로는 도저히 막을 수가 없어요. 우리는 밥도 먹고 일도 해야 되잖아요. 하지만 공무원들은 월급을 받아가면서 그런 일을 하지 않습니까? 이러니 싸움이 안 되는 겁니다.

그러면 우리는 어떻게 해야 할까요? 우리 스스로 지리산 특구를 만들어야죠. 지리산 주민들이 새로운 전망과 청사진을 만드는 겁니다. 지리산을 아예 생명특구로 만들자는 것이 하나의 예가 되겠지요. 이런 청사진을 만들어서 지방 선거나 국회의원 선거, 대통령 선거 때 후보자나 정당에 팔아야죠. 온 주민이 함께 만들어낸 아이디어라는데 채용을 안 할 수가 없겠죠. 공약으로 안 삼을 수도 없겠죠. 공약으로 내걸고 나면 추진할 수밖에 없잖아요. 우리도 비빌 언덕을 만들어야 하지 않겠습니까? 제가 그래도 운동에 있어서는 대한민국에서 몇째 가라면 서러울 전략가입니다. 이런 운동이 꼭 지리산에만 해당되는 사항은 아닙니다. 여러분이 사시는 지역도 마찬가지입니다.

쉿, 대한민국 시민들은 공부 중

마지막으로 이런 말씀을 드리고 싶어요. 2008년에 〈타임〉지에서 선정한 올해의 인물이 누구일까요? 'You', 바로 당신입니다. 한 사람 한 사람의 개인이 세상을 바꿀 수 있는 주체라는 겁니다. 또 실제로 세상을 바꿔온 주체라는 겁니다. 다른 사람이 아니라 바로 당신이, 당신 한 사람이야말로 변화의 진정한 주역이라는 사실을 상징적으로 드러낸 것이죠.

저는 좋은 정책을 찾아서 〈엄마 찾아 삼만 리〉처럼 세계를 돌아다녔습니다. 그러면서 개인 한 사람이 세상을 바꾸는 주역임을 새삼 깨닫게 되는 순간들이 많았어요. 미국 스탠포드 대학이 있는 곳에 작은 동네가 있습니다. 그곳에 열다섯 명이 일하는 유명한 두뇌 집단 '미래연구소Institute for the Future'가 있어요. 그곳 사람들은 해마다 앞으로 10년을 예측하는 일을 하고 있었습니다. 제가 갔을 때가 2007년이었어요. 그때도 아주 단순명쾌하게 10개의 사진으로 변화 트렌드 10개를 설명하더라고요. 그중의 하나가 '창조적인 보통 사람'이었습니다. 그러니까 보통 사람들이 위대하다는 것이죠. 그만큼 개인들의 지혜를 활용하는 것이 중요하다는 뜻이었어요.

돈 탭스코트와 앤서니 윌리엄스가 쓴 《위키노믹스》에는 창조적인 보통 사람 '들'의 힘이 얼마나 대단한지 나와 있는데, 꼭 읽어보시라고 권합니다. 캐나다의 한 금광회사에 대한 내용이 첫 번째 장에 나와요. 이 회사가 보니 더 이상 금을 캘 곳이 없는 거예요. 그래서 새로 온 젊은 CEO가 57만 달러를 상금으로 내걸고 금이 있을 만한 곳을 공모에 부칩니다. 그리고 온라인에 자신이 가진 모든 지질학 정보를 공개했는데, 전 세계에서 온갖 사람이 응모한 거예요. 이 회사 안에도 지질학자가 이미 여러 명 있는데도 말이죠. 결국 자신들이 파악했을 때보다 세 배 정도의 매장량을 확보했다고 하더군요.

기업을 운영하든 정부를 운영하든 NGO를 운영하든 수많은 사람을 자신의 파트너로 삼고 늘 함께 가는 것이 중요합니다. '집단지성'이라는 말이 그냥 나온 것이 아니에요. 우리 시민 한 사람 한 사람이 주인

공입니다. 대한민국 헌법 제1조가 말하듯이 모든 국민이 주권자죠. 우리 공동체를 위한 의사를 결정하는 과정에서 우리가 주인이 되는 나라를 만들면 민주주의도, 경제도, 우리의 삶도, 미래도 절로 만들어지지 않겠습니까? 주권자가 권력을 휘두른다는 의미만은 아닙니다. 주인은 주인다운 의무를 다해야 합니다.

우리는 모르고 있는 게 너무 많으니까 공부해야 해요. 뮌헨에 있는 한 평생대학을 둘러본 적이 있어요. 한 학기에 열린 강좌가 1만 3,000개더라고요. 수많은 교회와 성당과 시민단체가 프로그램을 수백 개씩 갖고 있어요. 뮌헨 시민들은 공부하느라 퇴근해서 집에 갈 여유가 없어요. 시민들이 하루저녁에도 몇 개씩 듣지 않으면 1만 3,000개의 강좌를 누가 듣습니까? 그들이 듣지 않으면 폐강되잖아요.

여러분, 참여하셔야 됩니다. 한 사람이 가입한 시민단체 숫자가 10개는 되어야 합니다. 희망제작소는 1만 명만 필요합니다. 이미 4,200명이 가입했어요. 오늘 오신 여러분만 다 가입하셔도 확 달라집니다. 워싱턴에 가면 국회의사당에서 링컨 기념관까지 엄청나게 큰 광장이 있어요. 미국에서 시민운동을 하는 사람들은 여기에 사람들이 가득 차는 걸 꿈꿉니다. "나는 꿈이 있습니다. 흑백의 아이들이 함께 운동장에서 뛰노는 꿈을, 흑백의 사람들이 함께 모여 다정하게 같은 식당에서 마주앉아서 식사하는 그런 꿈을." 여러분도 잘 아시는 마틴 루터 킹 목사님이 〈나는 꿈이 있습니다〉라는 명연설을 했을 때, 그 앞에 100만 명이 모였거든요.

마이클 무어가 미국의 의료보험제도를 신랄하게 비판한 다큐멘터리 〈식코〉의 결론이 뭡니까? 결국 시위를 할 줄 아는 나라가 의료 보상도 잘 된다는 것입니다. 프랑스 사람들은 걸핏하면 거리로 나오잖아요.

지하철 노조가 일주일 동안 파업을 해도 시민들은 비난하지 않습니다. 시위를 하니까, 국민이 말할 수 있으니까, 용감하니까 그 사회가 좋아지는 거예요. 지금 미국이 국가입니까? 4,000만 명이 의료보험에서 배제되어 있는 나라가 제대로 된 나라입니까? 대한민국도 문제가 많습니다. 주인이 주인다운 역할을 해야 진정한 주인이 될 수 있지요. 또 그래야 민주주의도 됩니다. 우리가 바라는 대한민국은 우리에게 달렸어요.

세상을 바꾸는 것은 절대다수가 아니라 소수입니다. 깨어 있는 시민들입니다. 여러분이 우리 시대의 방파제가 되어주세요. 새로운 세상을 만들어가는 건설자가 되어주시길 바랍니다. 지금 당장 실천할 수 있는 아주 작은 일에서부터 시작하는 것이 그 첫걸음입니다.

한국 민주주의를
묻고
답하다

청중 1 용산참사가 2009년 1월 겨울에 일어났는데 벌써 일년이 지났습니다. 대통령도, 정부도, 경찰도, 어느 누구도 아직까지 사과를 하지 않고 있습니다. 그 이유가 뭐라고 생각하십니까?

박원순 그건 청와대에 가서 물어보셔야 될 것 같아요. 저도 도저히 이해할 길이 없기 때문입니다. 그들은 '법치주의'를 내세우고 있어요. 말하자면 법을 안 지켰다는 것이죠. 저도 제가 살던 집이 헐리는 상황이라면, 용산 희생자들과 똑같이 했을 겁니다. 참혹한 재개발 현장에서 누군들 거기에 저항하지 않을 수가 있겠습니까? 법치주의가 성립하려면 일단 만인이 법 앞에 평등해야 합니다. 성역이 없어야 하는 것이죠. 힘 있고 권력 있고 돈 있는 사람이 법을 지켜야 한다는 의미입니다. 돈 없고 힘없는 사람은 안 지키면 금방 응징을 받으니까 안 지킬 도리가 없거든요.

 법치주의를 제대로 이야기하려면 먼저 정부의 고위관리나 공공기관, 재벌에게 엄격하게 법을 적용해야죠. 그러면 국민은 지키라고 말하지 않아도 저절로 지킵니다. 국민의 90퍼센트가 법을 지키면 손해라고 생각하는 나라에서 법이 지켜지겠습니까? 용산참사 문제를 두고 정부가 법치주의를 논의할 자격은 없다고 생각합니다. 이 말씀을 좀 전해주세요.

고 노무현 대통령 수사 과정에서도 잘못된 게 많았죠. 확인도 제대로 되지 않은 상태에서 검찰이 언론에 혐의를 흘리지 않았습니까? 그래서 국민 여론이 굉장히 악화됐잖아요. 언론에 보도가 되고 나면 사람들은 쉽게 수긍을 해버리잖아요. 검찰이 체포 영장까지 발부받았는데 없는 걸 가지고 그랬겠냐고 말이죠. 그러면 이미 재판은 끝난 거죠.

충분치는 않더라도 참여정부 때 검찰과 국정원, 경찰이 상당히 독립했었습니다. 국정원에서 저 같은 사람더러 강의를 해달라고 했다니까요. 경찰청에 가서는 청장 이하 간부들 앞에서 강의를 했습니다. 경찰이 이렇게나 민주화됐구나 싶었지요. 그래서 경찰이 검찰로부터 수사권을 독립하는 일에 적극적으로 지지했습니다. 그런데 이번에 보니까 완전히 충견이 되었더라고요. 제 마음이 싹 변했습니다. 저 같은 사람을 설득해놔야 경찰의 수사권 독립에 결정적인 역할을 하거든요. 저는 검사 출신이잖아요. 바보 같은 몇몇 간부들의 충성심 때문에, 자기들의 사리사욕 때문에 전체 경찰이 퇴행하고 있습니다.

청중 2 지금까지 노력을 많이 하셨는데, 이제 직접적인 운동은 다음 사람들한테 맡기시고 시민운동가를 양성하는 학교나 시민학교를 운영하시는 게 더 중요하고 시급한 일이 아닐까요?

박원순 왜 저를 강제로 은퇴시키려고 하세요. (청중 웃음) 저는 늘 현장에 있고 싶어요. 저는 늘 현장에 있는 활동가입니다. 2선으로 물러나라고 하셔서 너무 서운한데, 제가 뭐 잘못했어요? (청중 웃음) 저는 아직도 할 일이 많습니다. 저는 희망제작소를 떠나면 아까 말씀드린 몬드라곤 생협처럼 대한민국에 어마어마한 생협을 하나 만들고 싶어요. 먹을거리는 이미 하고 있는 데가 많으니까 다른 것을 고민하고 있어요. 집집마다 아이들 교육 때문에 고민하시잖아요. 함께 고민하면 얼마나 좋습니까? 법률 사건이 생기면 정말 힘드시죠? 변호사 중에 엉터리 변호사가 너무 많아요. 우리 100만 명이 힘을 합치면 전국에서 내로라하는 훌륭한 변호사 100명을 고용할 수 있습니다. 우리 100만 명이 뭉치면 전자회사를 완전히 바꿔버릴 수도 있어요. 교육부장관도 바꿀 수 있습니다. 100만 명! 제가 만들어내려고 해요. 삶의 모든 것을 혼자 고민하지 말고, 집집마다 따로 고민하지 말고 함께 고민하자는 겁니다. 여러분, 모두 회원 가입하실 거죠?

지금은 정말 너무나 쫀쫀하잖아요. 젊은이들의 소망이 삼성에 취직하는 거 아닙니까? 공무원 시험과 언론 고시에 합격하는 거 아닙니까? 너나 할 것 없이 혼자 잘 먹고 잘살 궁리만 하잖아요. 통 크게, 조금은 남과 이웃을 위해서 살아도 결코 굶어죽지 않습니다. 아마도 제가 변호사를 계속했으면 이런 건물 하나 샀을 겁니다. 이런 열정으로 했으면 못 샀겠어요? 하지만 제가 이 건물의 주인이 되는 게 낫습니까, 지금처럼 여기서 강의하는 게 낫습니까? 이런 길들이 수없이 열려 있어요. 친구들은 다 취직했는데 '나'만 취직이 안 됐다고 너무 스트레스 받지 마세요. 저한테 오세요. 아까 말씀드린 영국 할머니처럼 5년만 일해보세요. 언론사에서 취재하러 올 겁니다.

안 그래도 제가 젊은이들에게 꿈을 주는 학교를 하나 만들었어요. '소셜 디자이너 스쿨'이라고, 5기까지 수료했어요. 저뿐만 아니라 안철수 씨, 시민단체 책임자들도 강의합니다. 이 강의 한번 듣고 나면 사람들이 확 달라져요. 이런 좋은 강좌들이 많이 열리니 점점 사회도 좋아질 거라고 생각해요. 세상은 우리 하기에 달렸어요.

제가 전 세계를 다녀보니까 나라마다 자본주의의 색깔이 다르더라고요. 또 민주주의의 온도도 달라요. 북유럽과 영국이 다르고, 영국과 프랑스가 달라요. 프랑스와 미국이 또 다르고요. 동시대를 살고 있는 우리가 얼마나 노력하느냐에 달려 있습니다. 절대로 저절로 이루어지지 않습니다. 우리의 민주주의가 그나마 이렇게라도 온 건 너무 많은 사람들이, 여기 계신 여러분이 피땀을 흘렸기 때문이죠. 세상에 공짜는 없거든요. 노력하는 만큼 얻는 게 아닐까요?

청중 3 아파트 부녀회에도 참여하지 않는 저로서는 강의 내내 뜨끔했어요. 그렇다고 다음부터는 부녀회에 꼭 참여하겠다고 말씀드릴 자신도 없습니다. 선생님이라면 생활공간을 어떻게 개혁하실까 궁금합니다. 생산적인 본보기 하나를 제안해주시면 어떨까요?

박원순 우리가 내팽개쳐놓아서 그렇지, 사실 엄청나게 많은 시간을 투자해야 되는 건 아니잖아요. 여기 계신 분들이 각자의 생활공간에서 부녀회나 동대표 활동을 하시거나 학교운영위원회에 참여하면 세상이 바뀌죠. 혼자서 이 거대한 세상을 바꾸려고 하면 무기력해지고 패배주의에 젖게 됩니다. 우리가 뭉치기만 하면 얼마든지 가능하다는 거, 이제 아시잖아요.

우리 국민 모두가 참여연대에 빚이 있다고 생각합니다. 참여연대에서 낙선운동이나 소액주주운동, 재벌개혁 등 얼마나 많은 일을 하고 있습니까? 이번 경제 위기를 이만큼이라도 극복하게 된 것도 참여연대의 소액주주운동 덕분이에요. 이뿐입니까? 국민참여재판도 저희가 주장했습니다. 국민기초생활보장법과 부패방지법도 만들어졌고요. 이런 일들이 가능했던 것은 많은 시민들의 지지를 받은 한 단체와 창조적인 소수의 지식인들이 밀어붙였기 때문이에요. 깨어 있는 시민들의 의식적인 참여가 절실합니다. 온 국민이 참여하면 좋지만, 소수라도 깨어 있으면 가능합니다.

오늘 강의 듣고 집에 가셔서 당장 뭔가 결의를 하세요. 일주일 지나고 나서 '지난번에 그 얘기 참 좋았는데 뭐더라?' 하지 마시고요. 우리 아파트 부녀회를 살리는 모임 하나 만드세요. 일단 시작하세요. 그 모임이 대한민국의 아파트를 싹 바꿔버릴 모임이 될 수도 있다고 생각합니다. 일단 모임을 만들면 사람들을 모아야죠. 부녀회는 혼자서도 할 수 있지만 통 크게 생각해볼 수도 있죠. 전문가도 모셔 와야 하고 자원봉사자도 필요하죠. 인천 참여연대에 '아파트 공동체 연구소'도 있고, 청주에 사는 분이 하시는 '아파트 연구소'도 있어요. 이런 전문가들을 자문위원으로 모셔도 좋고, 개인적으로 자문을 받을 수도 있습니다.

여러 아파트 모임이 연대해서 '아파트 공동체 전국 행동' 같은 단체를 만들었다면 대표자도 모시고, 고문도 모시고, 자문위원도 모시는 거예요. 감투를 남발하세요. 제가 '감투의 미학'이라고 부릅니다. 감투를 받으면 안 할 수가 없어요. 돈이라도 내요. 그 다음에 회원을 모집하고요. 이렇게 해서 전국적으로 중요한 단체가 만들어집니다. 이게 제가 일자리를 만드는 방식이기도 해요. 지금 참여연대에 약 50명, 아름다운재단에 한 50명, 아름다운가게에 한 300명, 희망제작소에 30명 정도의 간사들이 일하고 있습니다. 좋은 비전 하나로 인해 이렇게 많은 사람들이 함께 일할 수 있는 것입니다.

편집 후기

2009년 초여름, 휴머니스트는 분주했다.

거꾸로 가는 우리 시대, 출판도 응당 해야 할 몫이 있었기 때문이다. 지금 우린 어디에 서 있는가? 우리가 만들려고 한 사회는 도대체 무엇이었던가? 우린 어디로 가야 하며 무엇을 할 것인가? 이런 물음이 곳곳에 널려 있었다.

문제는 '민주주의'였다. 우리가 생각했던 것보다 약하고 형편없이 쪼그라든 이 땅의 민주주의를 함께 일으켜 세울 '살아 있는' 지식인들에게 간청했다. 우리의 현재에 대한 제대로 된 진단만이 우리의 미래를 다시 쓸 수 있기에 다시 한 번 나서달라고 간절히 요청했다.

2009년 11월과 12월, 휴머니스트와 오마이뉴스 공동으로 민주주의 특강을 준비했다. 송년회다 뭐다 해서 어수선한 연말에 과연 사람들이 '민주주의' 강의를 들으러 올지 걱정이 앞섰는데, 한낱 기우에 불과했다. 100여 명의 시민, 수능시험을 막 마친 10대부터 백발이 성성한 노인까지, 평범한 샐러리맨부터 교사, 학생, 화가, 프로그래머, 한의사, 백수까지 제각각 자기 자리에서 열심히 삶을 꾸리는 시민들이었다.

1980년 5월 27일, 그 길고도 길었던 광주의 새벽을 이야기할 때는 함께 눈시울을 붉혔고, 시급 3,790원 노동자들과 연대하는 사람이 시급 3,780원 받는 노동자밖에 없다는 이야기 앞에선 모두 얼굴을 들지 못했다. 국가란 무엇인가, 소수자는 어떻게 만들어지는가를 공부하며 손에 쥔 펜들이 멈출 줄 몰랐고, 모두 미래로 향하는 이때 이명박은 왜 회고전을 할 수밖에 없는지 제대로 알게 되었다. 부모, 자식, 직장인으로서의 '나' 말고 시민으로서의 '나'를 생각하며 사느냐는 질문이 새로운 통찰이 되어 돌아왔고, 어느새 사교육과 아파트에 목숨 건 우리네 모습을 새삼 돌아보았다. 하지만 무엇보다 어둡고 무겁게 민주주의를 고민하는 게 아니라 즐겁고 신나게 세상을 바꾸는 에너지를 듬뿍 얻은 것이 가장 큰 소득이었다.

강의가 끝나고 꼬박 4개월 동안 열두 분의 선생님과 여섯 명의 편집자들이 녹취를 풀고, 원고를 정리하고, 다시 쓰고, 편집하는 시간을 보냈다. 우리 사회의 민주주의를 한 단계 높일 좋은 시민교육 텍스트가 되길 바라며 정성을 다했다. 부족하나마 처음 던진 "우린 어떤 사회를 만들고자 하는가, 그러기 위해서 우리는 무엇을 할 것인가?"라는 질문에 응답하고 행동하는 작은 불씨가 되길 바란다.

마지막으로 이 책의 모태가 된 '민주주의 특강'에 함께해주신 수강생 여러분께 깊은 감사의 말씀을 드린다.

휴머니스트 특별기획 '민주주의' 프로젝트를 세상에 내놓으며
편집장 황서현

다시, 민주주의를 말한다

지은이 | 김상봉 김종철 김찬호 도정일 박명림 박원순 오연호 우석훈 정희진 진중권 한홍구 홍성욱

1판 1쇄 발행일 2010년 5월 17일
1판 3쇄 발행일 2015년 6월 15일

발행인 | 김학원
경영인 | 이상용
편집주간 | 위원석
편집장 | 최세정 황서현
기획 | 문성환 박상경 임은선 최윤영 조은실 조은화 전두현 최인영 이혜인 정다이 이보람
디자인 | 김태형 유주현 임동렬 최우영 구현석 박인규
마케팅 | 이한주 김창규 이선희 이정인 이정원
저자·독자 서비스 | 조다영 채한을(humanist@humanistbooks.com)
스캔·출력 | 이희수 com.
조판 | 새일기획
용지 | 화인페이퍼
인쇄 | 청아문화사
제본 | 정성문화사

발행처 | (주)휴머니스트 출판그룹
출판등록 | 제313-2007-000007호(2007년 1월 5일)
주소 | (121-869) 서울시 마포구 동교로23길 76 (연남동)
전화 | 02-335-4422 팩스 | 02-334-3427
홈페이지 | www.humanistbooks.com

ⓒ 휴머니스트, 2010

ISBN 978-89-5862-310-6 03300

특별기획 '민주주의' 프로젝트 《다시, 민주주의를 말한다》
만든 사람들

총괄 기획 | 황서현(hsh2001@humanistbooks.com)   디자인 | 민진기디자인
기획 진행 | 김은영   강의 진행 | 이한기(오마이뉴스)
책임 편집 | 김선경 이영란   강의 진행 보조 | 김미영 서유진
교열 | 김서연 남미은 박태근 유은경 최세정   강의 촬영 | 김창규
녹취 및 원고 정리 | 고선향   사진 | 권우성 유성호(오마이뉴스)

※ 이 책은 저작권법에 따라 보호받는 저작물이므로 무단전재와 무단복제를 금합니다. 이 책의 전부 또는 일부를 이용하려면 반드시 저자와 (주)휴머니스트 출판그룹의 동의를 받아야 합니다.